'주석서를 통해 배운 것들은
단지 관념으로 머릿속에 남아 있기 쉽지만
기도와 묵상을 통해 성령으로 말미암아 배운 것들은
마음과 삶에 실제적인 영향을 줍니다.
성경을 나름대로 해석해 놓은 지식은 읽을 당시에는 마치 확고한
내 지식처럼 여겨지지만 다른 주해서가 다른 의견을 제시할 때는
확고함이 사라지고 맙니다.
또 이런 지식을 실생활에 적용해 나가는 데는 아무 유익이 없을 때가 많습니다.
그러나 직접 성경을 통해서 배운 말씀은 일반적으로 겸손케 하며,
기쁨을 주며 하나님께로 가까이 이끕니다.
그래서 쉽게 사라지지 않습니다.
하나님으로부터 우리 마음속에 받은 것이기 때문에 우리 것이 되면
생활에 실제로 적용되어 나가게 됩니다.'

(죠지뮬러-규장)

하나님을 중심에 두고
하나님 마음을 찾아가는 묵상 워크북

하마 묵상법

지은이: 정경석 · 우정인
발행일: 2019년 9월 9일
등록번호: 제2019-000022호
등록된 곳: 경기도 화성시 팔탄면 주석로 778번길 57-44
발행처: 노아숲
전 화: 031-8059-5428
E-Mail: noahsoop@naver.com
디자인: **green mango shake**
10권 이상 구매시 출판사로 연락주시기 바랍니다.

책값은 뒷표지에 있습니다.
ISBN: 979-11-967947-0-5 13230

목차

왜 열 번 읽는 것보다
한 가닥 생각의 근육을 키우는 것이
더 중요한가?

http://blog.naver.com/noahsoop

하마묵상법
@noahsoop

《하마 묵상법》은
끊임없이 질문을 던지는 과정 속에서 나오게 된 결과물입니다.

늘 질문을 던졌습니다.
왜 많은 성경교재는 주입식, 단답형으로 구성되어 있을까?
왜 성경교재는 꼭 쉽고 재미있어야만 하는가?
왜 해설과 설명을 보지만 기억에는 남지 않을까?
왜 정작 말씀의 꿀맛은 느낄 수 없을까?
왜 하나님 중심으로 묵상하지 못할까?

깊은 고민 끝에 주입식 지식전달의 성경공부와, 주석과 해석에 의존하는 성경공부가 아니라 하나님 마음을 중심에 두고 말씀이 주는 꿀맛을 찾아가는 다소 실험적인 방법인 《하마 묵상법》을 만들게 되었습니다.

《하마 묵상법》은
15년 전부터 주일학교 현장에서 형광펜 묵상, 두 기둥 묵상, 말풍선 성경, 아이콘 성경, 4컷 성경드라마, 153본문 성경일독, 질문의 꼬리를 무는 성경, 사과씨 교사 가이드북, 하마 프로젝트 등 10여 권의 교재를 만들며 실제 현장에서 적용해 본 것들을 발전시킨 것입니다.
그 과정에서 확신하게 된 것은 스스로 참여하는 능동적인 방법이 학습자를 수준 높은 동기유발자로 만들며 입체적인 프로세스가 좌뇌와 우뇌의 기능들을 유기적으로 연결하여 창의력과 통찰력을 폭발하게 하며 성경의 본문을 스스로 탐구하는 것이 말씀의 꿀맛을 깊이 느끼게 한다는 점이었습니다.
《하마 묵상법》은
도구들과 프로세스가 하나님의 마음을 알아가는 데 초점이 맞추어져 있지만, 가장 중요한 전제는 하나님의 말씀은 살아있으며 성령님이 깨닫게 해 주신다는 것입니다. 하나님과의 인격적인 관계 속에서 하나님을 맛보아 알아가며 예수님을 닮아가기 위해 꼭 기도로 시작하고 기도하면서 묵상하고 기도로 끝내길 강조합니다.
《하마 묵상법》은
정보전달 기능보다 생각의 근육을 강화하는 워크북이므로 처음에는 생소하겠지만 자전거 타는 법을 한 번 터득하면 잊혀지지 않는 것처럼 생각의 근육이 만들어질 때까지 훈련한다면 성경을 스스로 묵상하는 법을 터득하게 되고 하나님의 마음을 알아 가는 데 도움이 될 것으로 믿습니다.

하나님의 이끄심 가운데 아침마다 지혜를 주시고 때마다 돕는 손길로 함께하셔서 미흡하지만 《하마 묵상법》을 발간할 수 있도록 인도하신 하나님께 감사드립니다.

2019년 8월 노아숲에서

《하마 묵상법》의 특징

수동적 → 능동적으로

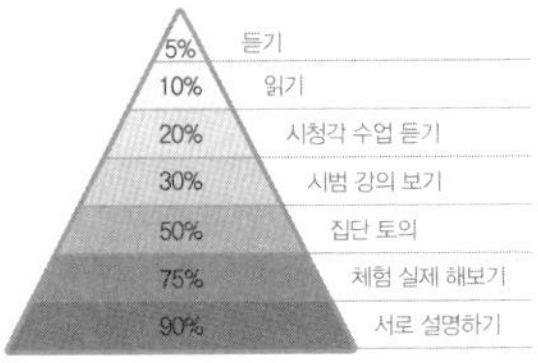

《하마 묵상법》은 철저하게 스스로 요리해서 먹는 말씀중심의 묵상 워크북입니다.

- 《하마 묵상법》은 스스로 입체적인 분석과 이미지 표현과 질문 만들기를 통해 성경본문말씀에 대한 통찰력을 키워 묵상의 깊이를 더해 가고 서로 설명하는 과정을 통해 하나님의 마음을 알아가도록 합니다.
- 미국의 행동과학 연구기관 NTL의 학습효율성 피라미드에 의하면 강의 듣기는 학습효율성이 5%인 반면에 체험, 토론, 서로 설명하기는 높은 학습효율성을 보입니다.

좌뇌 → 우뇌 중심으로

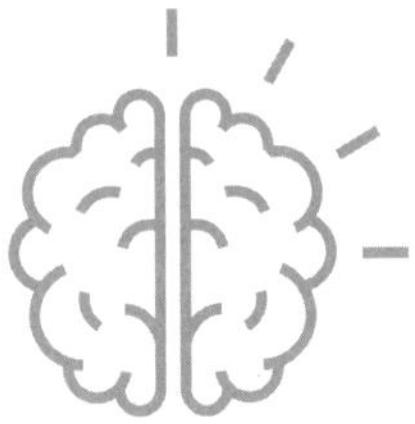

《하마 묵상법》은 말씀을 능동적이고 창의적으로 묵상하게 합니다.

- 드라마 작가처럼 묵상하라!
  성경은 스토리 중심이며 하나님은 등장인물을 통해 구속사를 보여 주십니다.
- 건축가처럼 묵상하라!
  말씀을 구조적, 입체적으로 분석하면 큰 그림을 알 수 있습니다.
- 카툰 작가처럼 묵상하라!
  말풍선이나 아이콘을 이용하면 내용이 함축되고 기억에 오래 남습니다.
- 추리 작가처럼 묵상하라!
  궁금한 질문, 몸통 질문, 꼬리 질문을 만들다 보면 통찰력이 생깁니다.
- 셜록 홈즈처럼 묵상하라!
  수사관의 관점에서 따지면서 보면 내용을 더 정확히 알 수 있습니다.
- 셰프처럼 묵상하라!
  스스로 직접 말씀을 요리해서 먹으면 말씀이 오래 기억됩니다.

단답형 → 사고형으로

《하마 묵상법》은 이럴 때 필요합니다.

- 성경본문보다 해설에 눈이 먼저 갈 때
- 다양한 주석책이 없으면 이해가 안 된다고 여길 때
- 친절한 설명이 없으면 마음이 불안해질 때
- 묵상을 자꾸 형식적이고 관념적으로 하게 될 때
- 하나님과 친밀해지기보다 묵상책에 답 달기 급급할 때
- 묵상은 했는데 돌아서면 남는 것이 없다고 느낄 때
- 묵상을 좀 더 잘하고 싶은데 어떻게 해야 할지 막막할 때
- 묵상을 나 혼자서는 할 수 없다고 생각할 때

사람 중심 → 하나님 중심으로

《하마 묵상법》의 핵심은 '하나님 마음'을 중심에 두고 나의 위치를 보게 하는 것입니다.

- 하나님과 나와의 거리를 늘 돌아보게 합니다.
- 성경본문 관찰과 해석 안에서 나를 돌아보게 합니다.
- 하나님에 대해 생각하지 못했던 부분을 깨닫게 합니다.
- 자기 중심의 삶에서 벗어나 하나님 중심의 삶으로 보게 합니다.
- 하나님의 뜻을 구하기에 앞서 하나님의 마음을 먼저 알도록 합니다.

하마 묵상법의 구성

하마를 찾아라!		하마를 묵상하자!	
❶	❷	❸	❹
하마실마리	하마키워드	하마묵상	하마동행일기
1. 연필로(1독) **2. 형광펜으로(2독)**	**키워드 tool**	**하나님 중심의 묵상**	**하나님 중심의 삶**
• 여호와, 하나님을 찾아라! • 등장인물을 찾아라! • 반복단어를 찾아라! • 역사적 배경단어를 찾아라! • 접속사를 찾아라! • 궁금한 점을 찾아라! • 와 닿는 구절을 찾아라! • 하나님 마음을 찾아라!	• 포스트잇 키워드 • 기둥 키워드 • 구름 키워드 • 별자리 키워드 • 꿀송이 키워드 • 시간선 키워드 • 쪼개기 키워드 • 등장인물 키워드	• 등장인물 / 키워드를 시간 순으로 배치하기 • 말풍선 만들기 • 아이콘 만들기 • 질문 만들기 • 하나님 마음 쓰기 • 드라마 제목 만들기 • 나를 돌아보기 • 서로 설명하기 (왜 그렇게 생각하니?) • 몸통질문	• 아침-잠에서 깰 때 하나님을 생각하라 • 점심-잠잠히 하나님을 기다리라 • 저녁-수시로 하나님께 속삭이라 • 밤-취침할 때 나의 생각을 하나님께 아뢰라

부록1: 인도자용 지침서

부록2: 창세기집 짓고 방 꾸미기

하마 묵상법의 사용 설명서

- 독해가 가능한 전 연령대가 사용 가능합니다.
- 자신의 눈높이에 맞게 제시된 항목들을 선택해서 훈련할 수 있습니다.
  (예: 초급-1개 이상 선택, 중급-3개 이상 선택, 고급-4개 이상 선택)

하마실마리

먼저 기도로 시작합니다.
1독: 원활한 수정을 위해 처음에는 연필을 사용하여 선택, 표시(○ □ △ ☆..)합니다.

① 먼저 여호와 또는 하나님을 찾습니다. → 성경이 말하는 내용의 절반을 알게 됩니다.
② 등장인물을 모두 찾습니다. → 인물간의 관계가 보이고 문단이 나눠집니다.
③ 반복단어를 찾습니다. → 중요한 단서를 제공해 줍니다.
④ 역사적 배경을 찾습니다. → 본문의 시대적 배경을 알게 합니다.
⑤ 접속사를 찾습니다. → 시간의 순서, 대조, 비교, 이유, 결과, 결론을 알게 합니다.
⑥ 궁금한 점을 찾습니다. → 본문을 깊이 있게 보게 합니다. 그룹일 경우 나눔의 단서를 제공합니다.
⑦ 와 닿는 구절을 찾습니다. → 성령님이 주시는 말씀에 귀를 기울입니다.
⑧ 하나님의 마음을 찾습니다. → 하나님 중심적 묵상이 됩니다.

2독: 형광펜으로 다시 압축, 정리합니다.
하나님-핑크색/등장인물-노란색/궁금한-파란색/중요한-녹색

한 과를 드라마 4부작으로 나누어 묵상합니다. 제목을 통해 묵상할 내용을 미리 상상해 봅니다.

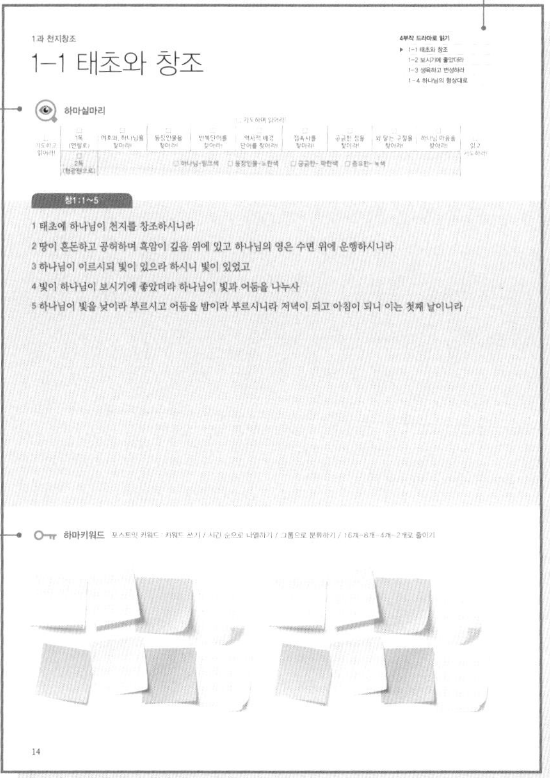

하마키워드

다양한 키워드 tool을 활용합니다.
키워드 tool을 가지고 여러 가지 응용놀이를 할 수 있습니다.
(부록1 인도자용 지침서 참고)

① 포스트잇 키워드- 키워드를 나열합니다.
② 기둥 키워드- 키워드를 분류합니다.
③ 별자리 키워드- 키워드를 확장합니다.
④ 꿀송이 키워드- 키워드를 결합합니다.
⑤ 시간선 키워드- 키워드를 시간 순으로 정리합니다.
⑥ 쪼개기 키워드- 키워드를 쪼개어 나갑니다.
⑦ 등장인물 키워드- 등장인물과 키워드를 연결시킵니다.

◉키워드 tool에 생각의 씨눈이 있는 경우 씨눈을 기점으로 생각을 확장시켜 나갈 수 있습니다.

하마묵상 (드라마처럼 묵상하기)

① 시계방향으로 등장인물, 핵심 키워드를 시간 순으로 배치합니다.
② 말풍선을 사용해서 자신만의 언어로 내용을 표현합니다.
③ 아이콘으로 내용을 이미지화 합니다.
④ 궁금한 질문을 만들어 생각의 폭을 넓힙니다.
⑤ 하나님 마음을 써봄으로 하나님과의 인격적인 관계 속으로 들어갑니다.
⑥ 나만의 제목을 만들면 묵상한 내용의 핵심이 선명하게 드러납니다.
⑦ 성경드라마 속에 나를 투영해 보고 하나님 앞에서 오늘의 나를 돌아봅니다.
⑧ 서로 설명할 때 새로운 깨달음을 얻게 되고 말씀을 더욱 마음에 새길 수 있습니다.

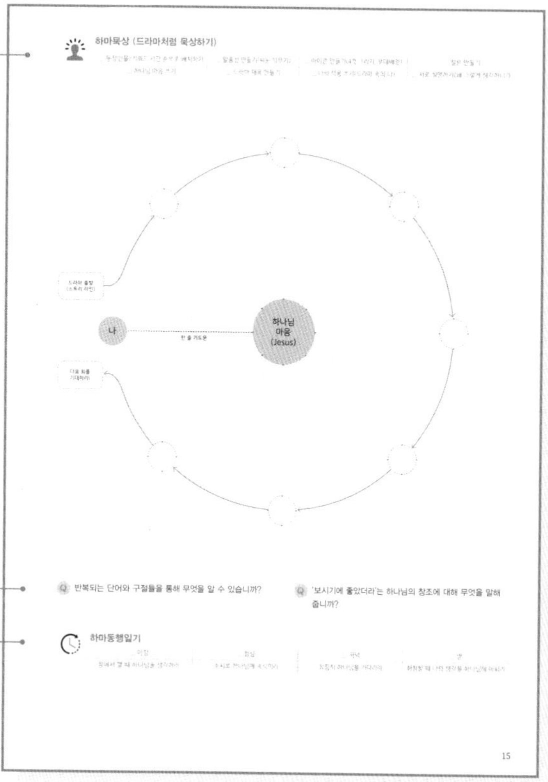

몸통질문

놓치기 쉬운 핵심을 점검합니다.
그룹일 경우 서로 답변을 달아 1,2,3점 게임을 할 수 있습니다.
몸통질문에 덧붙여 꼬리질문도 만들어 볼 수 있습니다.
(부록1 인도자용 지침서 참고)

하마동행일기

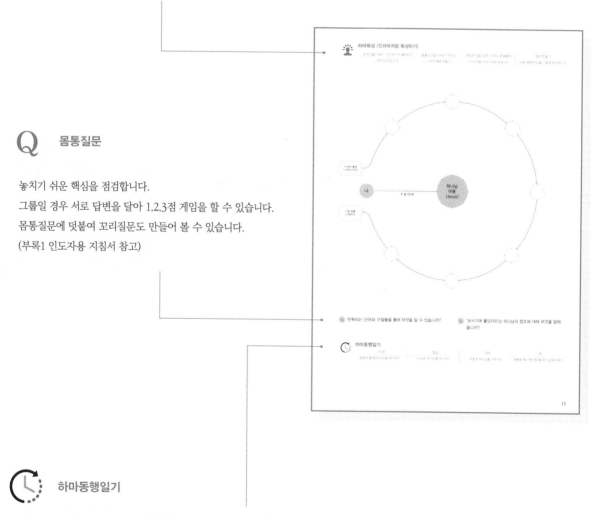

매일매일 하나님과 친밀한 관계를 유지하는 일기를 써봅니다.
나만의 하마동행일기는 하나님과 나와의 동행의 흔적이 될 것입니다.

하마 묵상법 사용의 예 / 3과 사람타락(3-1 죄가 들어오다)

하마키워드 구름 키워드: 키워드를 확장하기 / 생각 씨눈 틔우기

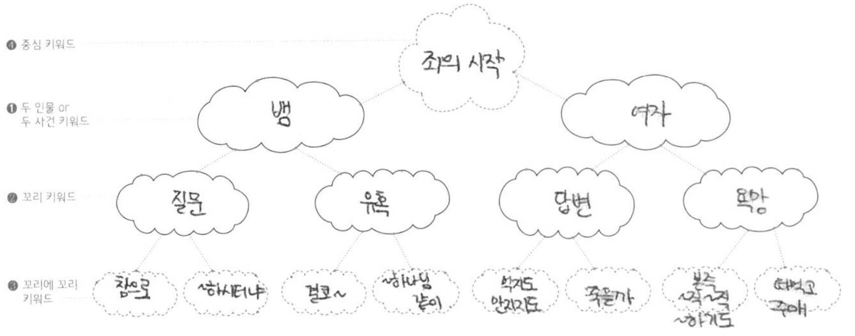

하마묵상 (드라마처럼 묵상하기)

□ 등장인물/키워드 시간 순으로 배치하기	□ 말풍선 만들기(씨눈 틔우기)	□ 아이콘 만들기(4컷 그리기, 무대배경)	□ 질문 만들기
□ 하나님 마음 쓰기	□ 드라마 제목 만들기	□ 나의 적용 쓰기(드라마 속의 나)	□ 서로 설명하기(왜 그렇게 생각하니?)

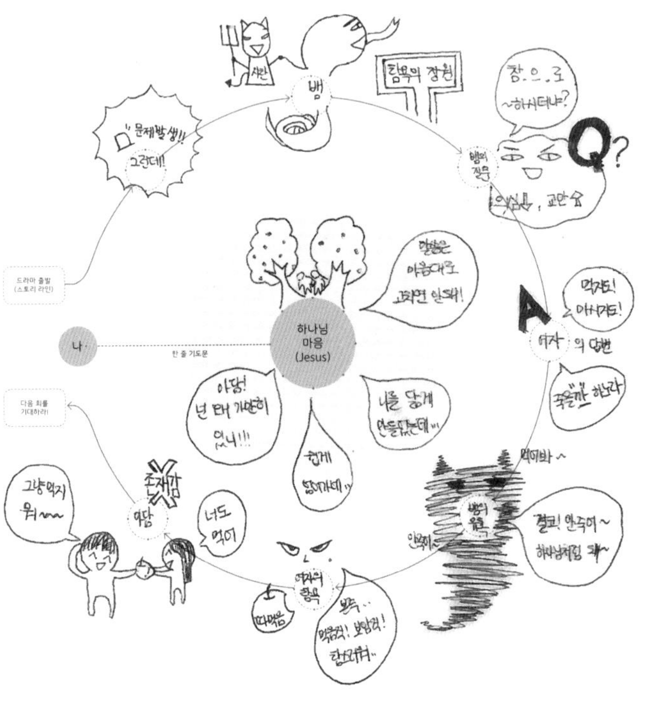

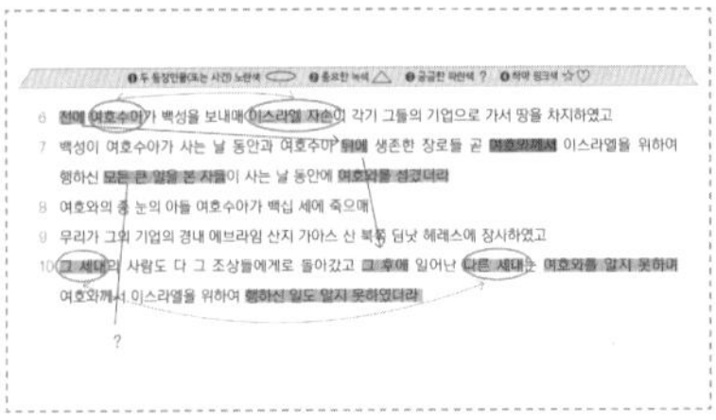

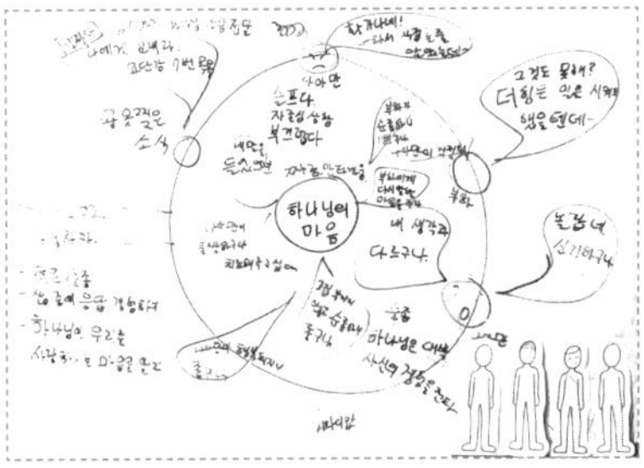

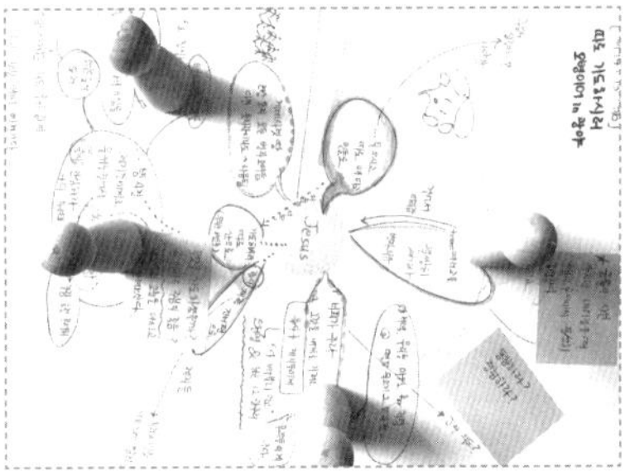

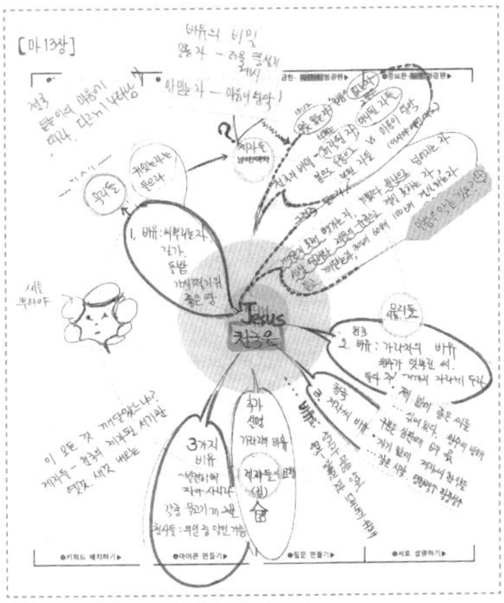

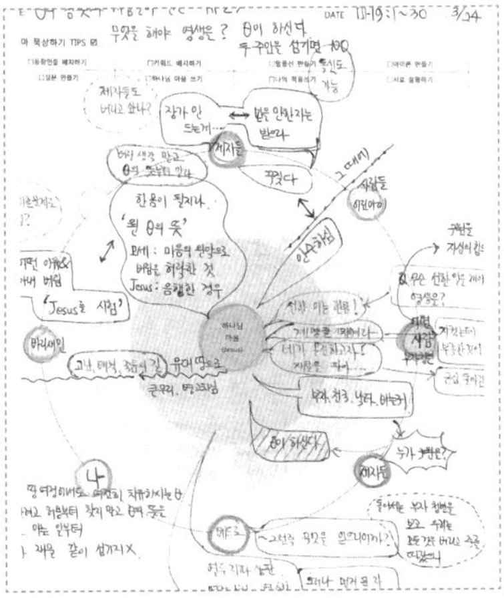

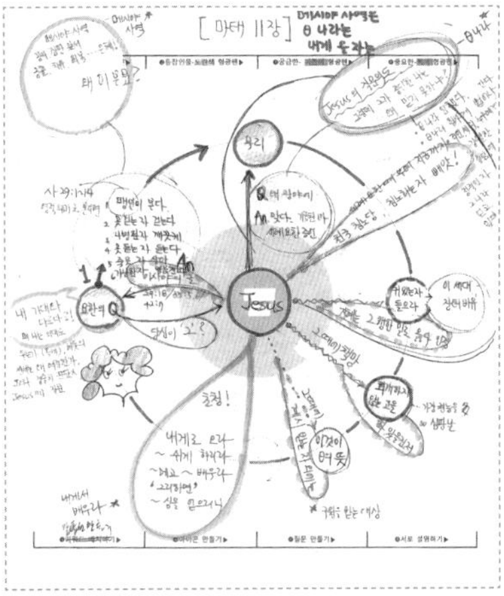

하마 학습자의 다짐

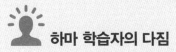

1. 나는 성경은 살아있는 하나님의 말씀임을 믿습니다.
2. 나는 하루에 시간을 정해 놓고 말씀 앞으로 나아가겠습니다.
3. 나는 기도로 시작하고 기도하면서 묵상하고 기도로 마치겠습니다.
4. 나는 성령님의 도움을 구하겠습니다.
5. 나는 하나님 앞에서 나의 동기를 면밀히 점검하겠습니다.
6. 나는 하나님께 매 순간 질문을 통해 여쭈어 보겠습니다.
7. 나는 하나님께서 말씀하시는 것을 잘 듣겠습니다.
8. 나는 삶 가운데서 하나님의 손길을 바라보겠습니다.
9. 나는 내 말보다는 성경을 인용하겠습니다.
10. 나는 하나님을 아는 데까지 자라가고 하나님 중심의 삶을 살겠습니다.

하마 인도자의 다짐

1. 나는 하나님께서 말씀하시도록 공간을 남겨두겠습니다.
2. 나는 성령님께서 역사해 주실 것을 기대하며 임하겠습니다.
3. 내 말보다는 성경을 인용하겠습니다.
4. 수준 높은 동기유발자가 되겠습니다.
5. 왜 그렇게 생각하니? 너라면 어떻게 하겠니? 이런 상황이면 하나님의 마음이 어떠실까? 등 열린 질문을 개발하겠습니다.
6. 긍정적인 단어를 사용하고 칭찬할 일이 생겼을 때 즉시 칭찬하겠습니다.
7. 학습자들의 결과물보다 과정을 칭찬하고 격려해 주겠습니다.
8. 나는 가르치는 자가 아니라 조력자입니다.
9. 익숙해지는 것에 머물지 않고 늘 새롭게 도전하겠습니다.
10. 두려워하지 않고 자신감을 가지겠습니다. 왜냐하면 나의 뒤에 하나님이 항상 계시기 때문입니다.

1-1 태초와 창조

하마실마리

□ 기도하며 읽어라!

□ 기도하고 읽어라!	□ 1독 (연필로)	□ 여호와, 하나님을 찾아라!	□ 등장인물을 찾아라!	□ 반복단어를 찾아라!	□ 역사적 배경 단어를 찾아라!	□ 접속사를 찾아라!	□ 궁금한 점을 찾아라!	□ 와 닿는 구절을 찾아라!	□ 하나님 마음을 찾아라!	□ 읽고 기도하라!
	□ 2독 (형광펜으로)	□ 하나님-핑크색 □ 등장인물-노란색 □ 궁금한- 파란색 □ 중요한- 녹색								

창1:1~5

1 태초에 하나님이 천지를 창조하시니라

2 땅이 혼돈하고 공허하며 흑암이 깊음 위에 있고 하나님의 영은 수면 위에 운행하시니라

3 하나님이 이르시되 빛이 있으라 하시니 빛이 있었고

4 빛이 하나님이 보시기에 좋았더라 하나님이 빛과 어둠을 나누사

5 하나님이 빛을 낮이라 부르시고 어둠을 밤이라 부르시니라 저녁이 되고 아침이 되니 이는 첫째 날이니라

하마키워드

포스트잇 키워드 : 키워드 쓰기 / 시간 순으로 나열하기 / 그룹으로 분류하기 / 16개-8개-4개-2개로 줄이기

하마묵상 (드라마처럼 묵상하기)

□ 등장인물/키워드 시간 순으로 배치하기	□ 말풍선 만들기(씨눈 틔우기)	□ 아이콘 만들기(4컷 그리기, 무대배경)	□ 질문 만들기
□ 하나님 마음 쓰기	□ 드라마 제목 만들기	□ 나의 적용 쓰기(드라마 속의 나)	□ 서로 설명하기(왜 그렇게 생각하니?)

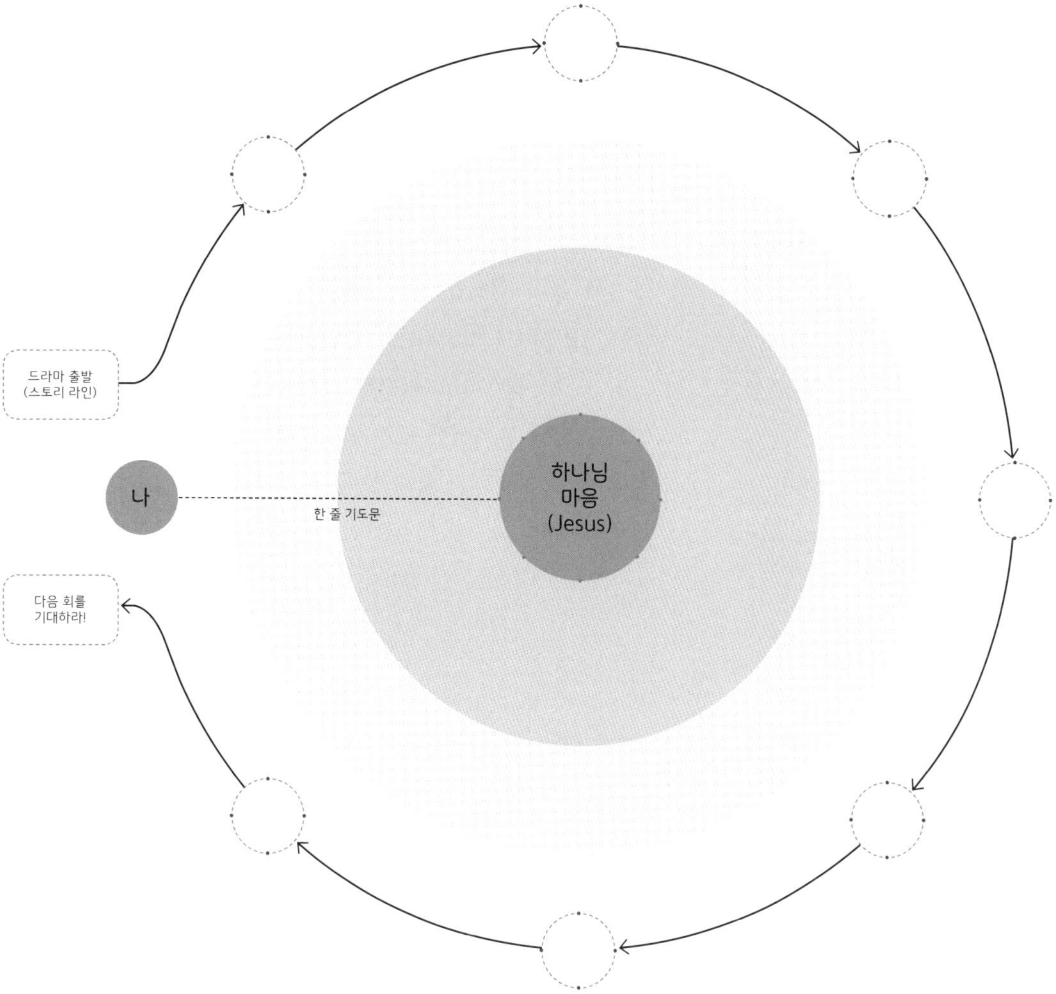

Q 창세기 1장 1절은 우리에게 무엇을 말해줍니까?

Q 하나님은 어떤 방법으로 천지를 창조하셨습니까?

하마동행일기

□ 아침	□ 점심	□ 저녁	□ 밤
잠에서 깰 때 하나님을 생각하라	수시로 하나님께 속삭이라	잠잠히 하나님을 기다리라	취침할 때 나의 생각을 하나님께 아뢰라

1-2 보시기에 좋았더라

하마실마리

		□ 기도하며 읽어라!								
□ 기도하고 읽어라!	□ 1독 (연필로)	□ 여호와, 하나님을 찾아라!	□ 등장인물을 찾아라!	□ 반복단어를 찾아라!	□ 역사적 배경 단어를 찾아라!	□ 접속사를 찾아라!	□ 궁금한 점을 찾아라!	□ 와 닿는 구절을 찾아라!	□ 하나님 마음을 찾아라!	□ 읽고 기도하라!
	□ 2독 (형광펜으로)	□ 하나님-핑크색 □ 등장인물-노란색 □ 궁금한- 파란색 □ 중요한- 녹색								

창1:6~13

6 하나님이 이르시되 물 가운데에 궁창이 있어 물과 물로 나뉘라 하시고

7 하나님이 궁창을 만드사 궁창 아래의 물과 궁창 위의 물로 나뉘게 하시니 그대로 되니라

8 하나님이 궁창을 하늘이라 부르시니라 저녁이 되고 아침이 되니 이는 둘째 날이니라

9 하나님이 이르시되 천하의 물이 한 곳으로 모이고 뭍이 드러나라 하시니 그대로 되니라

10 하나님이 뭍을 땅이라 부르시고 모인 물을 바다라 부르시니 하나님이 보시기에 좋았더라

11 하나님이 이르시되 땅은 풀과 씨 맺는 채소와 각기 종류대로 씨 가진 열매 맺는 나무를 내라 하시니 그대로 되어

12 땅이 풀과 각기 종류대로 씨 맺는 채소와 각기 종류대로 씨 가진 열매 맺는 나무를 내니 하나님이 보시기에 좋았더라

13 저녁이 되고 아침이 되니 이는 셋째 날이니라

하마키워드 포스트잇 키워드 : 키워드 쓰기 / 시간 순으로 나열하기 / 그룹으로 분류하기 / 16개-8개-4개-2개로 줄이기

하마묵상 (드라마처럼 묵상하기)

□ 등장인물/키워드 시간 순으로 배치하기	□ 말풍선 만들기(씨눈 틔우기)	□ 아이콘 만들기(4컷 그리기, 무대배경)	□ 질문 만들기
□ 하나님 마음 쓰기	□ 드라마 제목 만들기	□ 나의 적용 쓰기(드라마 속의 나)	□ 서로 설명하기(왜 그렇게 생각하니?)

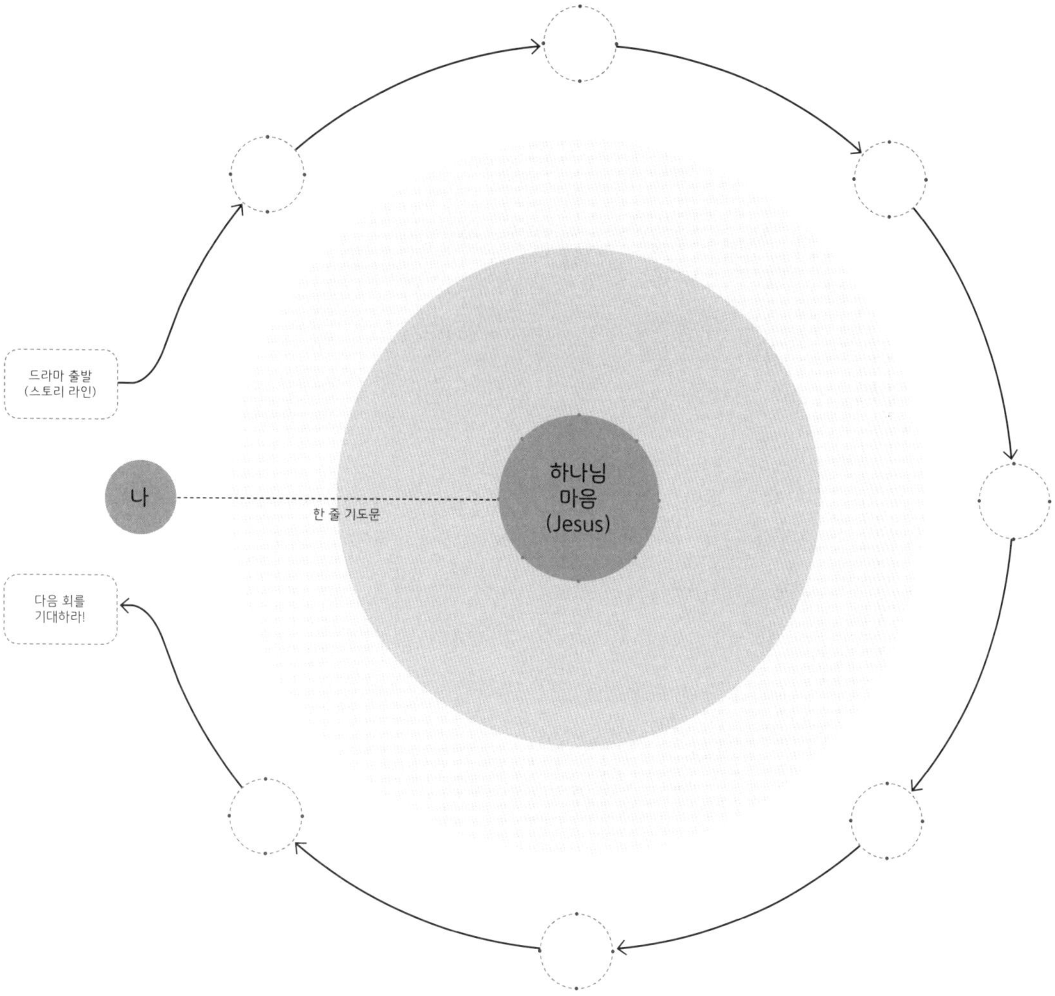

Q 반복되는 단어와 구절들을 통해 무엇을 알 수 있습니까?

Q '보시기에 좋았더라'는 하나님의 창조에 대해 무엇을 말해 줍니까?

하마동행일기

□ 아침	□ 점심	□ 저녁	□ 밤
잠에서 깰 때 하나님을 생각하라	수시로 하나님께 속삭이라	잠잠히 하나님을 기다리라	취침할 때 나의 생각을 하나님께 아뢰라

1-3 생육하고 번성하라

하마실마리

□ 기도하고 읽어라!	□ 기도하며 읽어라!									□ 읽고 기도하라!
	□ 1독 (연필로)	□ 여호와, 하나님을 찾아라!	□ 등장인물을 찾아라!	□ 반복단어를 찾아라!	□ 역사적 배경 단어를 찾아라!	□ 접속사를 찾아라!	□ 궁금한 점을 찾아라!	□ 와 닿는 구절을 찾아라!	□ 하나님 마음을 찾아라!	
	□ 2독 (형광펜으로)	□ 하나님-핑크색 □ 등장인물-노란색 □ 궁금한- 파란색 □ 중요한- 녹색								

창1:14~23

14 하나님이 이르시되 하늘의 궁창에 광명체들이 있어 낮과 밤을 나뉘게 하고 그것들로 징조와 계절과 날과 해를
이루게 하라
15 또 광명체들이 하늘의 궁창에 있어 땅을 비추라 하시니 그대로 되니라
16 하나님이 두 큰 광명체를 만드사 큰 광명체로 낮을 주관하게 하시고 작은 광명체로 밤을 주관하게 하시며 또
별들을 만드시고
17 하나님이 그것들을 하늘의 궁창에 두어 땅을 비추게 하시며
18 낮과 밤을 주관하게 하시고 빛과 어둠을 나뉘게 하시니 하나님이 보시기에 좋았더라
19 저녁이 되고 아침이 되니 이는 넷째 날이니라
20 하나님이 이르시되 물들은 생물을 번성하게 하라 땅 위 하늘의 궁창에는 새가 날으라 하시고
21 하나님이 큰 바다 짐승들과 물에서 번성하여 움직이는 모든 생물을 그 종류대로, 날개 있는 모든 새를 그 종류
대로 창조하시니 하나님이 보시기에 좋았더라
22 하나님이 그들에게 복을 주시며 이르시되 생육하고 번성하여 여러 바닷물에 충만하라 새들도 땅에 번성하라
하시니라
23 저녁이 되고 아침이 되니 이는 다섯째 날이니라

하마키워드

포스트잇 키워드 : 키워드 쓰기 / 시간 순으로 나열하기 / 그룹으로 분류하기 / 16개-8개-4개-2개로 줄이기

하마묵상 (드라마처럼 묵상하기)

□ 등장인물/키워드 시간 순으로 배치하기	□ 말풍선 만들기(씨눈 틔우기)	□ 아이콘 만들기(4컷 그리기, 무대배경)	□ 질문 만들기
□ 하나님 마음 쓰기	□ 드라마 제목 만들기	□ 나의 적용 쓰기(드라마 속의 나)	□ 서로 설명하기(왜 그렇게 생각하니?)

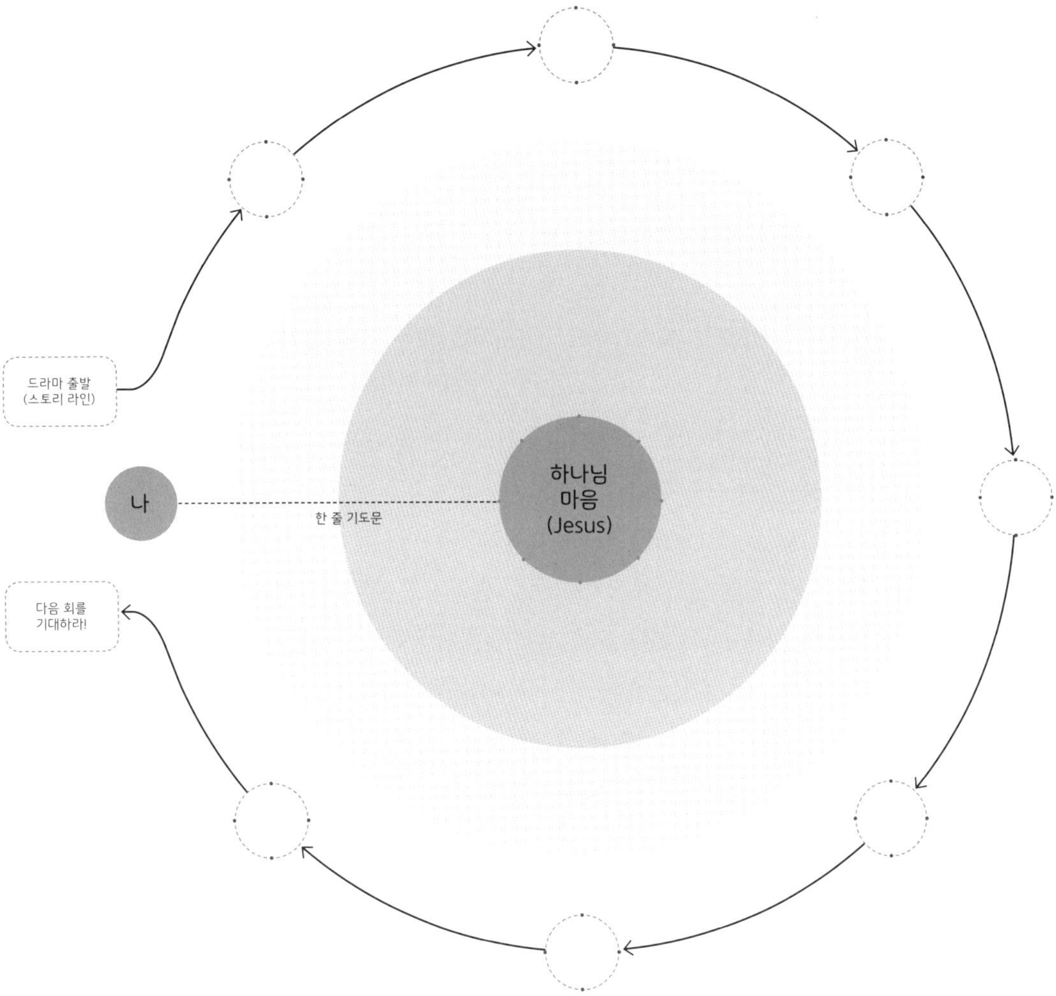

Q 첫째 날부터 셋째 날까지의 창조와 넷째 날부터 여섯째 날까지의 창조의 순서는 어떤 연관이 있습니까?

Q 창조의 과정을 통해 하나님에 대해 무엇을 알 수 있습니까?

하마동행일기

□ 아침	□ 점심	□ 저녁	□ 밤
잠에서 깰 때 하나님을 생각하라	수시로 하나님께 속삭이라	잠잠히 하나님을 기다리라	취침할 때 나의 생각을 하나님께 아뢰라

1-4 하나님의 형상대로

하마실마리

<table>
<tr><td rowspan="3">□
기도하고
읽어라!</td><td colspan="9">□ 기도하며 읽어라!</td><td rowspan="3">□
읽고
기도하라!</td></tr>
<tr><td>□
1독
(연필로)</td><td>□
여호와, 하나님을
찾아라!</td><td>□
등장인물을
찾아라!</td><td>□
반복단어를
찾아라!</td><td>□
역사적 배경
단어를 찾아라!</td><td>□
접속사를
찾아라!</td><td>□
궁금한 점을
찾아라!</td><td>□
와 닿는 구절을
찾아라!</td><td>□
하나님 마음을
찾아라!</td></tr>
<tr><td>□
2독
(형광펜으로)</td><td colspan="8">□ 하나님-핑크색 □ 등장인물-노란색 □ 궁금한- 파란색 □ 중요한- 녹색</td></tr>
</table>

창1:24~28, 31, 창2:1~3

24 하나님이 이르시되 땅은 생물을 그 종류대로 내되 가축과 기는 것과 땅의 짐승을 종류대로 내라 하시니 그대
로 되니라
25 하나님이 땅의 짐승을 그 종류대로, 가축을 그 종류대로, 땅에 기는 모든 것을 그 종류대로 만드시니 하나님이
보시기에 좋았더라
26 하나님이 이르시되 우리의 형상을 따라 우리의 모양대로 우리가 사람을 만들고 그들로 바다의 물고기와 하늘
의 새와 가축과 온 땅과 땅에 기는 모든 것을 다스리게 하자 하시고
27 하나님이 자기 형상 곧 하나님의 형상대로 사람을 창조하시되 남자와 여자를 창조하시고
28 하나님이 그들에게 복을 주시며 하나님이 그들에게 이르시되 생육하고 번성하여 땅에 충만하라, 땅을 정복하
라, 바다의 물고기와 하늘의 새와 땅에 움직이는 모든 생물을 다스리라 하시니라
31 하나님이 지으신 그 모든 것을 보시니 보시기에 심히 좋았더라 저녁이 되고 아침이 되니 이는 여섯째 날이니라
1 천지와 만물이 다 이루어지니라
2 하나님이 그가 하시던 일을 일곱째 날에 마치시니 그가 하시던 모든 일을 그치고 일곱째 날에 안식하시니라
3 하나님이 그 일곱째 날을 복되게 하사 거룩하게 하셨으니 이는 하나님이 그 창조하시며 만드시던 모든 일을 마
치시고 그 날에 안식하셨음이니라

하마키워드

포스트잇 키워드 : 키워드 쓰기 / 시간 순으로 나열하기 / 그룹으로 분류하기 / 16개-8개-4개-2개로 줄이기

하마묵상 (드라마처럼 묵상하기)

□ 등장인물/키워드 시간 순으로 배치하기	□ 말풍선 만들기(씨눈 틔우기)	□ 아이콘 만들기(4컷 그리기, 무대배경)	□ 질문 만들기
□ 하나님 마음 쓰기	□ 드라마 제목 만들기	□ 나의 적용 쓰기(드라마 속의 나)	□ 서로 설명하기(왜 그렇게 생각하니?)

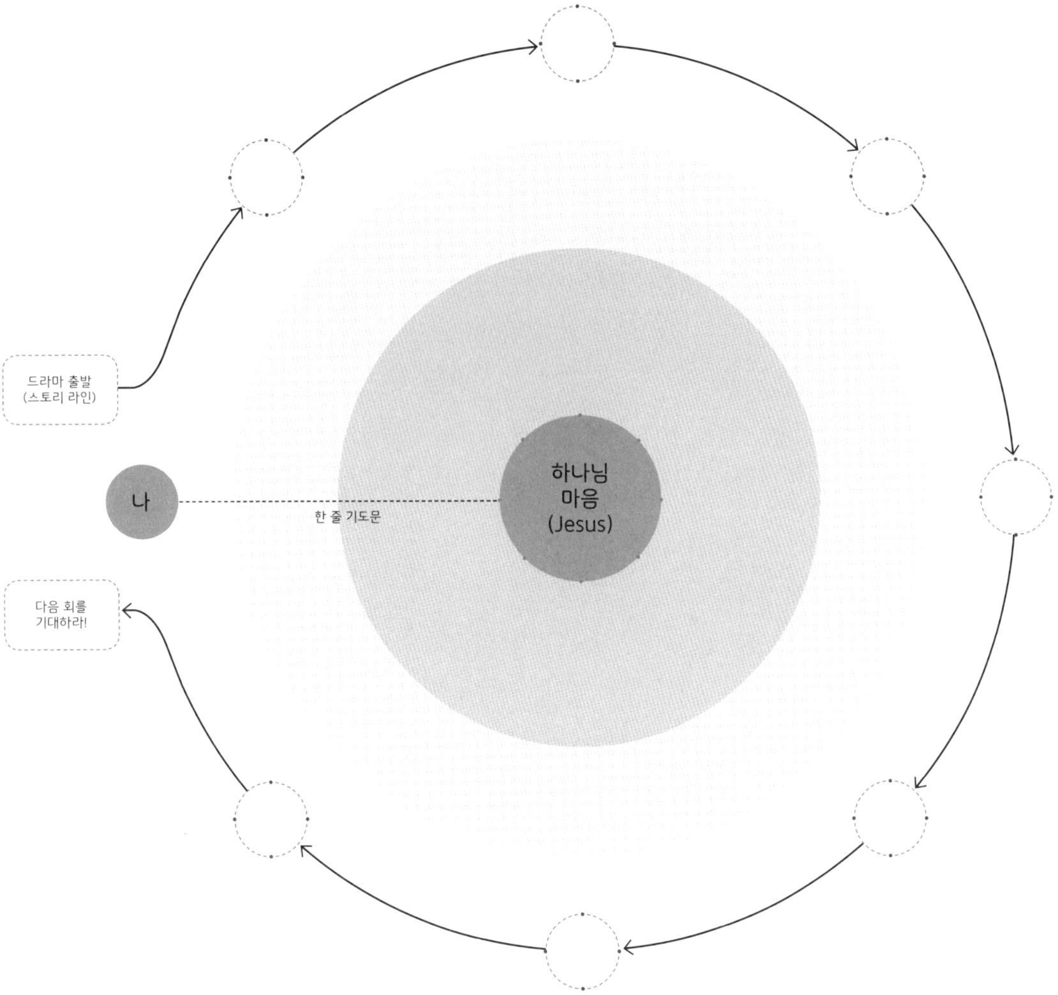

Q 사람이 하나님의 형상을 따라 창조되었다는 것은 무슨 뜻일까요?

Q 하나님은 사람이 일곱째 날을 통해 무엇을 알기 바라셨을까요?

하마동행일기

□ 아침	□ 점심	□ 저녁	□ 밤
잠에서 깰 때 하나님을 생각하라	수시로 하나님께 속삭이라	잠잠히 하나님을 기다리라	취침할 때 나의 생각을 하나님께 아뢰라

2–1 창조의 절정, 인간

하마실마리

□ 기도하며 읽어라!

□ 기도하고 읽어라!	□ 1독 (연필로)	□ 여호와, 하나님을 찾아라!	□ 등장인물을 찾아라!	□ 반복단어를 찾아라!	□ 역사적 배경 단어를 찾아라!	□ 접속사를 찾아라!	□ 궁금한 점을 찾아라!	□ 와 닿는 구절을 찾아라!	□ 하나님 마음을 찾아라!	□ 읽고 기도하라!
	□ 2독 (형광펜으로)	□ 하나님-핑크색 □ 등장인물-노란색 □ 궁금한- 파란색 □ 중요한- 녹색								

창2:4~7

4 이것이 천지가 창조될 때에 하늘과 땅의 내력이니 여호와 하나님이 땅과 하늘을 만드시던 날에

5 여호와 하나님이 땅에 비를 내리지 아니하셨고 땅을 갈 사람도 없었으므로 들에는 초목이 아직 없었고 밭에는 채소가 나지 아니하였으며

6 안개만 땅에서 올라와 온 지면을 적셨더라

7 여호와 하나님이 땅의 흙으로 사람을 지으시고 생기를 그 코에 불어넣으시니 사람이 생령이 되니라

하마키워드

포스트잇 키워드 : 키워드 쓰기 / 시간 순으로 나열하기 / 그룹으로 분류하기 / 16개–8개–4개–2개로 줄이기

하마묵상 (드라마처럼 묵상하기)

□ 등장인물/키워드 시간 순으로 배치하기	□ 말풍선 만들기(씨눈 틔우기)	□ 아이콘 만들기(4컷 그리기, 무대배경)	□ 질문 만들기
□ 하나님 마음 쓰기	□ 드라마 제목 만들기	□ 나의 적용 쓰기(드라마 속의 나)	□ 서로 설명하기(왜 그렇게 생각하니?)

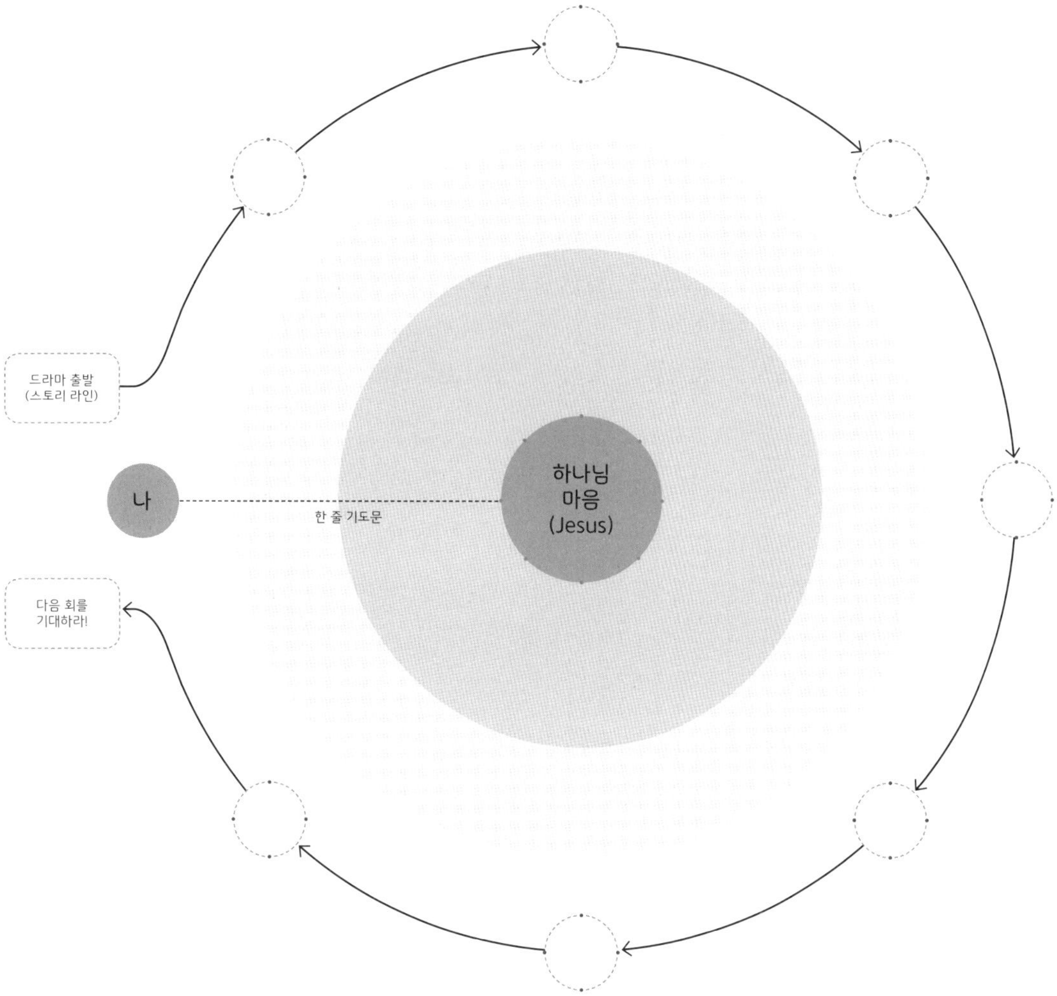

Q 하나님의 이름이 왜 '여호와 하나님'으로 바뀌었을까요?

Q 창세기 2장에서 왜 사람 창조에 관해 다시 기록하고 있을까요?

하마동행일기

□ 아침	□ 점심	□ 저녁	□ 밤
잠에서 깰 때 하나님을 생각하라	수시로 하나님께 속삭이라	잠잠히 하나님을 기다리라	취침할 때 나의 생각을 하나님께 아뢰라

2-2 기쁨의 동산, 에덴

하마실마리

	□ 기도하며 읽어라!									
□ 기도하고 읽어라!	□ 1독 (연필로)	□ 여호와, 하나님을 찾아라!	□ 등장인물을 찾아라!	□ 반복단어를 찾아라!	□ 역사적 배경 단어를 찾아라!	□ 접속사를 찾아라!	□ 궁금한 점을 찾아라!	□ 와 닿는 구절을 찾아라!	□ 하나님 마음을 찾아라!	□ 읽고 기도하라!
	□ 2독 (형광펜으로)	□ 하나님-핑크색 □ 등장인물-노란색 □ 궁금한- 파란색 □ 중요한- 녹색								

창2:8~14

8 여호와 하나님이 동방의 에덴에 동산을 창설하시고 그 지으신 사람을 거기 두시니라
9 여호와 하나님이 그 땅에서 보기에 아름답고 먹기에 좋은 나무가 나게 하시니 동산 가운데에는 생명 나무와 선
악을 알게 하는 나무도 있더라
10 강이 에덴에서 흘러 나와 동산을 적시고 거기서부터 갈라져 네 근원이 되었으니
11 첫째의 이름은 비손이라 금이 있는 하윌라 온 땅을 둘렀으며
12 그 땅의 금은 순금이요 그 곳에는 베델리엄과 호마노도 있으며
13 둘째 강의 이름은 기혼이라 구스 온 땅을 둘렀고
14 셋째 강의 이름은 힛데겔이라 앗수르 동쪽으로 흘렀으며 넷째 강은 유브라데더라

하마키워드 포스트잇 키워드 : 키워드 쓰기 / 시간 순으로 나열하기 / 그룹으로 분류하기 / 16개-8개-4개-2개로 줄이기

하마묵상 (드라마처럼 묵상하기)

□ 등장인물/키워드 시간 순으로 배치하기	□ 말풍선 만들기(씨눈 틔우기)	□ 아이콘 만들기(4컷 그리기, 무대배경)	□ 질문 만들기
□ 하나님 마음 쓰기	□ 드라마 제목 만들기	□ 나의 적용 쓰기(드라마 속의 나)	□ 서로 설명하기(왜 그렇게 생각하니?)

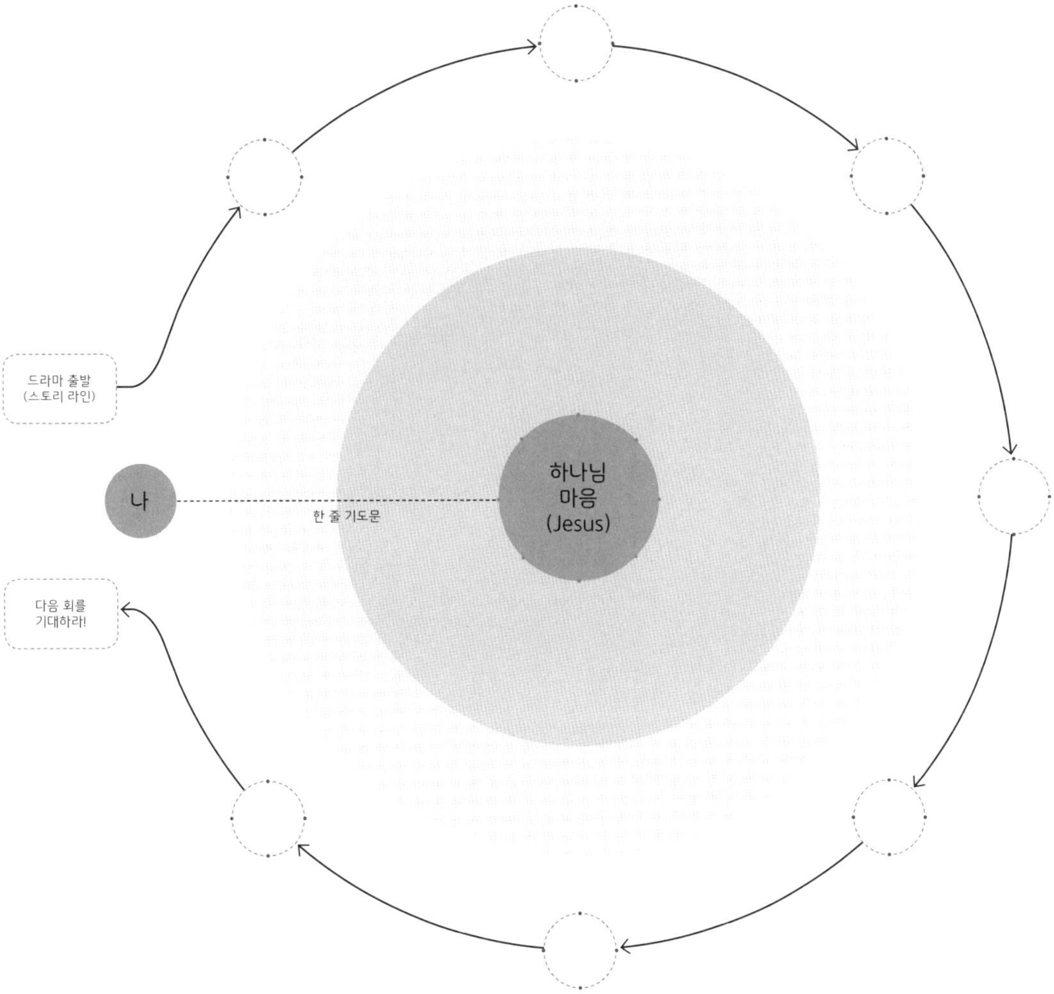

Q 에덴동산을 볼 때 하나님의 마음에 대해 무엇을 알 수 있습니까?

Q 각 강의 이름과 보석을 통해 무엇을 알 수 있습니까?

하마동행일기

□ 아침	□ 점심	□ 저녁	□ 밤
잠에서 깰 때 하나님을 생각하라	수시로 하나님께 속삭이라	잠잠히 하나님을 기다리라	취침할 때 나의 생각을 하나님께 아뢰라

2-3 선악과를 먹지 마라

하마실마리

		□ 기도하며 읽어라!								
□ 기도하고 읽어라!	□ 1독 (연필로)	□ 여호와, 하나님을 찾아라!	□ 등장인물을 찾아라!	□ 반복단어를 찾아라!	□ 역사적 배경 단어를 찾아라!	□ 접속사를 찾아라!	□ 궁금한 점을 찾아라!	□ 와 닿는 구절을 찾아라!	□ 하나님 마음을 찾아라!	□ 읽고 기도하라!
	□ 2독 (형광펜으로)	□ 하나님-핑크색 □ 등장인물-노란색 □ 궁금한- 파란색 □ 중요한- 녹색								

창2:15~17

15 여호와 하나님이 그 사람을 이끌어 에덴 동산에 두어 그것을 경작하며 지키게 하시고
16 여호와 하나님이 그 사람에게 명하여 이르시되 동산 각종 나무의 열매는 네가 임의로 먹되
17 선악을 알게 하는 나무의 열매는 먹지 말라 네가 먹는 날에는 반드시 죽으리라 하시니라

하마키워드 포스트잇 키워드 : 키워드 쓰기 / 시간 순으로 나열하기 / 그룹으로 분류하기 / 16개-8개-4개-2개로 줄이기

하마묵상 (드라마처럼 묵상하기)

□ 등장인물/키워드 시간 순으로 배치하기	□ 말풍선 만들기(씨눈 틔우기)	□ 아이콘 만들기(4컷 그리기, 무대배경)	□ 질문 만들기
□ 하나님 마음 쓰기	□ 드라마 제목 만들기	□ 나의 적용 쓰기(드라마 속의 나)	□ 서로 설명하기(왜 그렇게 생각하니?)

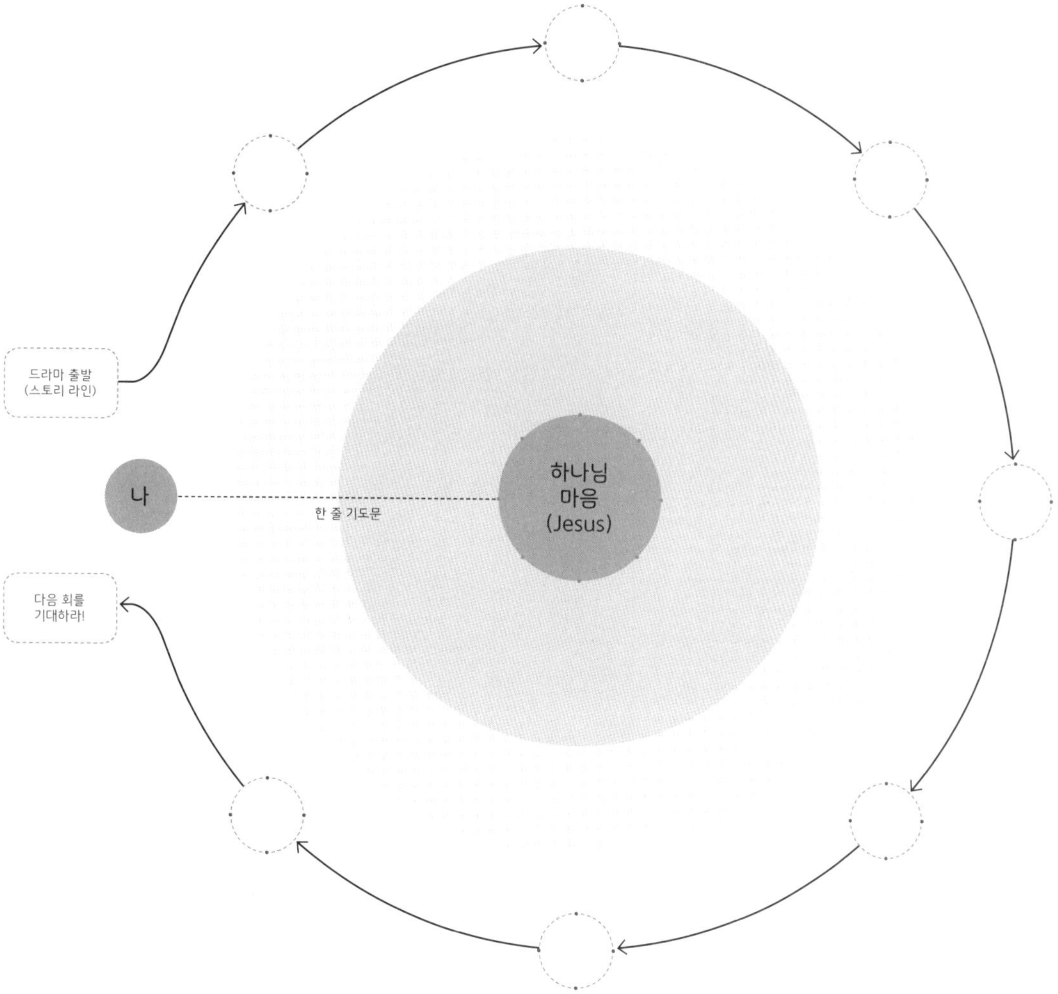

Q 하나님은 왜 사람에게 경작하고 지키라고 하셨을까요?

Q 하나님은 왜 단 한 가지의 금지명령을 주셨을까요?

하마동행일기

□ 아침	□ 점심	□ 저녁	□ 밤
잠에서 깰 때 하나님을 생각하라	수시로 하나님께 속삭이라	잠잠히 하나님을 기다리라	취침할 때 나의 생각을 하나님께 아뢰라

2–4 돕는 배필

하마실마리

		☐ 기도하며 읽어라!								
☐ 기도하고 읽어라!	☐ 1독 (연필로)	☐ 여호와, 하나님을 찾아라!	☐ 등장인물을 찾아라!	☐ 반복단어를 찾아라!	☐ 역사적 배경 단어를 찾아라!	☐ 접속사를 찾아라!	☐ 궁금한 점을 찾아라!	☐ 와 닿는 구절을 찾아라!	☐ 하나님 마음을 찾아라!	☐ 읽고 기도하라!
	☐ 2독 (형광펜으로)	☐ 하나님-핑크색 ☐ 등장인물-노란색 ☐ 궁금한- 파란색 ☐ 중요한- 녹색								

창2:18~25

18 여호와 하나님이 이르시되 사람이 혼자 사는 것이 좋지 아니하니 내가 그를 위하여 돕는 배필을 지으리라 하
시니라
19 여호와 하나님이 흙으로 각종 들짐승과 공중의 각종 새를 지으시고 아담이 무엇이라고 부르나 보시려고 그것
들을 그에게로 이끌어 가시니 아담이 각 생물을 부르는 것이 곧 그 이름이 되었더라
20 아담이 모든 가축과 공중의 새와 들의 모든 짐승에게 이름을 주니라 아담이 돕는 배필이 없으므로
21 여호와 하나님이 아담을 깊이 잠들게 하시니 잠들매 그가 그 갈빗대 하나를 취하고 살로 대신 채우시고
22 여호와 하나님이 아담에게서 취하신 그 갈빗대로 여자를 만드시고 그를 아담에게로 이끌어 오시니
23 아담이 이르되 이는 내 뼈 중의 뼈요 살 중의 살이라 이것을 남자에게서 취하였은즉 여자라 부르리라 하니라
24 이러므로 남자가 부모를 떠나 그의 아내와 합하여 둘이 한 몸을 이룰지로다
25 아담과 그의 아내 두 사람이 벌거벗었으나 부끄러워하지 아니하니라

하마키워드

포스트잇 키워드 : 키워드 쓰기 / 시간 순으로 나열하기 / 그룹으로 분류하기 / 16개–8개–4개–2개로 줄이기

하마묵상 (드라마처럼 묵상하기)

□ 등장인물/키워드 시간 순으로 배치하기	□ 말풍선 만들기(씨눈 틔우기)	□ 아이콘 만들기(4컷 그리기, 무대배경)	□ 질문 만들기
□ 하나님 마음 쓰기	□ 드라마 제목 만들기	□ 나의 적용 쓰기(드라마 속의 나)	□ 서로 설명하기(왜 그렇게 생각하니?)

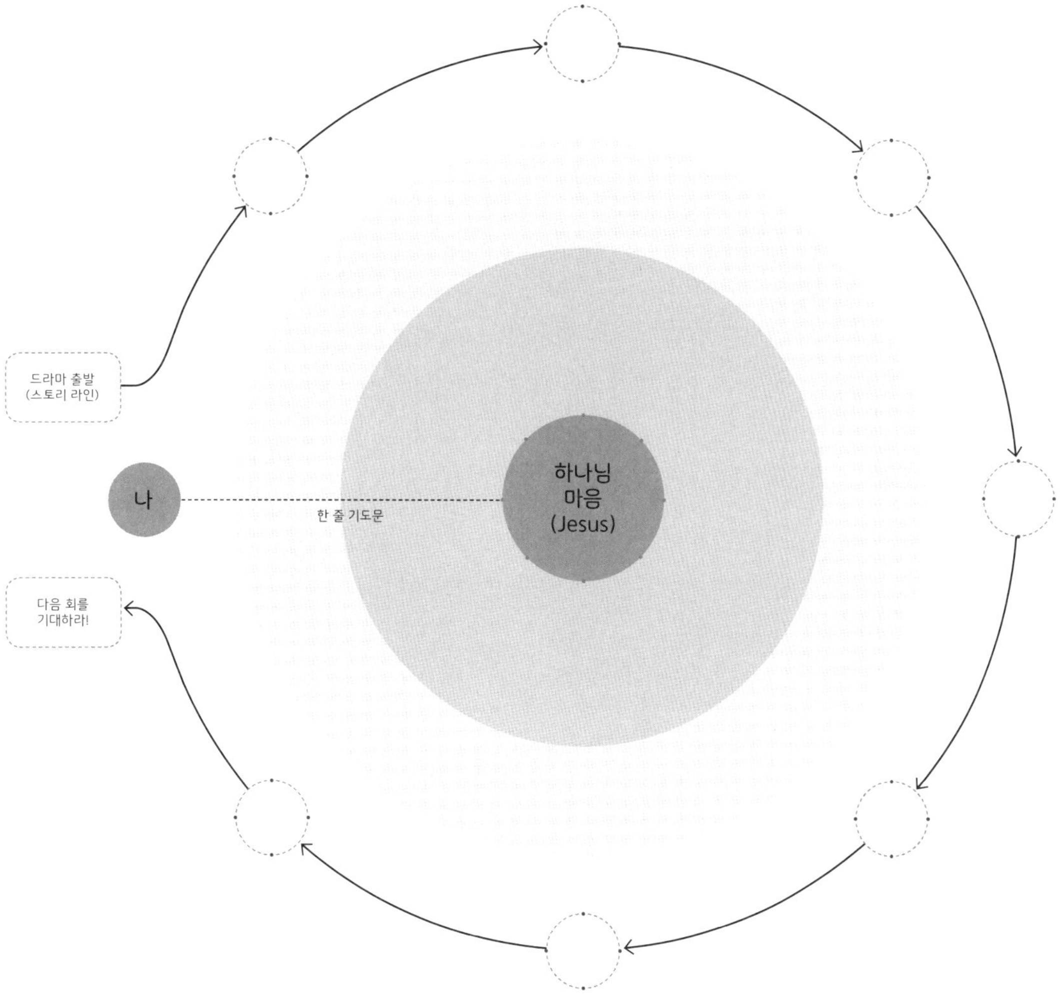

Q 돕는 배필이란 무슨 뜻일까요?

Q 하나님은 왜 둘이 한 몸을 이루라고 하셨을까요?

하마동행일기

□ 아침	□ 점심	□ 저녁	□ 밤
잠에서 깰 때 하나님을 생각하라	수시로 하나님께 속삭이라	잠잠히 하나님을 기다리라	취침할 때 나의 생각을 하나님께 아뢰라

3–1 죄가 들어오다

하마실마리

□ 기도하며 읽어라!

□ 기도하고 읽어라!	□ 1독 (연필로)	□ 여호와, 하나님을 찾아라!	□ 등장인물을 찾아라!	□ 반복단어를 찾아라!	□ 역사적 배경 단어를 찾아라!	□ 접속사를 찾아라!	□ 궁금한 점을 찾아라!	□ 와 닿는 구절을 찾아라!	□ 하나님 마음을 찾아라!	□ 읽고 기도하라!
	□ 2독 (형광펜으로)	□ 하나님-핑크색 □ 등장인물-노란색 □ 궁금한- 파란색 □ 중요한- 녹색								

창3:1~6

1 그런데 뱀은 여호와 하나님이 지으신 들짐승 중에 가장 간교하니라 뱀이 여자에게 물어 이르되 하나님이 참으
로 너희에게 동산 모든 나무의 열매를 먹지 말라 하시더냐
2 여자가 뱀에게 말하되 동산 나무의 열매를 우리가 먹을 수 있으나
3 동산 중앙에 있는 나무의 열매는 하나님의 말씀에 너희는 먹지도 말고 만지지도 말라 너희가 죽을까 하노라 하
셨느니라
4 뱀이 여자에게 이르되 너희가 결코 죽지 아니하리라
5 너희가 그것을 먹는 날에는 너희 눈이 밝아져 하나님과 같이 되어 선악을 알 줄 하나님이 아심이니라
6 여자가 그 나무를 본즉 먹음직도 하고 보암직도 하고 지혜롭게 할 만큼 탐스럽기도 한 나무인지라 여자가 그 열
매를 따먹고 자기와 함께 있는 남편에게도 주매 그도 먹은지라

하마키워드 구름 키워드: 키워드를 확장하기 / 생각 씨눈 틔우기

하마묵상 (드라마처럼 묵상하기)

□ 등장인물/키워드 시간 순으로 배치하기	□ 말풍선 만들기(씨눈 틔우기)	□ 아이콘 만들기(4컷 그리기, 무대배경)	□ 질문 만들기
□ 하나님 마음 쓰기	□ 드라마 제목 만들기	□ 나의 적용 쓰기(드라마 속의 나)	□ 서로 설명하기(왜 그렇게 생각하니?)

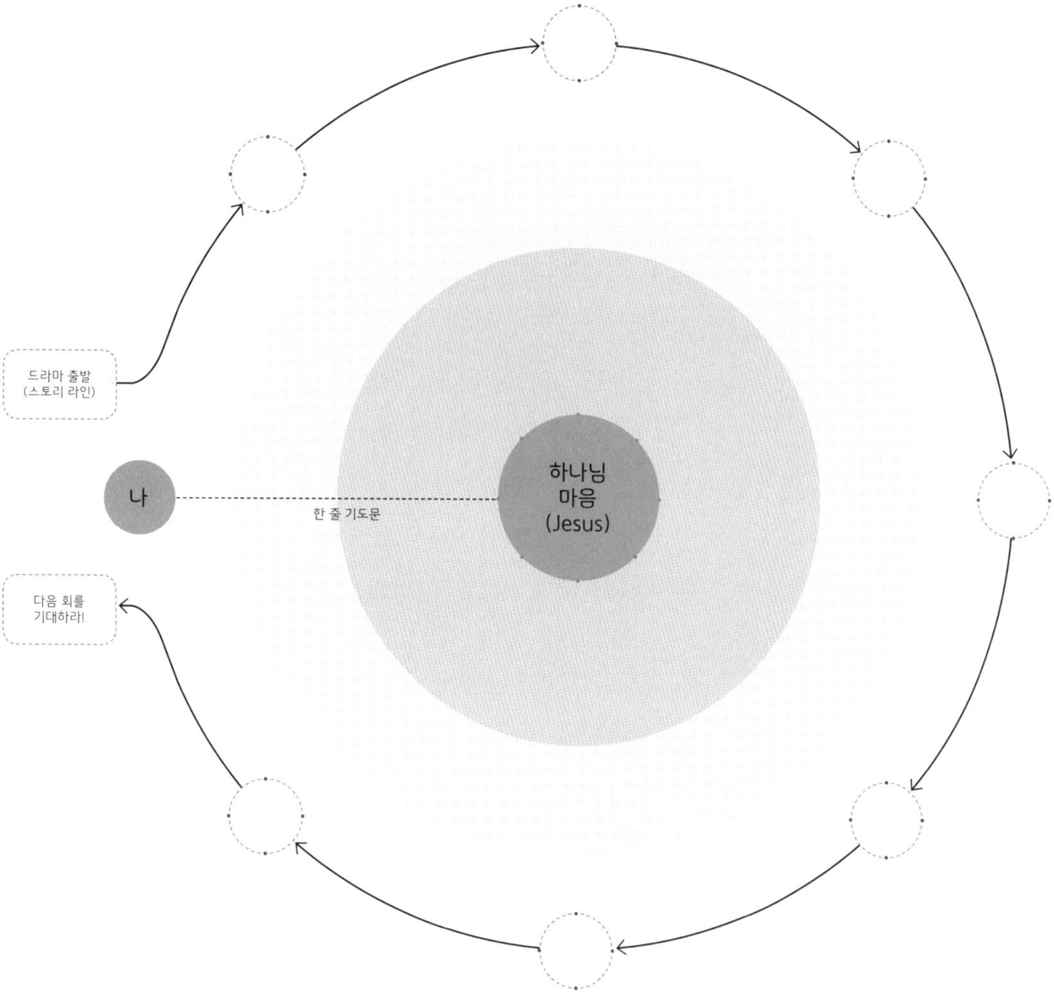

Q 뱀은 어떤 방법으로, 왜 하와를 유혹했을까요?

Q 하와는 어떻게, 그리고 왜 하나님의 말씀을 바꾸어 놓았을까요?

하마동행일기

□ 아침	□ 점심	□ 저녁	□ 밤
잠에서 깰 때 하나님을 생각하라	수시로 하나님께 속삭이라	잠잠히 하나님을 기다리라	취침할 때 나의 생각을 하나님께 아뢰라

3-2 질문하시는 하나님

하마실마리

□ 기도하며 읽어라!

□ 기도하고 읽어라!	□ 1독 (연필로)	□ 여호와, 하나님을 찾아라!	□ 등장인물을 찾아라!	□ 반복단어를 찾아라!	□ 역사적 배경 단어를 찾아라!	□ 접속사를 찾아라!	□ 궁금한 점을 찾아라!	□ 와 닿는 구절을 찾아라!	□ 하나님 마음을 찾아라!	□ 읽고 기도하라!
	□ 2독 (형광펜으로)	□ 하나님-핑크색 □ 등장인물-노란색 □ 궁금한- 파란색 □ 중요한- 녹색								

창3:7~13

7 이에 그들의 눈이 밝아져 자기들이 벗은 줄을 알고 무화과나무 잎을 엮어 치마로 삼았더라
8 그들이 그 날 바람이 불 때 동산에 거니시는 여호와 하나님의 소리를 듣고 아담과 그의 아내가 여호와 하나님의
낯을 피하여 동산 나무 사이에 숨은지라
9 여호와 하나님이 아담을 부르시며 그에게 이르시되 네가 어디 있느냐
10 이르되 내가 동산에서 하나님의 소리를 듣고 내가 벗었으므로 두려워하여 숨었나이다
11 이르시되 누가 너의 벗었음을 네게 알렸느냐 내가 네게 먹지 말라 명한 그 나무 열매를 네가 먹었느냐
12 아담이 이르되 하나님이 주셔서 나와 함께 있게 하신 여자 그가 그 나무 열매를 내게 주므로 내가 먹었나이다
13 여호와 하나님이 여자에게 이르시되 네가 어찌하여 이렇게 하였느냐 여자가 이르되 뱀이 나를 꾀므로 내가 먹
었나이다

하마키워드 구름 키워드: 키워드를 확장하기 / 생각 씨눈 틔우기

하마묵상 (드라마처럼 묵상하기)

□ 등장인물/키워드 시간 순으로 배치하기	□ 말풍선 만들기(씨눈 틔우기)	□ 아이콘 만들기(4컷 그리기, 무대배경)	□ 질문 만들기
□ 하나님 마음 쓰기	□ 드라마 제목 만들기	□ 나의 적용 쓰기(드라마 속의 나)	□ 서로 설명하기(왜 그렇게 생각하니?)

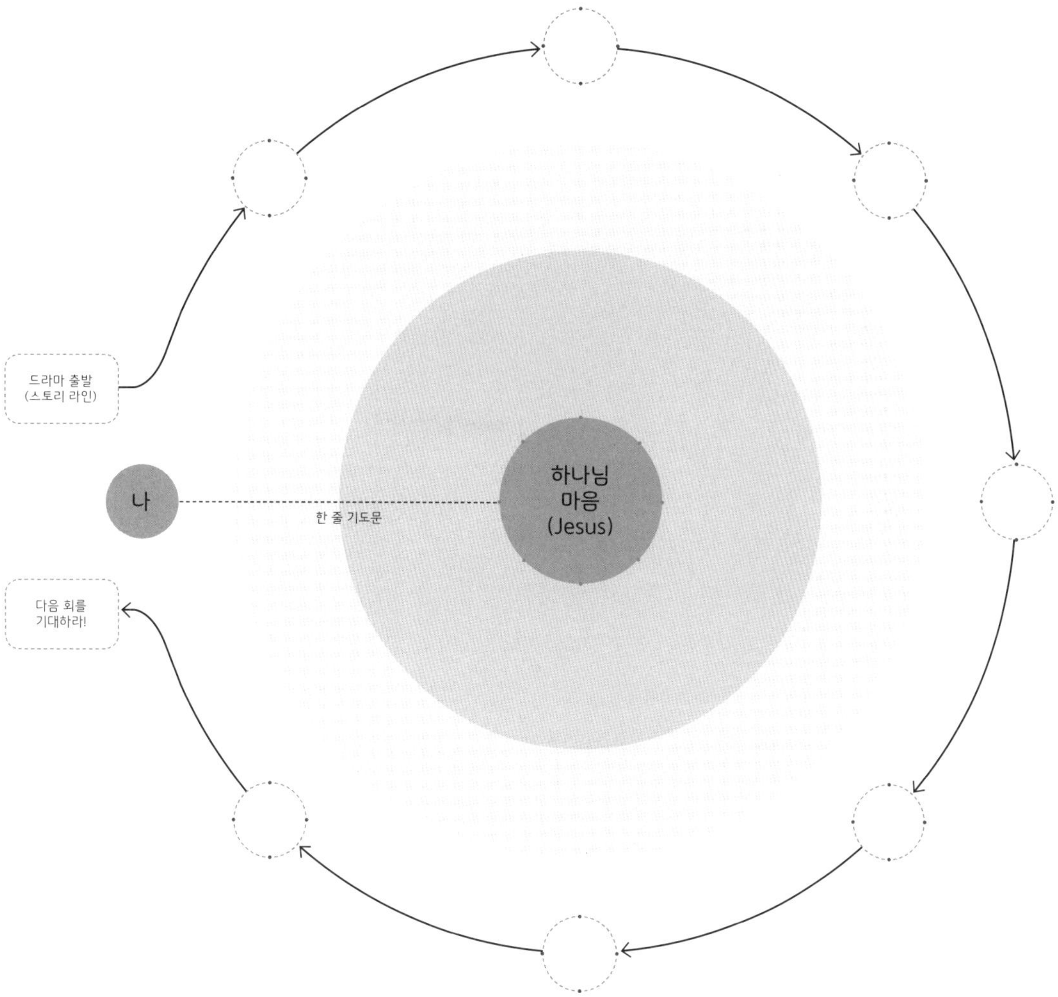

Q 하나님이 금하신 열매를 먹은 후 아담과 하와는 어떻게 달라졌습니까?

Q 하나님은 왜 다 아시면서 거듭 질문하셨을까요?

하마동행일기

□ 아침	□ 점심	□ 저녁	□ 밤
잠에서 깰 때 하나님을 생각하라	수시로 하나님께 속삭이라	잠잠히 하나님을 기다리라	취침할 때 나의 생각을 하나님께 아뢰라

3-3 하나님의 심판

하마실마리

□ 기도하며 읽어라!

□ 기도하고 읽어라!	□ 1독 (연필로)	□ 여호와, 하나님을 찾아라!	□ 등장인물을 찾아라!	□ 반복단어를 찾아라!	□ 역사적 배경 단어를 찾아라!	□ 접속사를 찾아라!	□ 궁금한 점을 찾아라!	□ 와 닿는 구절을 찾아라!	□ 하나님 마음을 찾아라!	□ 읽고 기도하라!
	□ 2독 (형광펜으로)	□ 하나님-핑크색 □ 등장인물-노란색 □ 궁금한- 파란색 □ 중요한- 녹색								

창3:14~19

14 여호와 하나님이 뱀에게 이르시되 네가 이렇게 하였으니 네가 모든 가축과 들의 모든 짐승보다 더욱 저주를
받아 배로 다니고 살아 있는 동안 흙을 먹을지니라
15 내가 너로 여자와 원수가 되게 하고 네 후손도 여자의 후손과 원수가 되게 하리니 여자의 후손은 네 머리를 상
하게 할 것이요 너는 그의 발꿈치를 상하게 할 것이니라 하시고
16 또 여자에게 이르시되 내가 네게 임신하는 고통을 크게 더하리니 네가 수고하고 자식을 낳을 것이며 너는 남
편을 원하고 남편은 너를 다스릴 것이니라 하시고
17 아담에게 이르시되 네가 네 아내의 말을 듣고 내가 네게 먹지 말라 한 나무의 열매를 먹었은즉 땅은 너로 말미
암아 저주를 받고 너는 네 평생에 수고하여야 그 소산을 먹으리라
18 땅이 네게 가시덤불과 엉겅퀴를 낼 것이라 네가 먹을 것은 밭의 채소인즉
19 네가 흙으로 돌아갈 때까지 얼굴에 땀을 흘려야 먹을 것을 먹으리니 네가 그것에서 취함을 입었음이라 너는
흙이니 흙으로 돌아갈 것이니라 하시니라

하마키워드

구름 키워드 : 키워드를 확장하기 / 생각 씨눈 틔우기

하마묵상 (드라마처럼 묵상하기)

□ 등장인물/키워드 시간 순으로 배치하기	□ 말풍선 만들기(씨눈 틔우기)	□ 아이콘 만들기(4컷 그리기, 무대배경)	□ 질문 만들기
□ 하나님 마음 쓰기	□ 드라마 제목 만들기	□ 나의 적용 쓰기(드라마 속의 나)	□ 서로 설명하기(왜 그렇게 생각하니?)

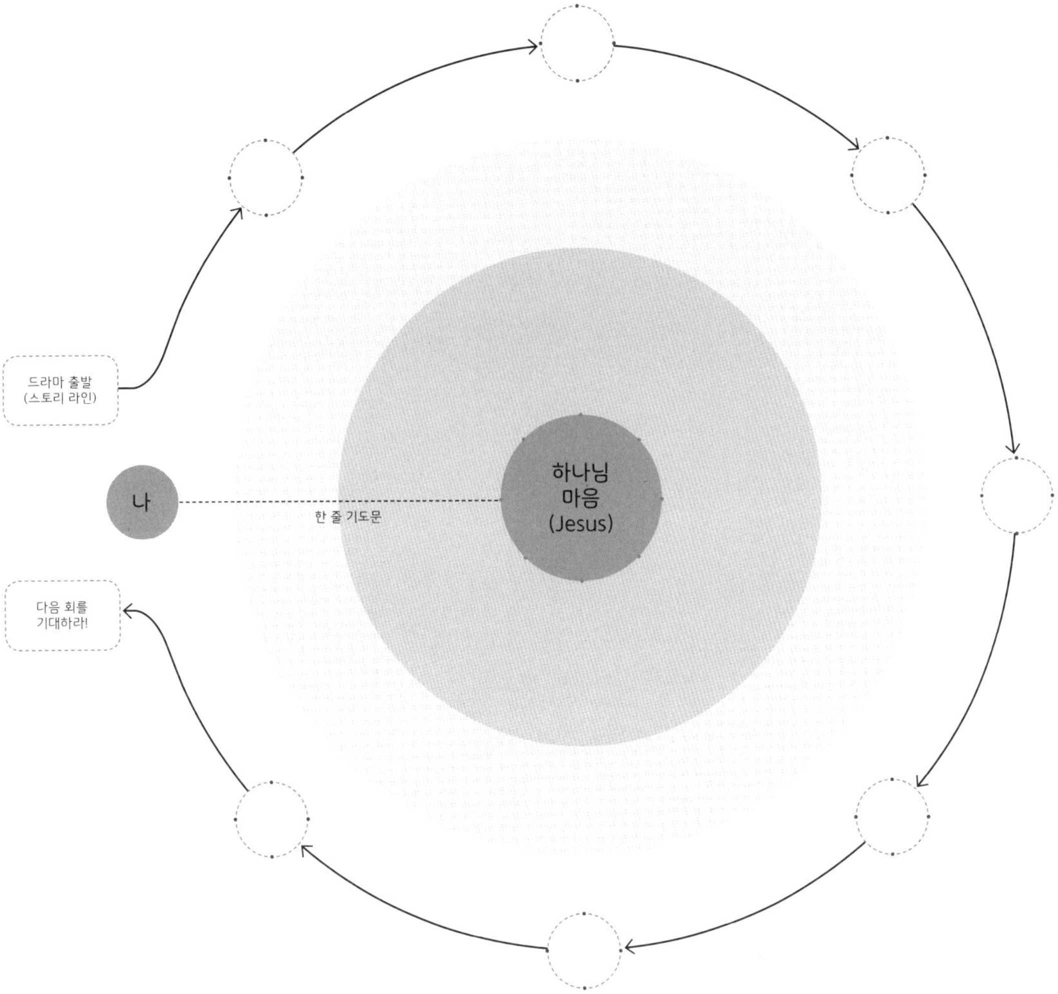

Q 창세기 3장 15절 말씀은 성경 전체를 이해하는 데 왜 중요합니까?

Q 하나님이 내리신 심판의 내용을 통해 무엇을 알 수 있습니까?

하마동행일기

□ 아침	□ 점심	□ 저녁	□ 밤
잠에서 깰 때 하나님을 생각하라	수시로 하나님께 속삭이라	잠잠히 하나님을 기다리라	취침할 때 나의 생각을 하나님께 아뢰라

3-4 에덴동산에서 추방

하마실마리

☐ 기도하며 읽어라!

☐ 기도하고 읽어라!	☐ 1독 (연필로)	☐ 여호와, 하나님을 찾아라!	☐ 등장인물을 찾아라!	☐ 반복단어를 찾아라!	☐ 역사적 배경 단어를 찾아라!	☐ 접속사를 찾아라!	☐ 궁금한 점을 찾아라!	☐ 와 닿는 구절을 찾아라!	☐ 하나님 마음을 찾아라!	☐ 읽고 기도하라!
	☐ 2독 (형광펜으로)	☐ 하나님-핑크색 ☐ 등장인물-노란색 ☐ 궁금한- 파란색 ☐ 중요한- 녹색								

창3:20~24

20 아담이 그의 아내의 이름을 하와라 불렀으니 그는 모든 산 자의 어머니가 됨이더라

21 여호와 하나님이 아담과 그의 아내를 위하여 가죽옷을 지어 입히시니라

22 여호와 하나님이 이르시되 보라 이 사람이 선악을 아는 일에 우리 중 하나 같이 되었으니 그가 그의 손을 들어
생명 나무 열매도 따먹고 영생할까 하노라 하시고

23 여호와 하나님이 에덴 동산에서 그를 내보내어 그의 근원이 된 땅을 갈게 하시니라

24 이같이 하나님이 그 사람을 쫓아내시고 에덴 동산 동쪽에 그룹들과 두루 도는 불 칼을 두어 생명 나무의 길을
지키게 하시니라

하마키워드

구름 키워드: 키워드를 확장하기 / 생각 씨눈 틔우기

하마묵상 (드라마처럼 묵상하기)

□ 등장인물/키워드 시간 순으로 배치하기	□ 말풍선 만들기(씨눈 틔우기)	□ 아이콘 만들기(4컷 그리기, 무대배경)	□ 질문 만들기
□ 하나님 마음 쓰기	□ 드라마 제목 만들기	□ 나의 적용 쓰기(드라마 속의 나)	□ 서로 설명하기(왜 그렇게 생각하니?)

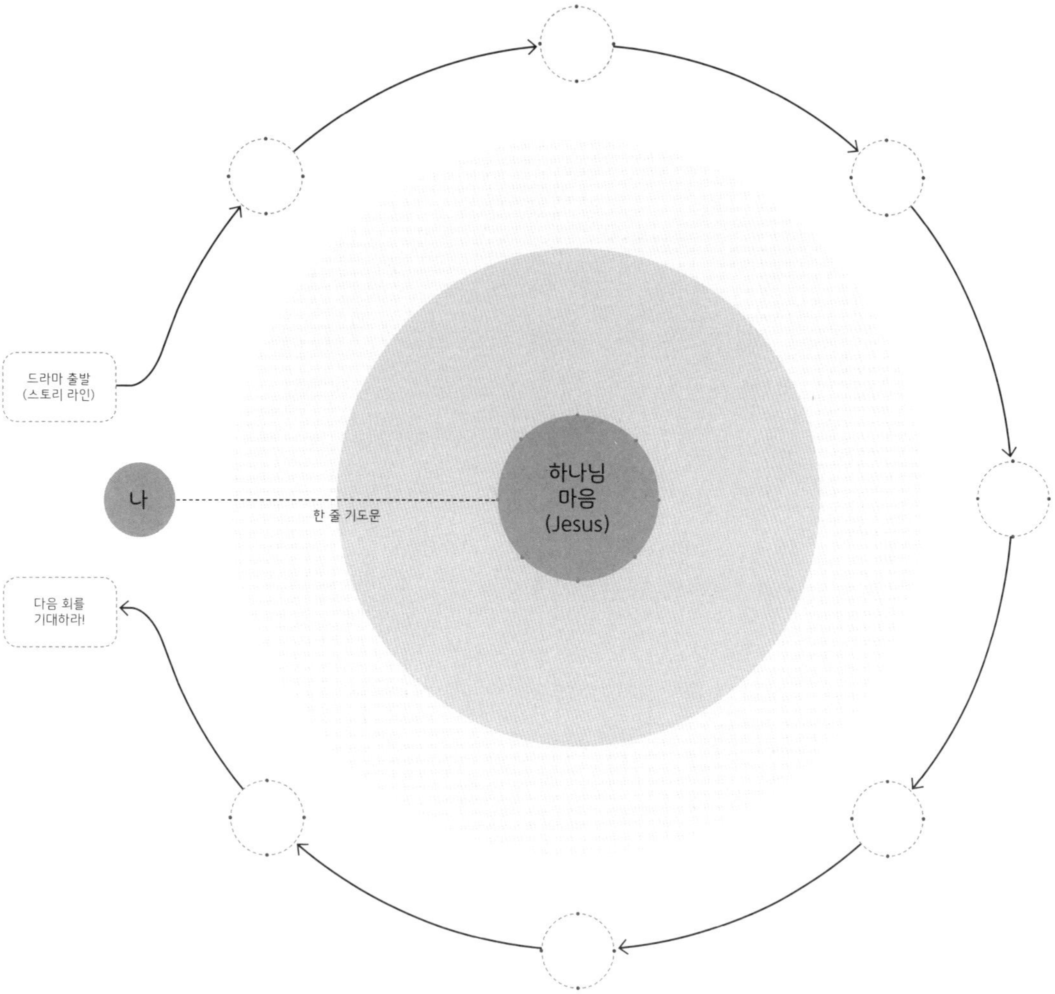

Q 하나님은 왜 가죽옷을 지어 입히셨을까요?

Q 하나님은 왜 아담과 하와를 에덴에서 추방하셨을까요?

하마동행일기

□ 아침	□ 점심	□ 저녁	□ 밤
잠에서 깰 때 하나님을 생각하라	수시로 하나님께 속삭이라	잠잠히 하나님을 기다리라	취침할 때 나의 생각을 하나님께 아뢰라

4–1 최초의 살인자

하마실마리

☐ 기도하며 읽어라!

☐ 기도하고 읽어라!	☐ 1독 (연필로)	☐ 여호와, 하나님을 찾아라!	☐ 등장인물을 찾아라!	☐ 반복단어를 찾아라!	☐ 역사적 배경 단어를 찾아라!	☐ 접속사를 찾아라!	☐ 궁금한 점을 찾아라!	☐ 와 닿는 구절을 찾아라!	☐ 하나님 마음을 찾아라!	☐ 읽고 기도하라!
	☐ 2독 (형광펜으로)	☐ 하나님-핑크색 ☐ 등장인물-노란색 ☐ 궁금한- 파란색 ☐ 중요한- 녹색								

창4:1~8

1 아담이 그의 아내 하와와 동침하매 하와가 임신하여 가인을 낳고 이르되 내가 여호와로 말미암아 득남하였다 하니라
2 그가 또 가인의 아우 아벨을 낳았는데 아벨은 양 치는 자였고 가인은 농사하는 자였더라
3 세월이 지난 후에 가인은 땅의 소산으로 제물을 삼아 여호와께 드렸고
4 아벨은 자기도 양의 첫 새끼와 그 기름으로 드렸더니 여호와께서 아벨과 그의 제물은 받으셨으나
5 가인과 그의 제물은 받지 아니하신지라 가인이 몹시 분하여 안색이 변하니
6 여호와께서 가인에게 이르시되 네가 분하여 함은 어찌 됨이며 안색이 변함은 어찌 됨이냐
7 네가 선을 행하면 어찌 낯을 들지 못하겠느냐 선을 행하지 아니하면 죄가 문에 엎드려 있느니라 죄가 너를 원하나 너는 죄를 다스릴지니라
8 가인이 그의 아우 아벨에게 말하고 그들이 들에 있을 때에 가인이 그의 아우 아벨을 쳐죽이니라

하마키워드 구름 키워드: 키워드를 확장하기 / 생각 씨눈 틔우기

하마묵상 (드라마처럼 묵상하기)

□ 등장인물/키워드 시간 순으로 배치하기	□ 말풍선 만들기(씨눈 틔우기)	□ 아이콘 만들기(4컷 그리기, 무대배경)	□ 질문 만들기
□ 하나님 마음 쓰기	□ 드라마 제목 만들기	□ 나의 적용 쓰기(드라마 속의 나)	□ 서로 설명하기(왜 그렇게 생각하니?)

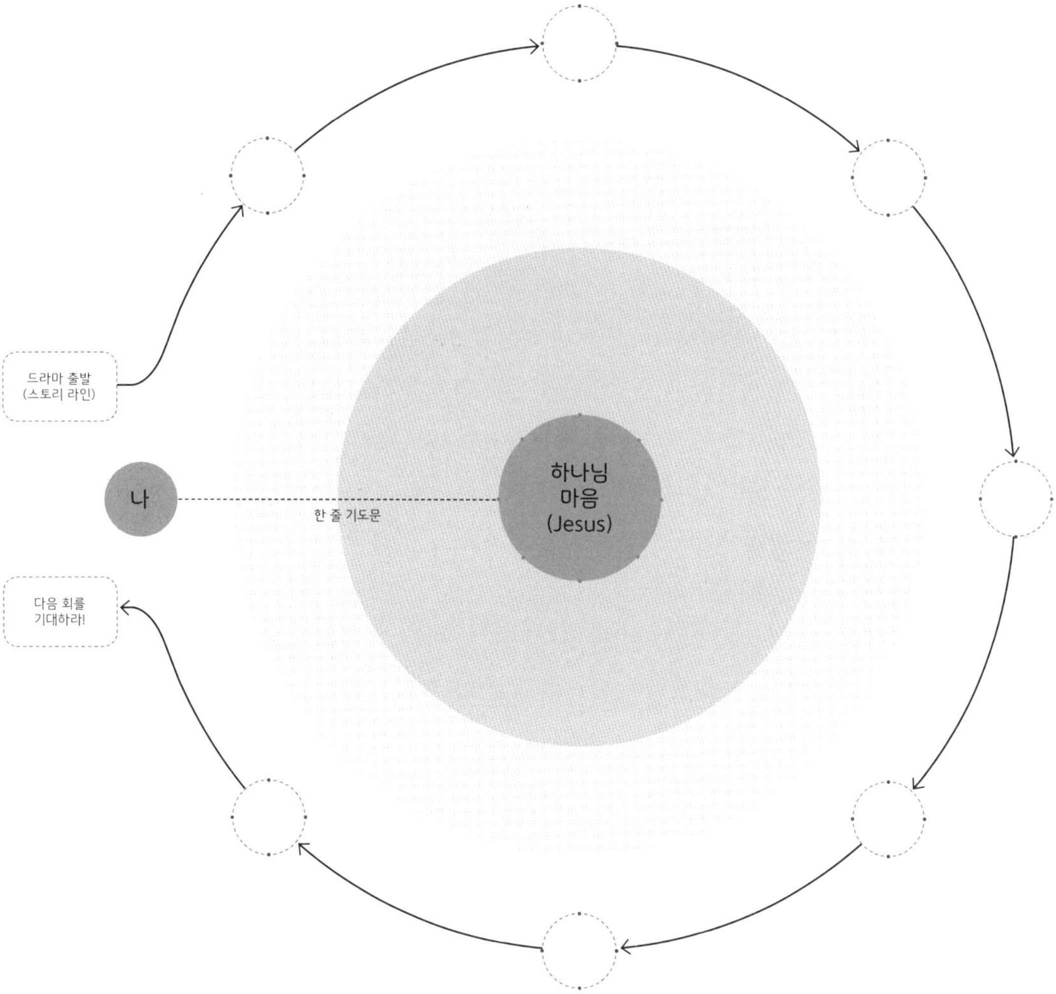

Q 하나님은 왜 가인의 제물을 받지 않으셨을까요?

Q 가인의 모습에서 죄에 대해 무엇을 알 수 있나요?

하마동행일기

□ 아침	□ 점심	□ 저녁	□ 밤
잠에서 깰 때 하나님을 생각하라	수시로 하나님께 속삭이라	잠잠히 하나님을 기다리라	취침할 때 나의 생각을 하나님께 아뢰라

4-2 살려주시는 하나님

하마실마리

□ 기도하며 읽어라!

□ 기도하고 읽어라!	□ 1독 (연필로)	□ 여호와, 하나님을 찾아라!	□ 등장인물을 찾아라!	□ 반복단어를 찾아라!	□ 역사적 배경 단어를 찾아라!	□ 접속사를 찾아라!	□ 궁금한 점을 찾아라!	□ 와 닿는 구절을 찾아라!	□ 하나님 마음을 찾아라!	□ 읽고 기도하라!
	□ 2독 (형광펜으로)	□ 하나님-핑크색 □ 등장인물-노란색 □ 궁금한- 파란색 □ 중요한- 녹색								

창4:9~15

9 여호와께서 가인에게 이르시되 네 아우 아벨이 어디 있느냐 그가 이르되 내가 알지 못하나이다 내가 내 아우를
지키는 자니이까
10 이르시되 네가 무엇을 하였느냐 네 아우의 핏소리가 땅에서부터 내게 호소하느니라
11 땅이 그 입을 벌려 네 손에서부터 네 아우의 피를 받았은즉 네가 땅에서 저주를 받으리니
12 네가 밭을 갈아도 땅이 다시는 그 효력을 네게 주지 아니할 것이요 너는 땅에서 피하며 유리하는 자가 되리라
13 가인이 여호와께 아뢰되 내 죄벌이 지기가 너무 무거우니이다
14 주께서 오늘 이 지면에서 나를 쫓아내시온즉 내가 주의 낯을 뵈옵지 못하리니 내가 땅에서 피하며 유리하는
자가 될지라 무릇 나를 만나는 자마다 나를 죽이겠나이다
15 여호와께서 그에게 이르시되 그렇지 아니하다 가인을 죽이는 자는 벌을 칠 배나 받으리라 하시고 가인에게 표
를 주사 그를 만나는 모든 사람에게서 죽임을 면하게 하시니라

하마키워드

구름 키워드: 키워드를 확장하기 / 생각 씨눈 틔우기

하마묵상 (드라마처럼 묵상하기)

□ 등장인물/키워드 시간 순으로 배치하기	□ 말풍선 만들기(씨눈 틔우기)	□ 아이콘 만들기(4컷 그리기, 무대배경)	□ 질문 만들기
□ 하나님 마음 쓰기	□ 드라마 제목 만들기	□ 나의 적용 쓰기(드라마 속의 나)	□ 서로 설명하기(왜 그렇게 생각하니?)

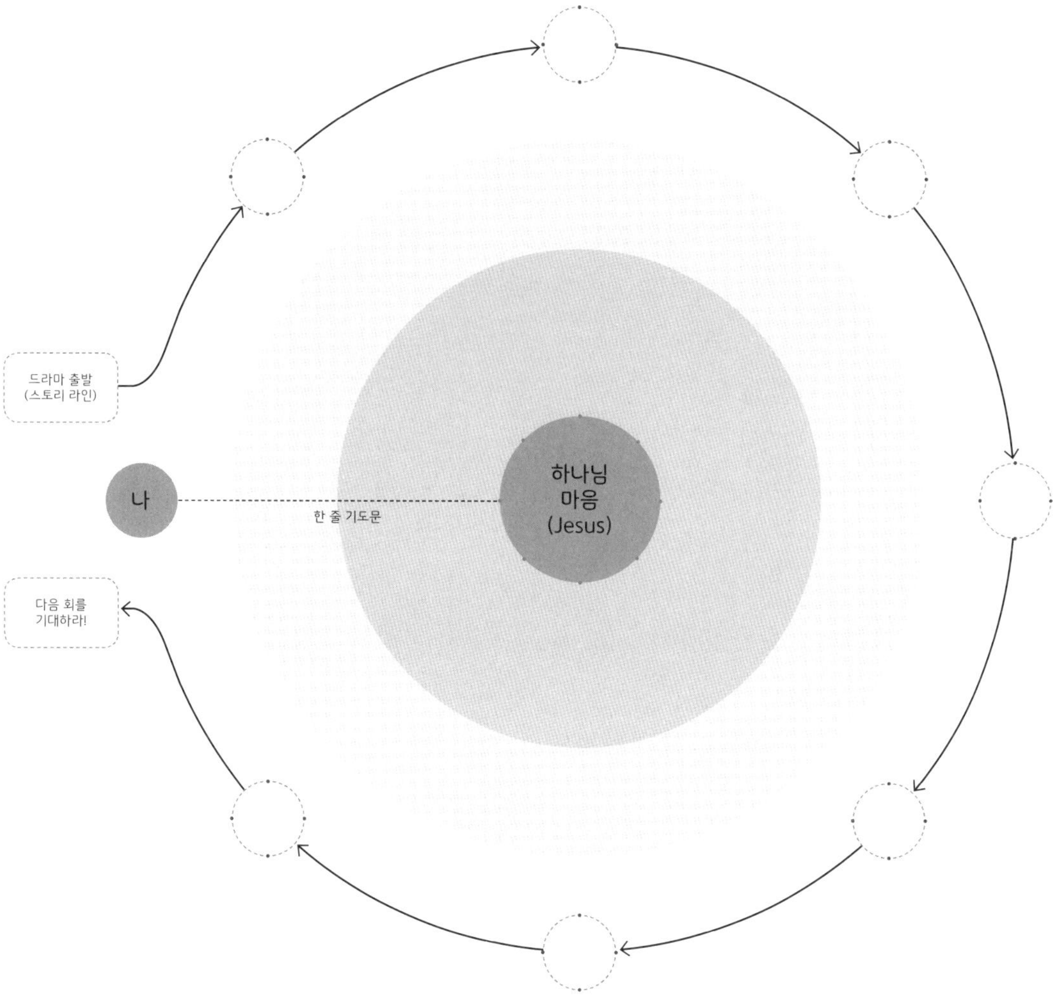

Q 하나님은 어떤 심정으로 가인에게 질문하셨을까요?

Q 가인의 대답에서 무엇을 알 수 있나요?

하마동행일기

□ 아침	□ 점심	□ 저녁	□ 밤
잠에서 깰 때 하나님을 생각하라	수시로 하나님께 속삭이라	잠잠히 하나님을 기다리라	취침할 때 나의 생각을 하나님께 아뢰라

4-3 칼의 노래

하마실마리

		□ 기도하며 읽어라!								
□ 기도하고 읽어라!	□ 1독 (연필로)	□ 여호와, 하나님을 찾아라!	□ 등장인물을 찾아라!	□ 반복단어를 찾아라!	□ 역사적 배경 단어를 찾아라!	□ 접속사를 찾아라!	□ 궁금한 점을 찾아라!	□ 와 닿는 구절을 찾아라!	□ 하나님 마음을 찾아라!	□ 읽고 기도하라!
	□ 2독 (형광펜으로)	□ 하나님-핑크색 □ 등장인물-노란색 □ 궁금한- 파란색 □ 중요한- 녹색								

창4:16~24

16 가인이 여호와 앞을 떠나서 에덴 동쪽 놋 땅에 거주하더니

17 아내와 동침하매 그가 임신하여 에녹을 낳은지라 가인이 성을 쌓고 그의 아들의 이름으로 성을 이름하여 에녹이라 하니라

18 에녹이 이랏을 낳고 이랏은 므후야엘을 낳고 므후야엘은 므드사엘을 낳고 므드사엘은 라멕을 낳았더라

19 라멕이 두 아내를 맞이하였으니 하나의 이름은 아다요 하나의 이름은 씰라였더라

20 아다는 야발을 낳았으니 그는 장막에 거주하며 가축을 치는 자의 조상이 되었고

21 그의 아우의 이름은 유발이니 그는 수금과 퉁소를 잡는 모든 자의 조상이 되었으며

22 씰라는 두발가인을 낳았으니 그는 구리와 쇠로 여러 가지 기구를 만드는 자요 두발가인의 누이는 나아마였더라

23 라멕이 아내들에게 이르되 아다와 씰라여 내 목소리를 들으라 라멕의 아내들이여 내 말을 들으라 나의 상처로 말미암아 내가 사람을 죽였고 나의 상함으로 말미암아 소년을 죽였도다

24 가인을 위하여는 벌이 칠 배일진대 라멕을 위하여는 벌이 칠십칠 배이리로다 하였더라

하마키워드

구름 키워드: 키워드를 확장하기 / 생각 씨눈 틔우기

하마묵상 (드라마처럼 묵상하기)

□ 등장인물/키워드 시간 순으로 배치하기	□ 말풍선 만들기(씨눈 티우기)	□ 아이콘 만들기(4컷 그리기, 무대배경)	□ 질문 만들기
□ 하나님 마음 쓰기	□ 드라마 제목 만들기	□ 나의 적용 쓰기(드라마 속의 나)	□ 서로 설명하기(왜 그렇게 생각하니?)

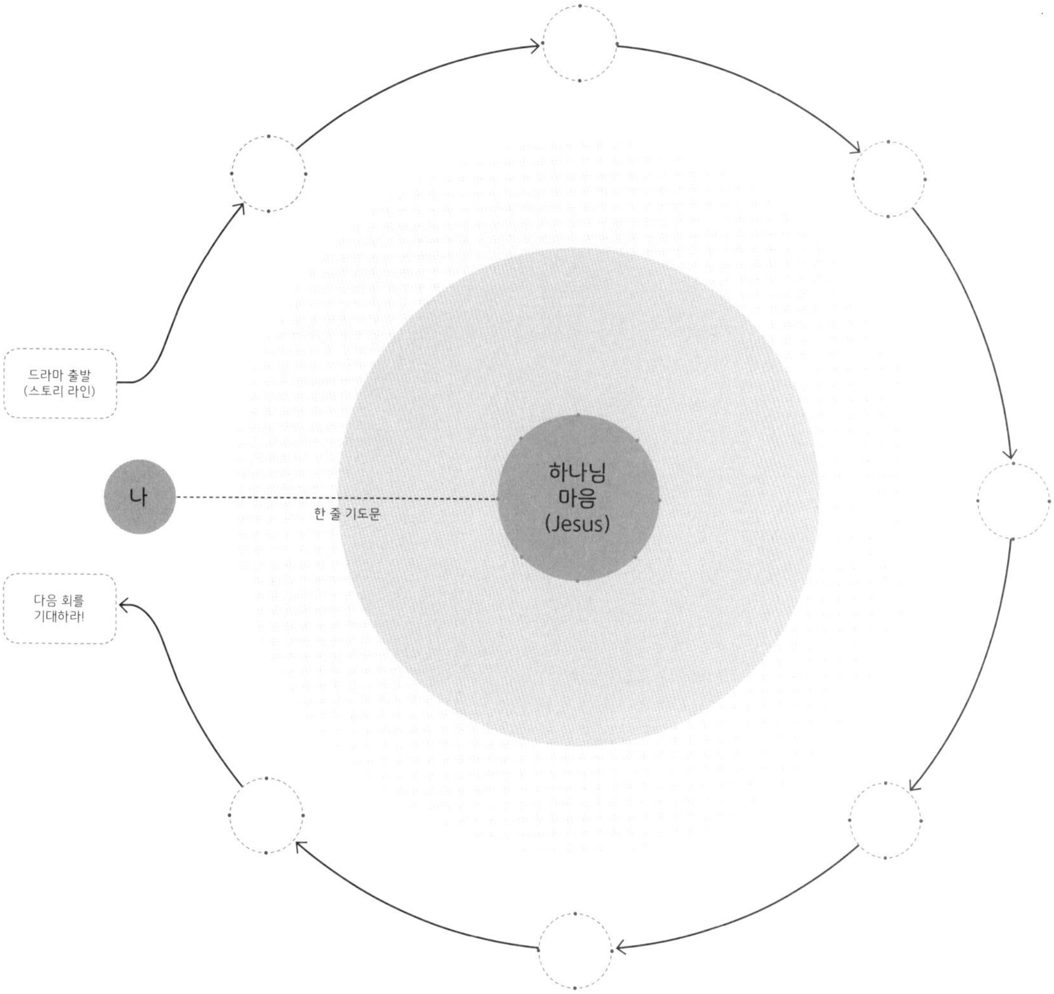

Q 가인 후손들의 이름의 뜻을 통해 무엇을 짐작할 수 있나요?

Q 가인의 후손 라멕을 통해 무엇을 알 수 있나요?

하마동행일기

□ 아침	□ 점심	□ 저녁	□ 밤
잠에서 깰 때 하나님을 생각하라	수시로 하나님께 속삭이라	잠잠히 하나님을 기다리라	취침할 때 나의 생각을 하나님께 아뢰라

4-4 셋의 예배

하마실마리

		□ 기도하며 읽어라!								
□ 기도하고 읽어라!	□ 1독 (연필로)	□ 여호와, 하나님을 찾아라!	□ 등장인물을 찾아라!	□ 반복단어를 찾아라!	□ 역사적 배경 단어를 찾아라!	□ 접속사를 찾아라!	□ 궁금한 점을 찾아라!	□ 와 닿는 구절을 찾아라!	□ 하나님 마음을 찾아라!	□ 읽고 기도하라!
	□ 2독 (형광펜으로)	□ 하나님-핑크색 □ 등장인물-노란색 □ 궁금한- 파란색 □ 중요한- 녹색								

창4:25~26

25 아담이 다시 자기 아내와 동침하매 그가 아들을 낳아 그의 이름을 셋이라 하였으니 이는 하나님이 내게 가인
이 죽인 아벨 대신에 다른 씨를 주셨다 함이며
26 셋도 아들을 낳고 그의 이름을 에노스라 하였으며 그 때에 사람들이 비로소 여호와의 이름을 불렀더라

하마키워드 구름 키워드: 키워드를 확장하기 / 생각 씨눈 틔우기

하마묵상 (드라마처럼 묵상하기)

□ 등장인물/키워드 시간 순으로 배치하기	□ 말풍선 만들기(씨눈 틔우기)	□ 아이콘 만들기(4컷 그리기, 무대배경)	□ 질문 만들기
□ 하나님 마음 쓰기	□ 드라마 제목 만들기	□ 나의 적용 쓰기(드라마 속의 나)	□ 서로 설명하기(왜 그렇게 생각하니?)

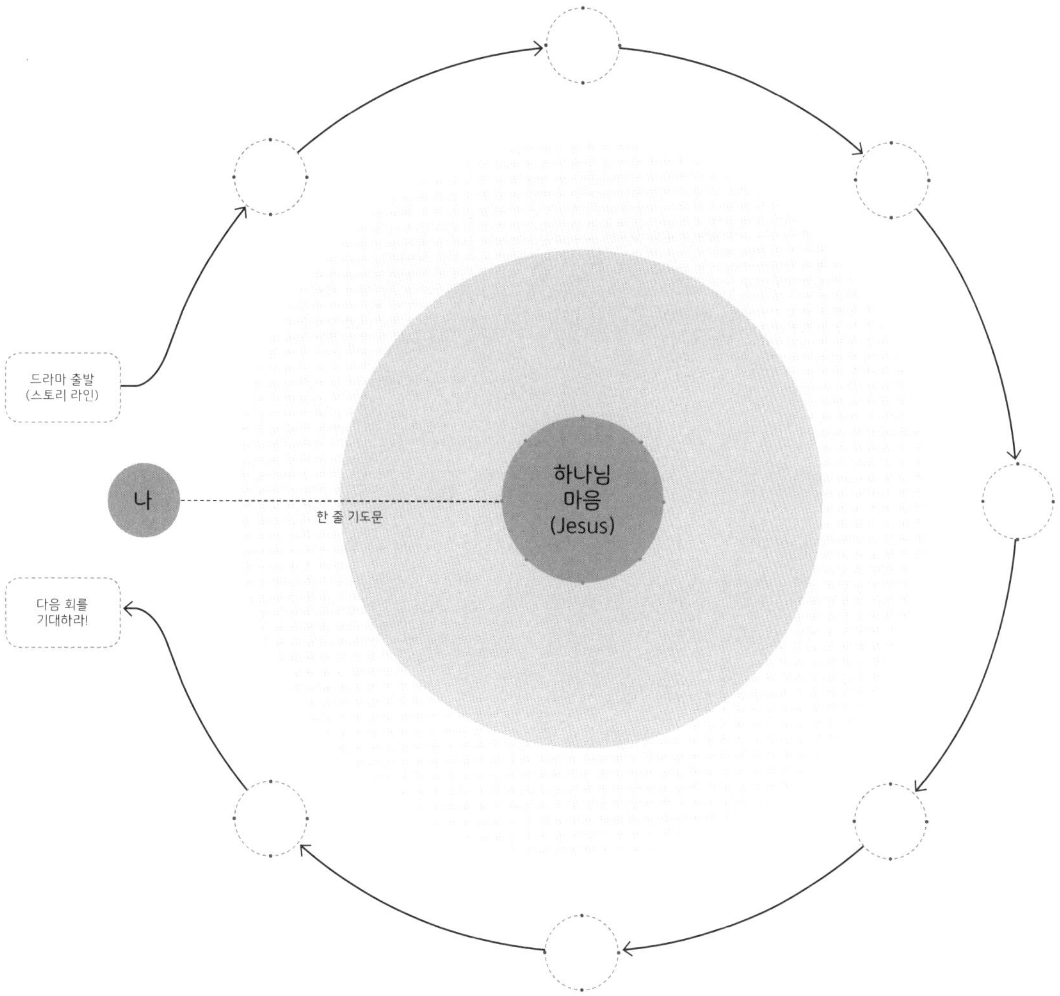

Q 하나님은 왜 아벨 대신 셋을 주셨을까요?

Q '비로소 여호와의 이름을 불렀더라'는 무슨 뜻일까요?

하마동행일기

□ 아침	□ 점심	□ 저녁	□ 밤
잠에서 깰 때 하나님을 생각하라	수시로 하나님께 속삭이라	잠잠히 하나님을 기다리라	취침할 때 나의 생각을 하나님께 아뢰라

5–1 하나님의 한탄과 근심

하마실마리

□ 기도하며 읽어라!

□ 기도하고 읽어라!	□ 1독 (연필로)	□ 여호와, 하나님을 찾아라!	□ 등장인물을 찾아라!	□ 반복단어를 찾아라!	□ 역사적 배경 단어를 찾아라!	□ 접속사를 찾아라!	□ 궁금한 점을 찾아라!	□ 와 닿는 구절을 찾아라!	□ 하나님 마음을 찾아라!	□ 읽고 기도하라!
	□ 2독 (형광펜으로)	□ 하나님-핑크색 □ 등장인물-노란색 □ 궁금한- 파란색 □ 중요한- 녹색								

창6:1~7

1 사람이 땅 위에 번성하기 시작할 때에 그들에게서 딸들이 나니
2 하나님의 아들들이 사람의 딸들의 아름다움을 보고 자기들이 좋아하는 모든 여자를 아내로 삼는지라
3 여호와께서 이르시되 나의 영이 영원히 사람과 함께 하지 아니하리니 이는 그들이 육신이 됨이라 그러나 그들
의 날은 백이십 년이 되리라 하시니라
4 당시에 땅에는 네피림이 있었고 그 후에도 하나님의 아들들이 사람의 딸들에게로 들어와 자식을 낳았으니 그들
은 용사라 고대에 명성이 있는 사람들이었더라
5 여호와께서 사람의 죄악이 세상에 가득함과 그의 마음으로 생각하는 모든 계획이 항상 악할 뿐임을 보시고
6 땅 위에 사람 지으셨음을 한탄하사 마음에 근심하시고
7 이르시되 내가 창조한 사람을 내가 지면에서 쓸어버리되 사람으로부터 가축과 기는 것과 공중의 새까지 그리하
리니 이는 내가 그것들을 지었음을 한탄함이니라 하시니라

하마키워드 기둥 키워드: 키워드를 건축하기 / 키워드를 세우기

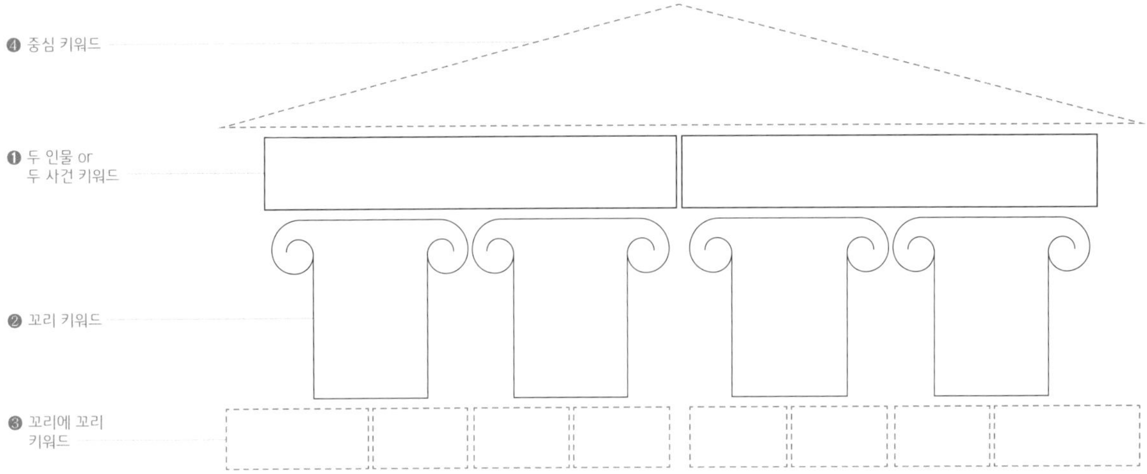

하마묵상 (드라마처럼 묵상하기)

□ 등장인물/키워드 시간 순으로 배치하기	□ 말풍선 만들기(씨눈 틔우기)	□ 아이콘 만들기(4컷 그리기, 무대배경)	□ 질문 만들기
□ 하나님 마음 쓰기	□ 드라마 제목 만들기	□ 나의 적용 쓰기(드라마 속의 나)	□ 서로 설명하기(왜 그렇게 생각하니?)

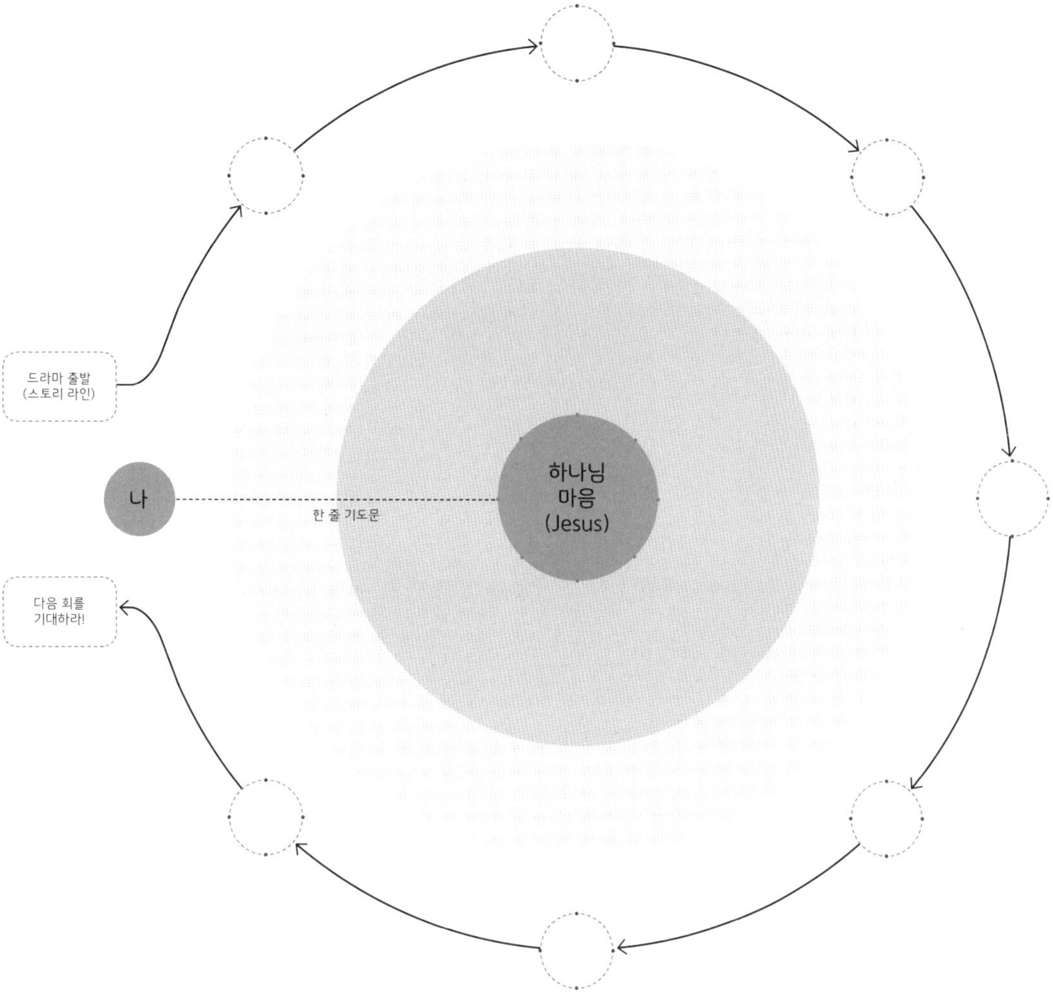

Q 하나님의 아들들과 사람의 딸들과의 결혼이 왜 문제가 될까요?

Q 왜 이렇게 세상이 죄악으로 가득해졌을까요?

하마동행일기

□ 아침	□ 점심	□ 저녁	□ 밤
잠에서 깰 때 하나님을 생각하라	수시로 하나님께 속삭이라	잠잠히 하나님을 기다리라	취침할 때 나의 생각을 하나님께 아뢰라

5-2 은혜 받은 자 노아

하마실마리

□ 기도하며 읽어라!

□ 기도하고 읽어라!	□ 1독 (연필로)	□ 여호와, 하나님을 찾아라!	□ 등장인물을 찾아라!	□ 반복단어를 찾아라!	□ 역사적 배경 단어를 찾아라!	□ 접속사를 찾아라!	□ 궁금한 점을 찾아라!	□ 와 닿는 구절을 찾아라!	□ 하나님 마음을 찾아라!	□ 읽고 기도하라!
	□ 2독 (형광펜으로)	□ 하나님-핑크색 □ 등장인물-노란색 □ 궁금한- 파란색 □ 중요한- 녹색								

창6:8~17

8 그러나 노아는 여호와께 은혜를 입었더라
9 이것이 노아의 족보니라 노아는 의인이요 당대에 완전한 자라 그는 하나님과 동행하였으며
10 세 아들을 낳았으니 셈과 함과 야벳이라
11 그 때에 온 땅이 하나님 앞에 부패하여 포악함이 땅에 가득한지라
12 하나님이 보신즉 땅이 부패하였으니 이는 땅에서 모든 혈육 있는 자의 행위가 부패함이었더라
13 하나님이 노아에게 이르시되 모든 혈육 있는 자의 포악함이 땅에 가득하므로 그 끝 날이 내 앞에 이르렀으니
내가 그들을 땅과 함께 멸하리라
14 너는 고페르 나무로 너를 위하여 방주를 만들되 그 안에 칸들을 막고 역청을 그 안팎에 칠하라
15 네가 만들 방주는 이러하니 그 길이는 삼백 규빗, 너비는 오십 규빗, 높이는 삼십 규빗이라
16 거기에 창을 내되 위에서부터 한 규빗에 내고 그 문은 옆으로 내고 상 중 하 삼층으로 할지니라
17 내가 홍수를 땅에 일으켜 무릇 생명의 기운이 있는 모든 육체를 천하에서 멸절하리니 땅에 있는 것들이 다 죽
으리라

하마키워드 기둥 키워드: 키워드를 건축하기 / 키워드를 세우기

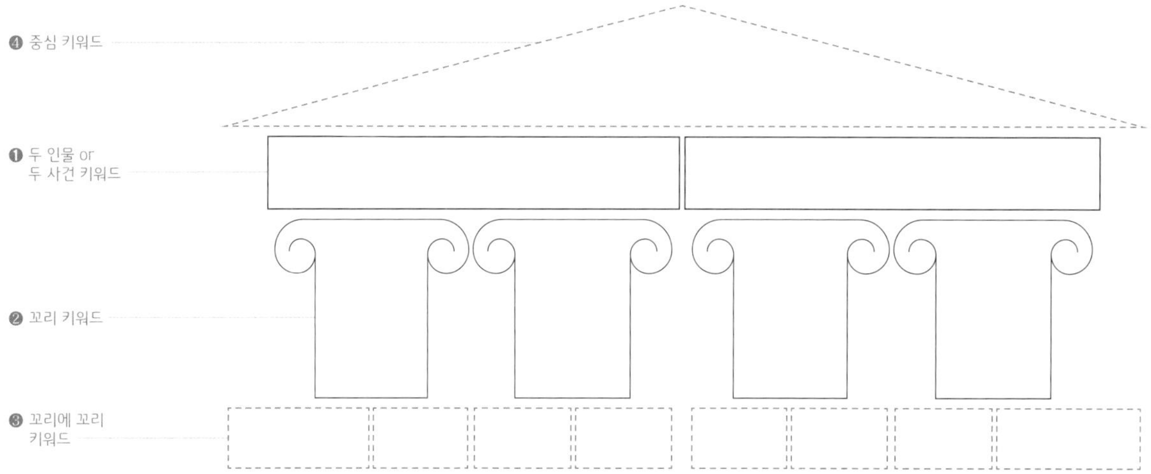

하마묵상 (드라마처럼 묵상하기)

□ 등장인물/키워드 시간 순으로 배치하기	□ 말풍선 만들기(씨눈 틔우기)	□ 아이콘 만들기(4컷 그리기, 무대배경)	□ 질문 만들기
□ 하나님 마음 쓰기	□ 드라마 제목 만들기	□ 나의 적용 쓰기(드라마 속의 나)	□ 서로 설명하기(왜 그렇게 생각하니?)

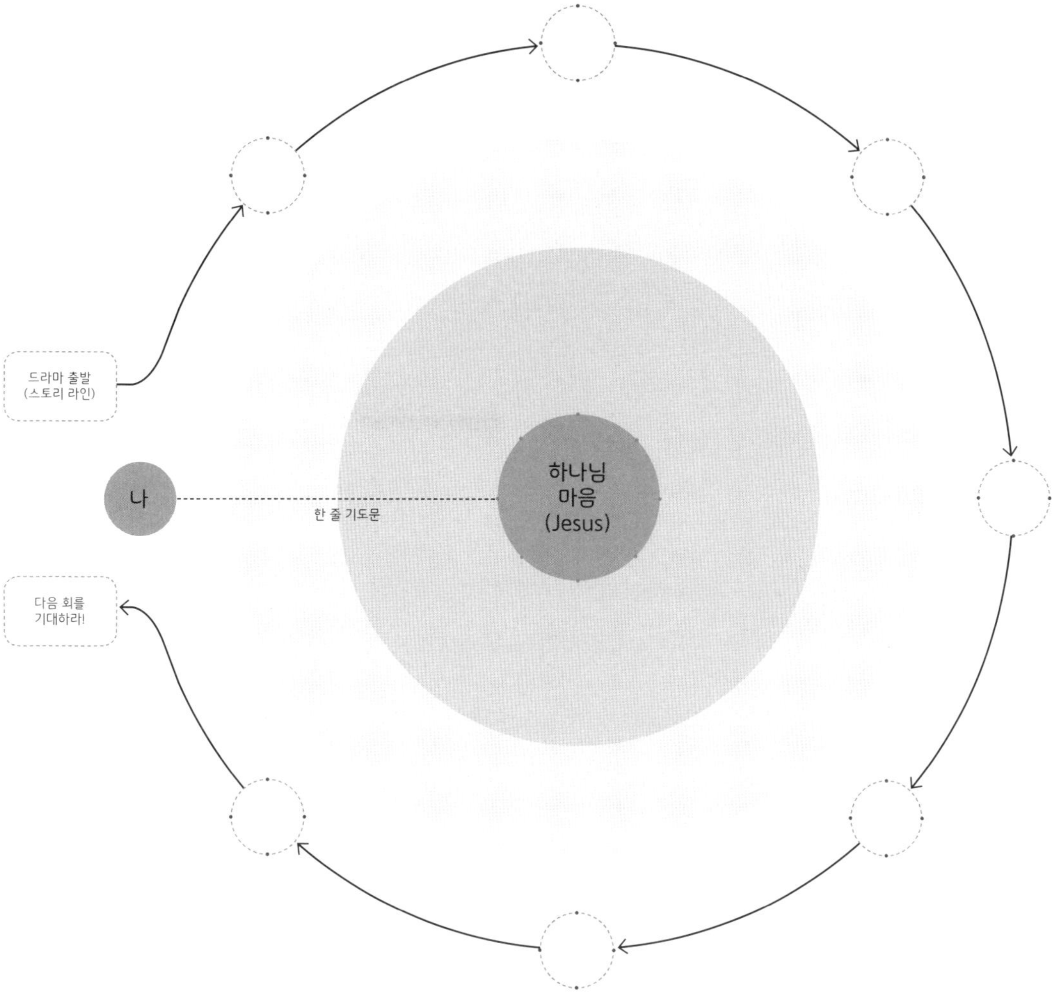

Q 하나님과 동행한다는 것은 무슨 뜻일까요?

Q 방주를 통해 하나님의 계획에 대해 무엇을 알 수 있나요?

하마동행일기

□ 아침	□ 점심	□ 저녁	□ 밤
잠에서 깰 때 하나님을 생각하라	수시로 하나님께 속삭이라	잠잠히 하나님을 기다리라	취침할 때 나의 생각을 하나님께 아뢰라

5-3 피째 먹지 마라

하마실마리

□ 기도하며 읽어라!

□ 기도하고 읽어라!	□ 1독 (연필로)	□ 여호와, 하나님을 찾아라!	□ 등장인물을 찾아라!	□ 반복단어를 찾아라!	□ 역사적 배경 단어를 찾아라!	□ 접속사를 찾아라!	□ 궁금한 점을 찾아라!	□ 와 닿는 구절을 찾아라!	□ 하나님 마음을 찾아라!	□ 읽고 기도하라!
	□ 2독 (형광펜으로)	□ 하나님-핑크색 □ 등장인물-노란색 □ 궁금한- 파란색 □ 중요한- 녹색								

창9:1~7

1 하나님이 노아와 그 아들들에게 복을 주시며 그들에게 이르시되 생육하고 번성하여 땅에 충만하라
2 땅의 모든 짐승과 공중의 모든 새와 땅에 기는 모든 것과 바다의 모든 물고기가 너희를 두려워하며 너희를 무서
워하리니 이것들은 너희의 손에 붙였음이니라
3 모든 산 동물은 너희의 먹을 것이 될지라 채소 같이 내가 이것을 다 너희에게 주노라
4 그러나 고기를 그 생명 되는 피째 먹지 말 것이니라
5 내가 반드시 너희의 피 곧 너희의 생명의 피를 찾으리니 짐승이면 그 짐승에게서, 사람이나 사람의 형제면 그에
게서 그의 생명을 찾으리라
6 다른 사람의 피를 흘리면 그 사람의 피도 흘릴 것이니 이는 하나님이 자기 형상대로 사람을 지으셨음이니라
7 너희는 생육하고 번성하며 땅에 가득하여 그 중에서 번성하라 하셨더라

하마키워드 기둥 키워드: 키워드를 건축하기 / 키워드를 세우기

❹ 중심 키워드

❶ 두 인물 or 두 사건 키워드

❷ 꼬리 키워드

❸ 꼬리에 꼬리 키워드

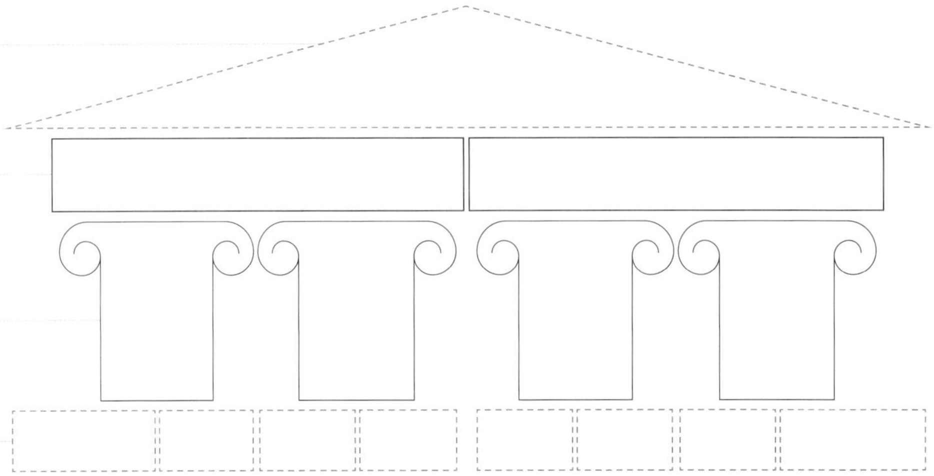

하마묵상 (드라마처럼 묵상하기)

□ 등장인물/키워드 시간 순으로 배치하기	□ 말풍선 만들기(씨눈 틔우기)	□ 아이콘 만들기(4컷 그리기, 무대배경)	□ 질문 만들기
□ 하나님 마음 쓰기	□ 드라마 제목 만들기	□ 나의 적용 쓰기(드라마 속의 나)	□ 서로 설명하기(왜 그렇게 생각하니?)

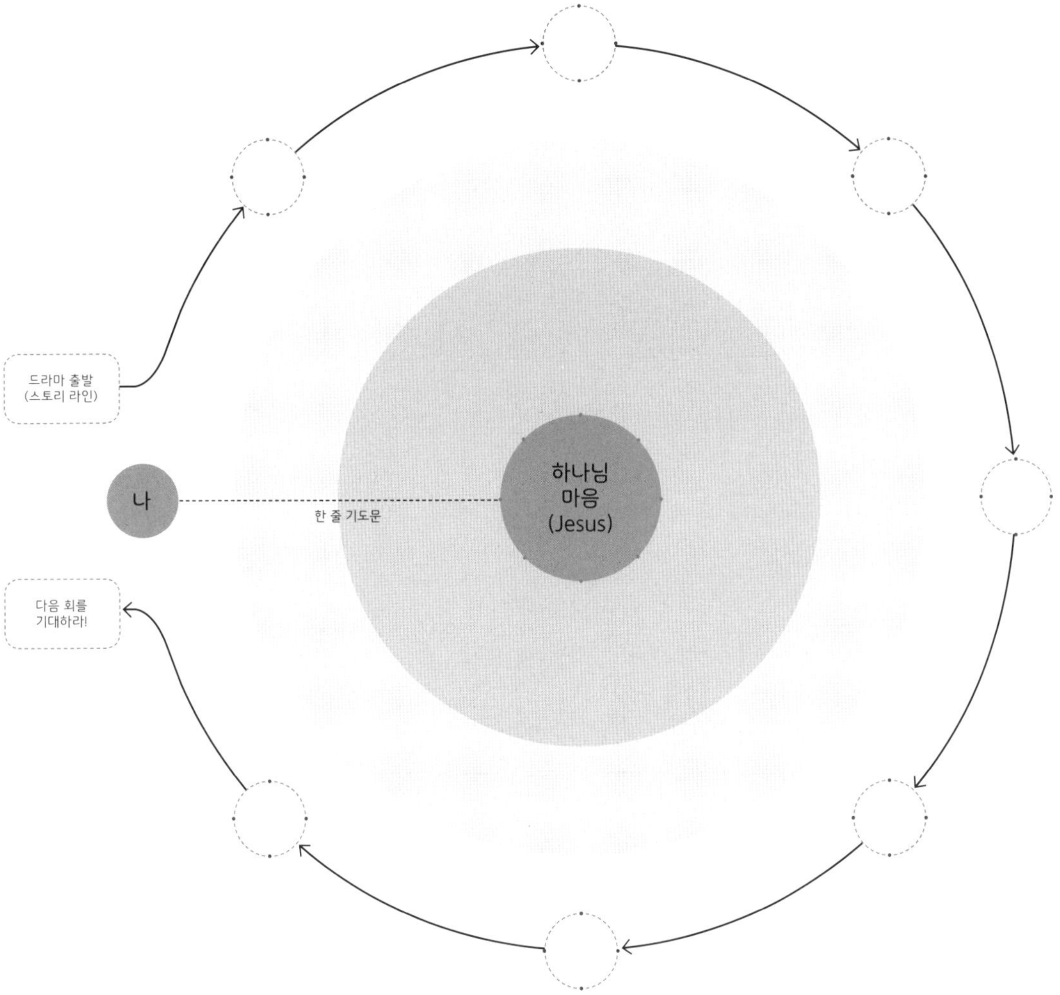

Q 처음 창조 때와 홍수 이후 무엇이 달라졌을까요?

Q 하나님은 왜 피째 먹는 것에 대해 특별히 경고하셨을까요?

하마동행일기

□ 아침	□ 점심	□ 저녁	□ 밤
잠에서 깰 때 하나님을 생각하라	수시로 하나님께 속삭이라	잠잠히 하나님을 기다리라	취침할 때 나의 생각을 하나님께 아뢰라

5–4 무지개 언약

하마실마리

□ 기도하며 읽어라!

□ 기도하고 읽어라!	□ 1독 (연필로)	□ 여호와, 하나님을 찾아라!	□ 등장인물을 찾아라!	□ 반복단어를 찾아라!	□ 역사적 배경 단어를 찾아라!	□ 접속사를 찾아라!	□ 궁금한 점을 찾아라!	□ 와 닮는 구절을 찾아라!	□ 하나님 마음을 찾아라!	□ 읽고 기도하라!
	□ 2독 (형광펜으로)	□ 하나님-핑크색 □ 등장인물-노란색 □ 궁금한- 파란색 □ 중요한- 녹색									

창9:8~17

8 하나님이 노아와 그와 함께 한 아들들에게 말씀하여 이르시되
9 내가 내 언약을 너희와 너희 후손과
10 너희와 함께 한 모든 생물 곧 너희와 함께 한 새와 가축과 땅의 모든 생물에게 세우리니 방주에서 나온 모든
것 곧 땅의 모든 짐승에게니라
11 내가 너희와 언약을 세우리니 다시는 모든 생물을 홍수로 멸하지 아니할 것이라 땅을 멸할 홍수가 다시 있지
아니하리라
12 하나님이 이르시되 내가 나와 너희와 및 너희와 함께 하는 모든 생물 사이에 대대로 영원히 세우는 언약의 증
거는 이것이니라
13 내가 내 무지개를 구름 속에 두었나니 이것이 나와 세상 사이의 언약의 증거니라
14 내가 구름으로 땅을 덮을 때에 무지개가 구름 속에 나타나면
15 내가 나와 너희와 및 육체를 가진 모든 생물 사이의 내 언약을 기억하리니 다시는 물이 모든 육체를 멸하는 홍
수가 되지 아니할지라
16 무지개가 구름 사이에 있으리니 내가 보고 나 하나님과 모든 육체를 가진 땅의 모든 생물 사이의 영원한 언약
을 기억하리라
17 하나님이 노아에게 또 이르시되 내가 나와 땅에 있는 모든 생물 사이에 세운 언약의 증거가 이것이라 하셨더라

하마키워드 기둥 키워드: 키워드를 건축하기 / 키워드를 세우기

하마묵상 (드라마처럼 묵상하기)

□ 등장인물/키워드 시간 순으로 배치하기	□ 말풍선 만들기(씨눈 틔우기)	□ 아이콘 만들기(4컷 그리기, 무대배경)	□ 질문 만들기
□ 하나님 마음 쓰기	□ 드라마 제목 만들기	□ 나의 적용 쓰기(드라마 속의 나)	□ 서로 설명하기(왜 그렇게 생각하니?)

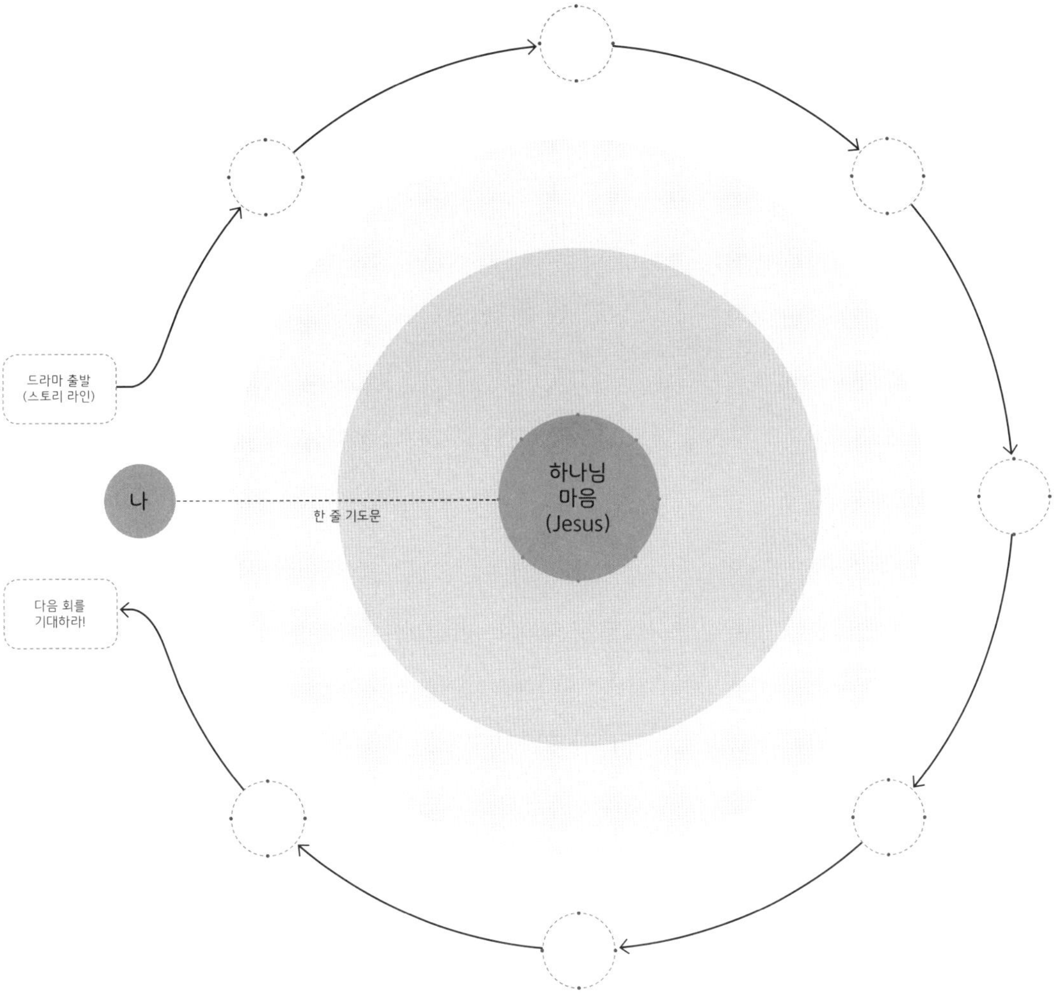

Q 하나님이 노아와 맺으신 언약을 볼 때 무엇을 알 수 있습니까?

Q 하나님을 왜 무지개를 언약의 증거로 삼으셨을까요?

하마동행일기

□ 아침	□ 점심	□ 저녁	□ 밤
잠에서 깰 때 하나님을 생각하라	수시로 하나님께 속삭이라	잠잠히 하나님을 기다리라	취침할 때 나의 생각을 하나님께 아뢰라

6-1 세 아들

하마실마리

□ 기도하고 읽어라!	□ 1독 (연필로)	□ 기도하며 읽어라! □ 여호와, 하나님을 찾아라!	□ 등장인물을 찾아라!	□ 반복단어를 찾아라!	□ 역사적 배경 단어를 찾아라!	□ 접속사를 찾아라!	□ 궁금한 점을 찾아라!	□ 와 닿는 구절을 찾아라!	□ 하나님 마음을 찾아라!	□ 읽고 기도하라!
	□ 2독 (형광펜으로)	□ 하나님-핑크색 □ 등장인물-노란색 □ 궁금한- 파란색 □ 중요한- 녹색								

창9:18~29

18 방주에서 나온 노아의 아들들은 셈과 함과 야벳이며 함은 가나안의 아버지라
19 노아의 이 세 아들로부터 사람들이 온 땅에 퍼지니라
20 노아가 농사를 시작하여 포도나무를 심었더니
21 포도주를 마시고 취하여 그 장막 안에서 벌거벗은지라
22 가나안의 아버지 함이 그의 아버지의 하체를 보고 밖으로 나가서 그의 두 형제에게 알리매
23 셈과 야벳이 옷을 가져다가 자기들의 어깨에 메고 뒷걸음쳐 들어가서 그들의 아버지의 하체를 덮었으며 그들
이 얼굴을 돌이키고 그들의 아버지의 하체를 보지 아니하였더라
24 노아가 술이 깨어 그의 작은 아들이 자기에게 행한 일을 알고
25 이에 이르되 가나안은 저주를 받아 그의 형제의 종들의 종이 되기를 원하노라 하고
26 또 이르되 셈의 하나님 여호와를 찬송하리로다 가나안은 셈의 종이 되고
27 하나님이 야벳을 창대하게 하사 셈의 장막에 거하게 하시고 가나안은 그의 종이 되게 하시기를 원하노라 하였
더라
28 홍수 후에 노아가 삼백오십 년을 살았고
29 그의 나이가 구백오십 세가 되어 죽었더라

하마키워드 기둥 키워드: 키워드를 건축하기 / 키워드를 세우기

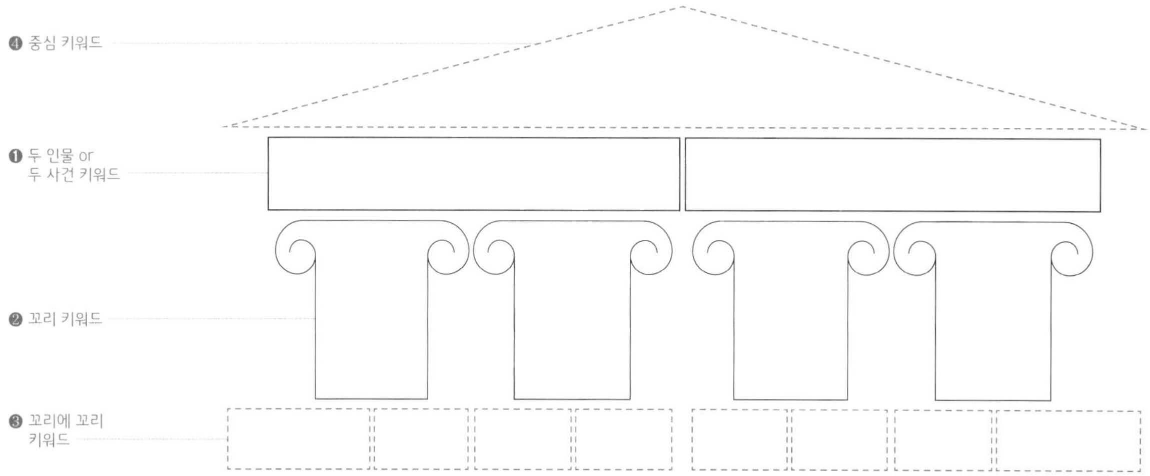

하마묵상 (드라마처럼 묵상하기)

□ 등장인물/키워드 시간 순으로 배치하기	□ 말풍선 만들기(씨눈 틔우기)	□ 아이콘 만들기(4컷 그리기, 무대배경)	□ 질문 만들기
□ 하나님 마음 쓰기	□ 드라마 제목 만들기	□ 나의 적용 쓰기(드라마 속의 나)	□ 서로 설명하기(왜 그렇게 생각하니?)

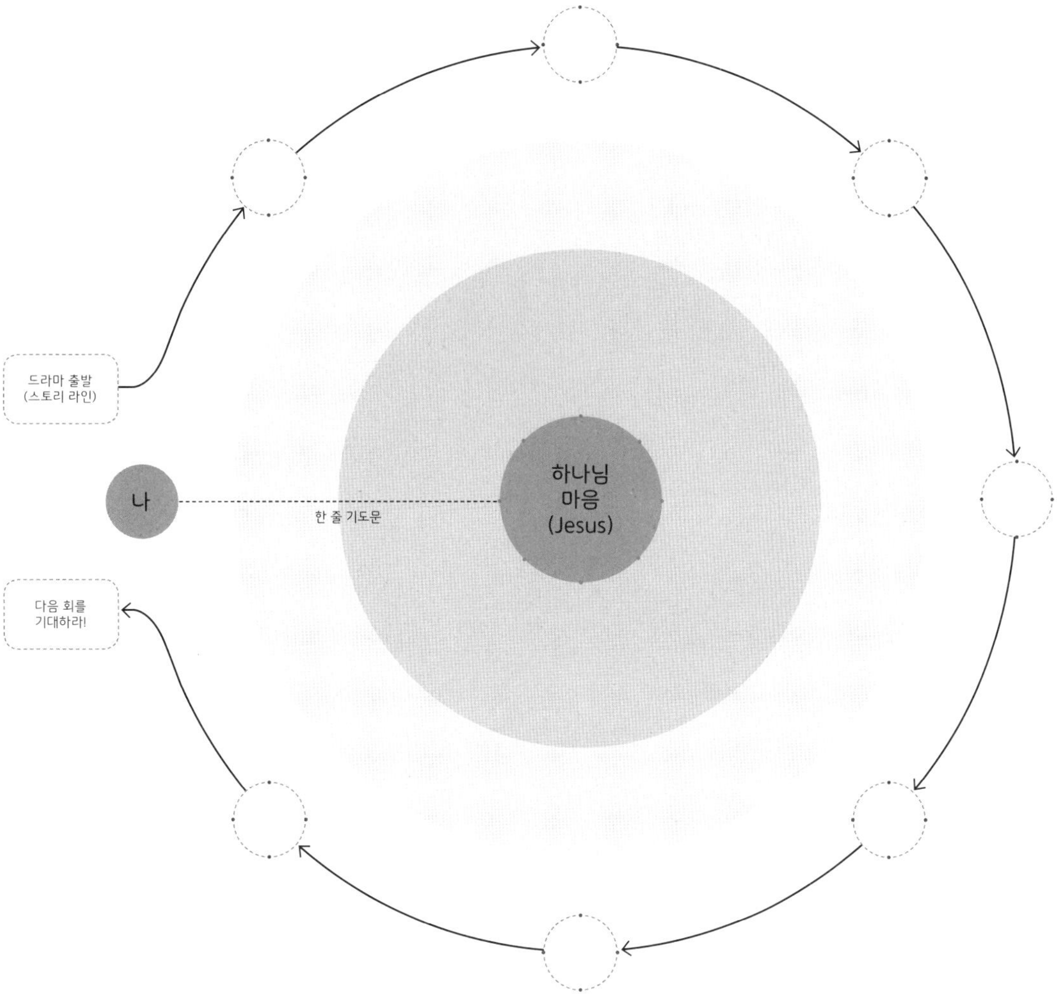

Q 노아의 아들들의 행동을 통해 무엇을 알 수 있을까요?

Q 세 아들에 대한 노아의 예언에는 각각 어떤 뜻이 담겨 있을까요?

하마동행일기

□ 아침	□ 점심	□ 저녁	□ 밤
잠에서 깰 때 하나님을 생각하라	수시로 하나님께 속삭이라	잠잠히 하나님을 기다리라	취침할 때 나의 생각을 하나님께 아뢰라

6-2 함의 자손

하마실마리

□ 기도하며 읽어라!

□ 기도하고 읽어라!	□ 1독 (연필로)	□ 여호와, 하나님을 찾아라!	□ 등장인물을 찾아라!	□ 반복단어를 찾아라!	□ 역사적 배경 단어를 찾아라!	□ 접속사를 찾아라!	□ 궁금한 점을 찾아라!	□ 와 닿는 구절을 찾아라!	□ 하나님 마음을 찾아라!	□ 읽고 기도하라!
	□ 2독 (형광펜으로)	□ 하나님-핑크색 □ 등장인물-노란색 □ 궁금한- 파란색 □ 중요한- 녹색								

창10:6~18

6 함의 아들은 구스와 미스라임과 붓과 가나안이요
7 구스의 아들은 스바와 하윌라와 삽다와 라아마와 삽드가요 라아마의 아들은 스바와 드단이며
8 구스가 또 니므롯을 낳았으니 그는 세상에 첫 용사라
9 그가 여호와 앞에서 용감한 사냥꾼이 되었으므로 속담에 이르기를 아무는 여호와 앞에 니므롯 같이 용감한 사
냥꾼이로다 하더라
10 그의 나라는 시날 땅의 바벨과 에렉과 악갓과 갈레에서 시작되었으며
11 그가 그 땅에서 앗수르로 나아가 니느웨와 르호보딜과 갈라와
12 및 니느웨와 갈라 사이의 레센을 건설하였으니 이는 큰 성읍이라
13 미스라임은 루딤과 아나밈과 르하빔과 납두힘과
14 바드루심과 가슬루힘과 갑도림을 낳았더라 (가슬루힘에게서 블레셋이 나왔더라)
15 가나안은 장자 시돈과 헷을 낳고
16 또 여부스 족속과 아모리 족속과 기르가스 족속과
17 히위 족속과 알가 족속과 신 족속과
18 아르왓 족속과 스말 족속과 하맛 족속을 낳았더니 이 후로 가나안 자손의 족속이 흩어져 나아갔더라

하마키워드

기둥 키워드: 키워드를 건축하기 / 키워드를 세우기

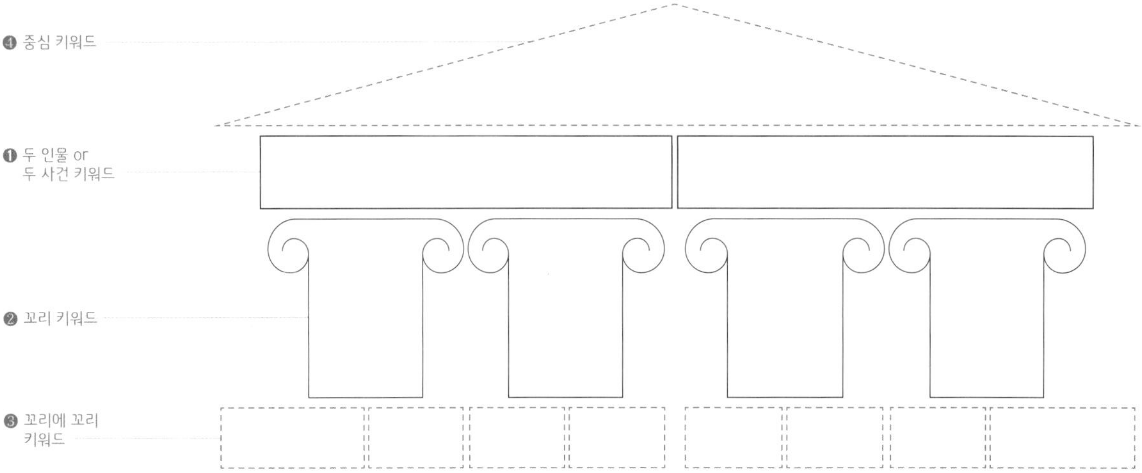

하마묵상 (드라마처럼 묵상하기)

□ 등장인물/키워드 시간 순으로 배치하기	□ 말풍선 만들기(씨눈 틔우기)	□ 아이콘 만들기(4컷 그리기, 무대배경)	□ 질문 만들기
□ 하나님 마음 쓰기	□ 드라마 제목 만들기	□ 나의 적용 쓰기(드라마 속의 나)	□ 서로 설명하기(왜 그렇게 생각하니?)

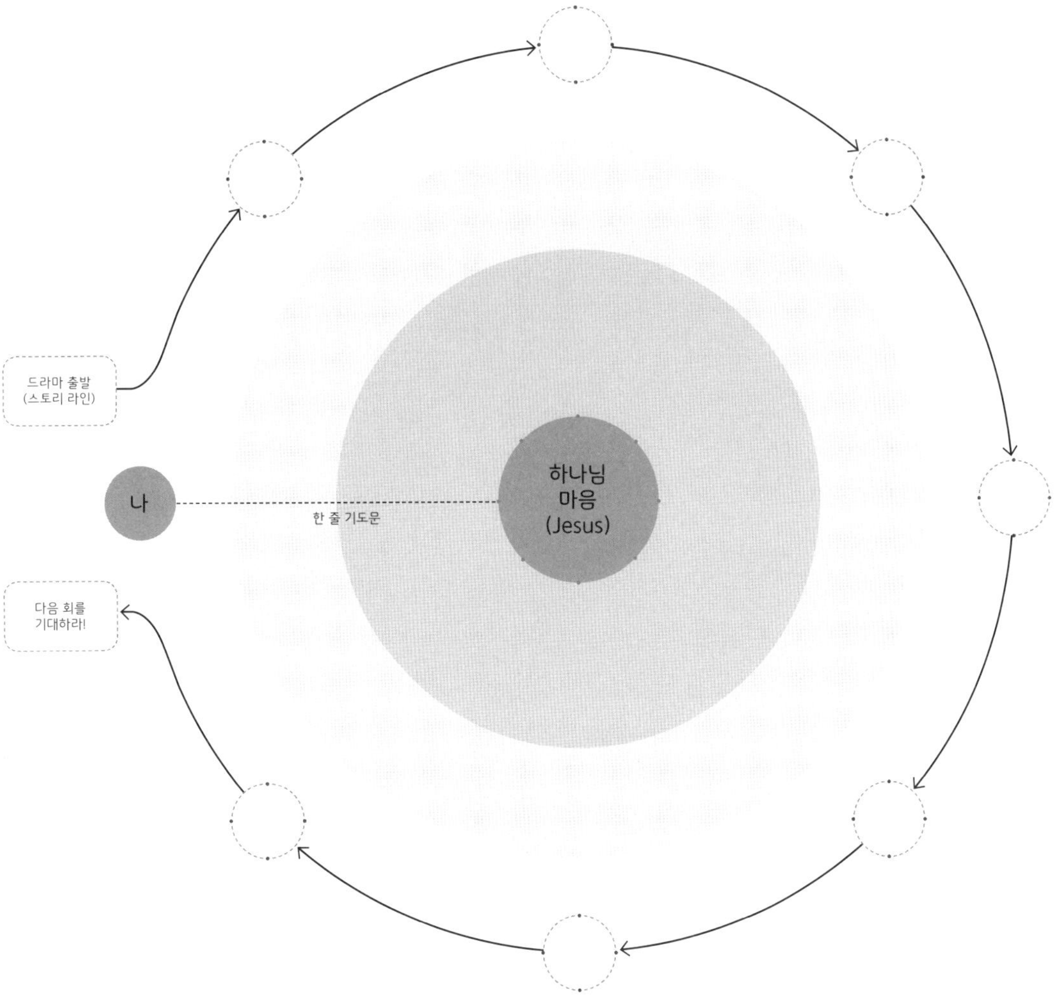

Q 니므롯에 관한 속담은 무슨 뜻일까요?

Q 니므롯이 세운 나라는 어떠했을까요?

하마동행일기

□ 아침	□ 점심	□ 저녁	□ 밤
잠에서 깰 때 하나님을 생각하라	수시로 하나님께 속삭이라	잠잠히 하나님을 기다리라	취침할 때 나의 생각을 하나님께 아뢰라

6-3 탑을 쌓는 인간

하마실마리

					☐ 기도하며 읽어라!						
☐ 기도하고 읽어라!	☐ 1독 (연필로)	☐ 여호와, 하나님을 찾아라!	☐ 등장인물을 찾아라!	☐ 반복단어를 찾아라!	☐ 역사적 배경 단어를 찾아라!	☐ 접속사를 찾아라!	☐ 궁금한 점을 찾아라!	☐ 와 닿는 구절을 찾아라!	☐ 하나님 마음을 찾아라!	☐ 읽고 기도하라!
	☐ 2독 (형광펜으로)	☐ 하나님-핑크색 ☐ 등장인물-노란색 ☐ 궁금한- 파란색 ☐ 중요한- 녹색									

창11:1~4

1 온 땅의 언어가 하나요 말이 하나였더라

2 이에 그들이 동방으로 옮기다가 시날 평지를 만나 거기 거류하며

3 서로 말하되 자, 벽돌을 만들어 견고히 굽자 하고 이에 벽돌로 돌을 대신하며 역청으로 진흙을 대신하고

4 또 말하되 자, 성읍과 탑을 건설하여 그 탑 꼭대기를 하늘에 닿게 하여 우리 이름을 내고 온 지면에 흩어짐을 면하자 하였더니

하마키워드 기둥 키워드: 키워드를 건축하기 / 키워드를 세우기

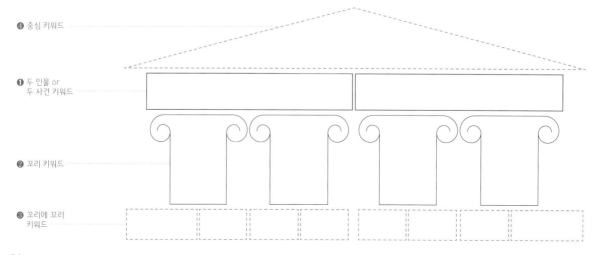

❹ 중심 키워드

❶ 두 인물 or 두 사건 키워드

❷ 꼬리 키워드

❸ 꼬리에 꼬리 키워드

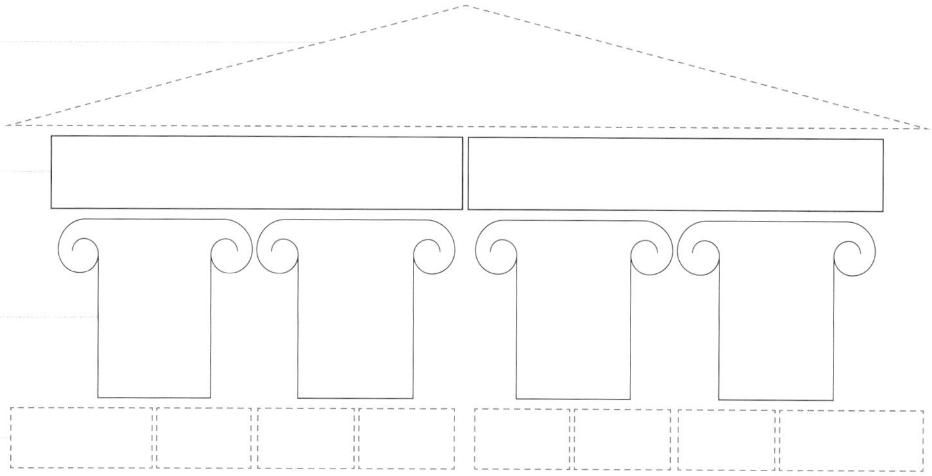

하마묵상 (드라마처럼 묵상하기)

□ 등장인물/키워드 시간 순으로 배치하기	□ 말풍선 만들기(씨눈 틔우기)	□ 아이콘 만들기(4컷 그리기, 무대배경)	□ 질문 만들기
□ 하나님 마음 쓰기	□ 드라마 제목 만들기	□ 나의 적용 쓰기(드라마 속의 나)	□ 서로 설명하기(왜 그렇게 생각하니?)

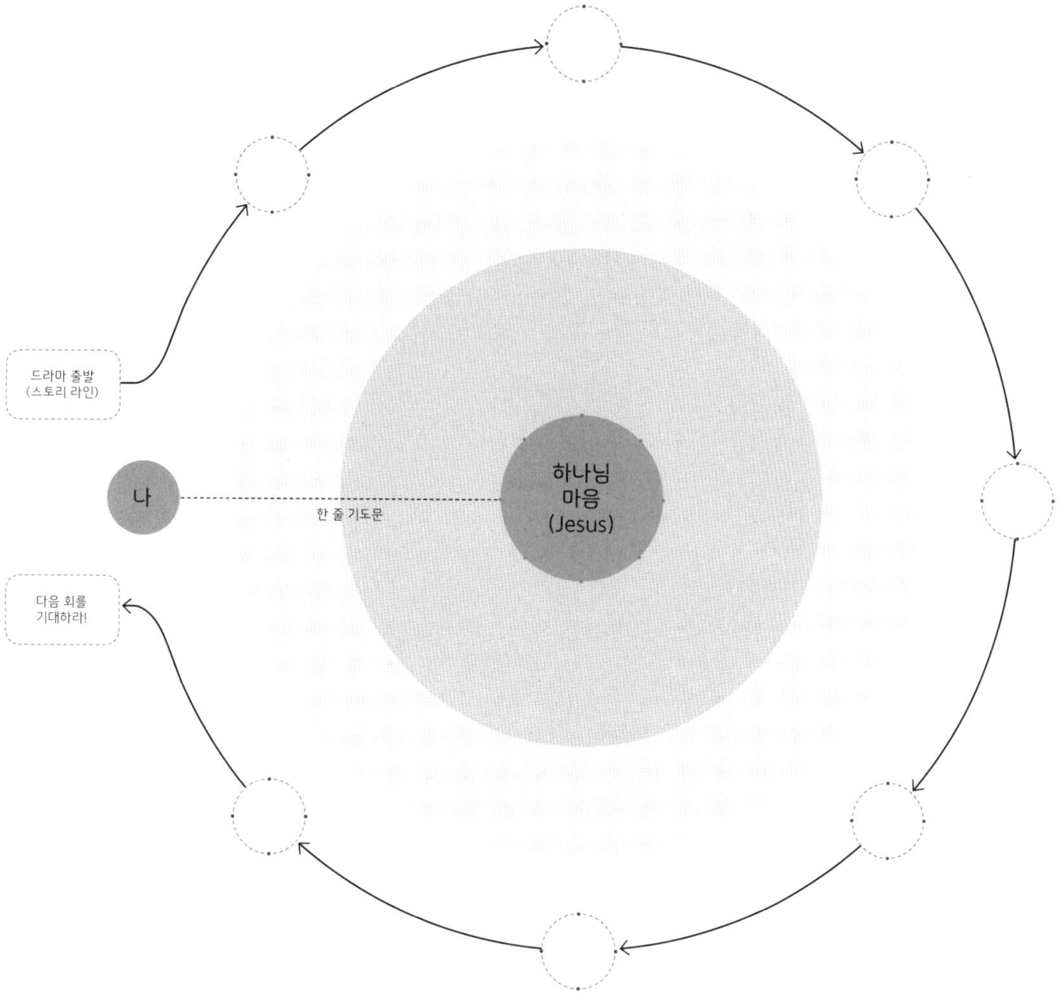

Q 2절에서 그들이란 누구를 말할까요?

Q 이들이 성읍과 탑을 쌓는 것이 왜 문제가 될까요?

하마동행일기

□ 아침	□ 점심	□ 저녁	□ 밤
잠에서 깰 때 하나님을 생각하라	수시로 하나님께 속삭이라	잠잠히 하나님을 기다리라	취침할 때 나의 생각을 하나님께 아뢰라

6-4 흩으시는 하나님

하마실마리

□ 기도하며 읽어라!

□ 기도하고 읽어라!	□ 1독 (연필로)	□ 여호와, 하나님을 찾아라!	□ 등장인물을 찾아라!	□ 반복단어를 찾아라!	□ 역사적 배경 단어를 찾아라!	□ 접속사를 찾아라!	□ 궁금한 점을 찾아라!	□ 와 닿는 구절을 찾아라!	□ 하나님 마음을 찾아라!	□ 읽고 기도하라!
	□ 2독 (형광펜으로)	□ 하나님-핑크색 □ 등장인물-노란색 □ 궁금한- 파란색 □ 중요한- 녹색								

창11:5~9

5 여호와께서 사람들이 건설하는 그 성읍과 탑을 보려고 내려오셨더라
6 여호와께서 이르시되 이 무리가 한 족속이요 언어도 하나이므로 이같이 시작하였으니 이 후로는 그 하고자 하
는 일을 막을 수 없으리로다
7 자, 우리가 내려가서 거기서 그들의 언어를 혼잡하게 하여 그들이 서로 알아듣지 못하게 하자 하시고
8 여호와께서 거기서 그들을 온 지면에 흩으셨으므로 그들이 그 도시를 건설하기를 그쳤더라
9 그러므로 그 이름을 바벨이라 하니 이는 여호와께서 거기서 온 땅의 언어를 혼잡하게 하셨음이니라 여호와께서
거기서 그들을 온 지면에 흩으셨더라

하마키워드 기둥 키워드: 키워드를 건축하기 / 키워드를 세우기

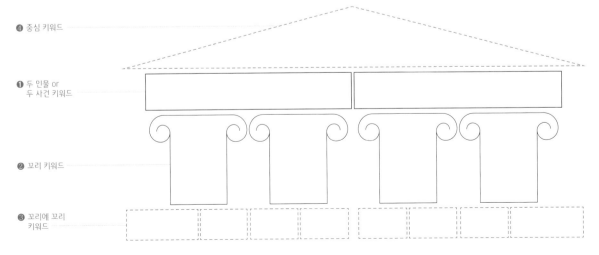

❹ 중심 키워드

❶ 두 인물 or 두 사건 키워드

❷ 꼬리 키워드

❸ 꼬리에 꼬리 키워드

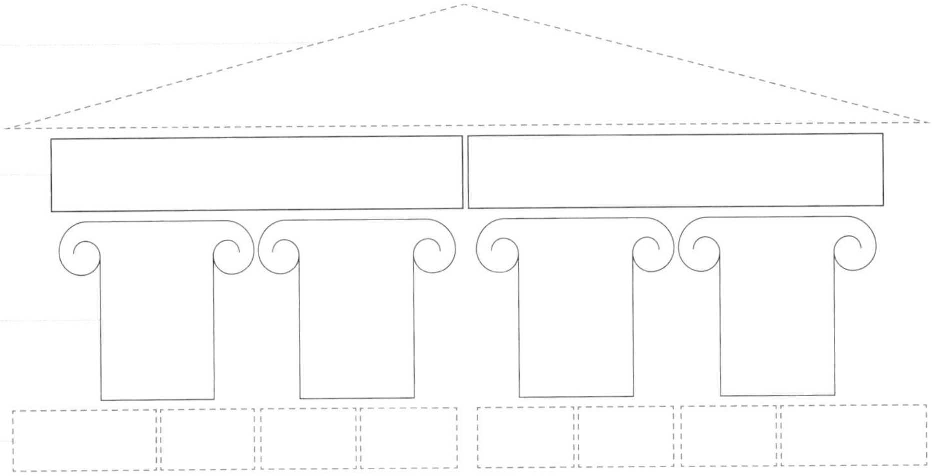

하마묵상 (드라마처럼 묵상하기)

□ 등장인물/키워드 시간 순으로 배치하기	□ 말풍선 만들기(씨눈 틔우기)	□ 아이콘 만들기(4컷 그리기, 무대배경)	□ 질문 만들기
□ 하나님 마음 쓰기	□ 드라마 제목 만들기	□ 나의 적용 쓰기(드라마 속의 나)	□ 서로 설명하기(왜 그렇게 생각하니?)

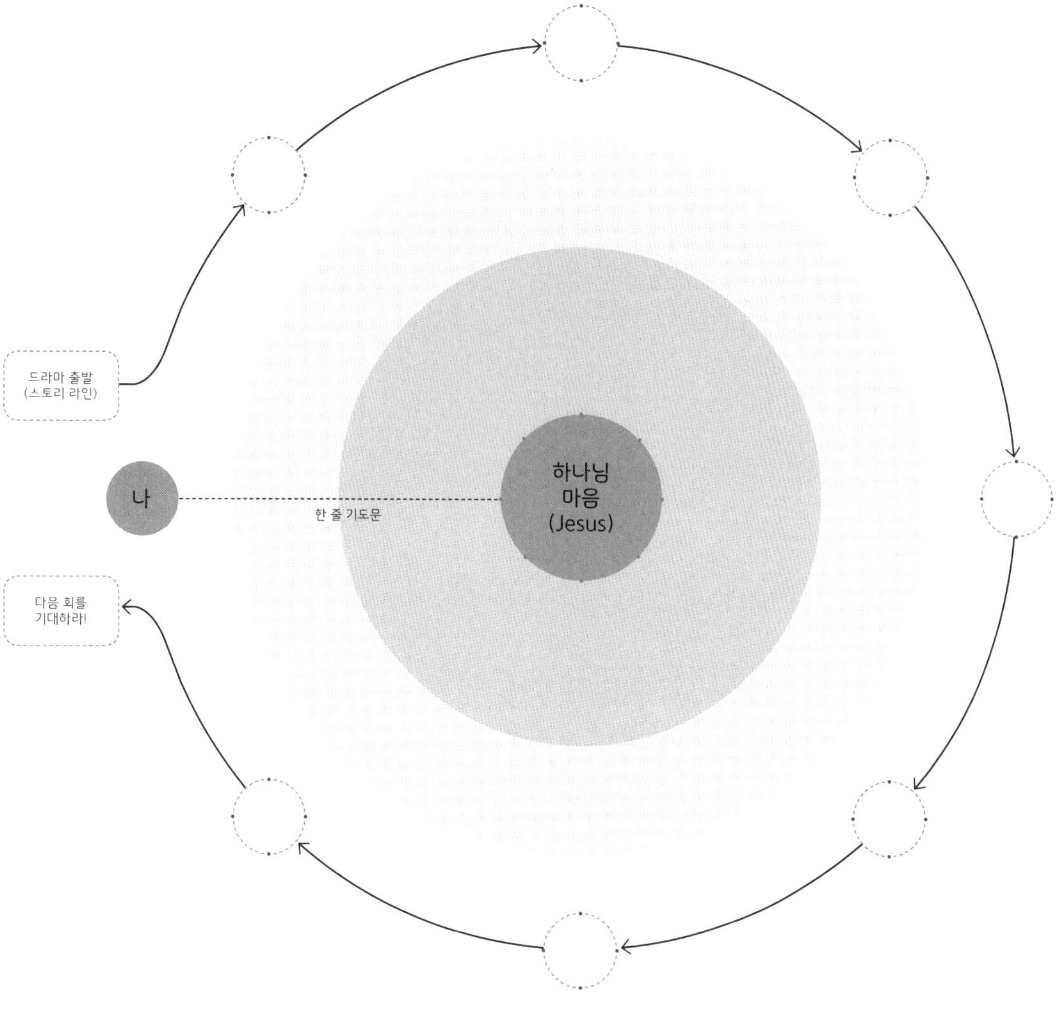

Q 바벨탑 사건이 주는 교훈은 무엇일까요?

Q 흩으심이 하나님의 심판임과 동시에 왜 하나님의 은혜일까요?

하마동행일기

□ 아침	□ 점심	□ 저녁	□ 밤
잠에서 깰 때 하나님을 생각하라	수시로 하나님께 속삭이라	잠잠히 하나님을 기다리라	취침할 때 나의 생각을 하나님께 아뢰라

7–1 아브람을 부르시는 하나님

하마실마리

□ 기도하며 읽어라!

□ 기도하고 읽어라!	□ 1독 (연필로)	□ 여호와, 하나님을 찾아라!	□ 등장인물을 찾아라!	□ 반복단어를 찾아라!	□ 역사적 배경 단어를 찾아라!	□ 접속사를 찾아라!	□ 궁금한 점을 찾아라!	□ 와 닿는 구절을 찾아라!	□ 하나님 마음을 찾아라!	□ 읽고 기도하라!
	□ 2독 (형광펜으로)	□ 하나님–핑크색 □ 등장인물–노란색 □ 궁금한– 파란색 □ 중요한– 녹색								

창12:1~4

1 여호와께서 아브람에게 이르시되 너는 너의 고향과 친척과 아버지의 집을 떠나 내가 네게 보여 줄 땅으로 가라
2 내가 너로 큰 민족을 이루고 네게 복을 주어 네 이름을 창대하게 하리니 너는 복이 될지라
3 너를 축복하는 자에게는 내가 복을 내리고 너를 저주하는 자에게는 내가 저주하리니 땅의 모든 족속이 너로 말
미암아 복을 얻을 것이라 하신지라
4 이에 아브람이 여호와의 말씀을 따라갔고 롯도 그와 함께 갔으며 아브람이 하란을 떠날 때에 칠십오 세였더라

하마키워드 별자리 키워드 : 키워드를 확장하기 / 생각 씨눈 틔우기

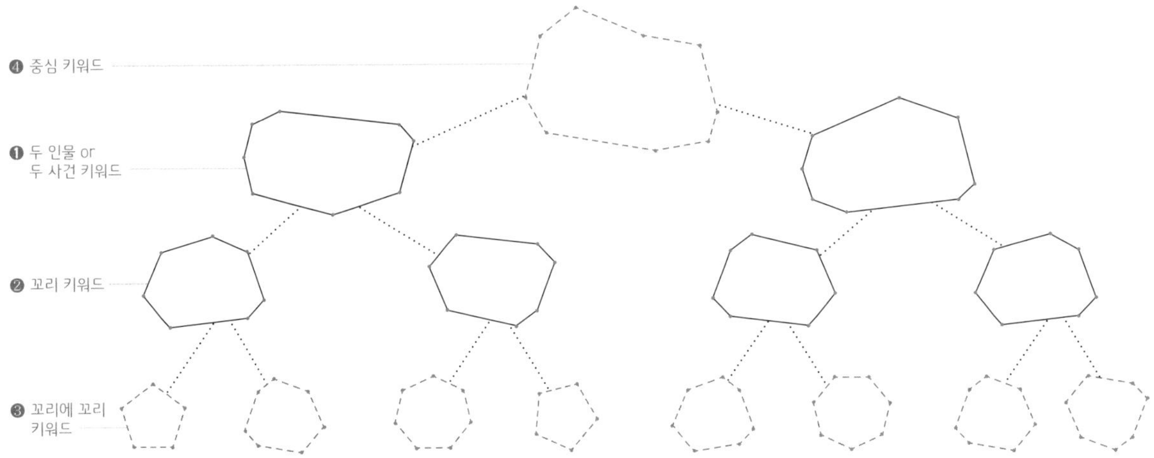

하마묵상 (드라마처럼 묵상하기)

□ 등장인물/키워드 시간 순으로 배치하기	□ 말풍선 만들기(씨눈 틔우기)	□ 아이콘 만들기(4컷 그리기, 무대배경)	□ 질문 만들기
□ 하나님 마음 쓰기	□ 드라마 제목 만들기	□ 나의 적용 쓰기(드라마 속의 나)	□ 서로 설명하기(왜 그렇게 생각하니?)

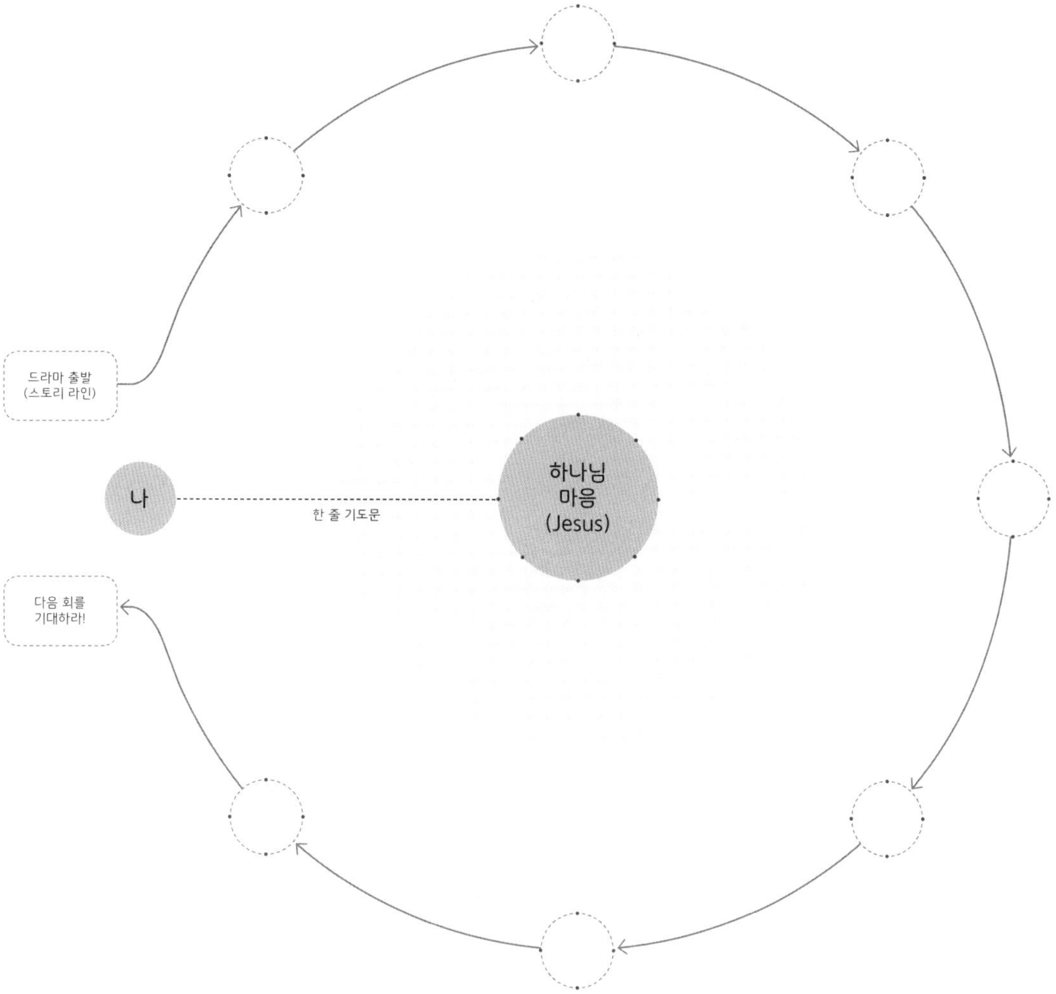

Q 하나님이 왜 갑자기 아브람에게 나타나셨을까요?

Q 하나님이 약속하신 큰 민족은 무엇이며 아브람에게 복을 주신 이유는 무엇입니까?

하마동행일기

□ 아침	□ 점심	□ 저녁	□ 밤
잠에서 깰 때 하나님을 생각하라	수시로 하나님께 속삭이라	잠잠히 하나님을 기다리라	취침할 때 나의 생각을 하나님께 아뢰라

7-2 두려워 말라

하마실마리

□ 기도하며 읽어라!

□ 기도하고 읽어라!	□ 1독 (연필로)	□ 여호와, 하나님을 찾아라!	□ 등장인물을 찾아라!	□ 반복단어를 찾아라!	□ 역사적 배경 단어를 찾아라!	□ 접속사를 찾아라!	□ 궁금한 점을 찾아라!	□ 와 닿는 구절을 찾아라!	□ 하나님 마음을 찾아라!	□ 읽고 기도하라!
	□ 2독 (형광펜으로)	□ 하나님-핑크색 □ 등장인물-노란색 □ 궁금한- 파란색 □ 중요한- 녹색								

창15:1~6

1 이 후에 여호와의 말씀이 환상 중에 아브람에게 임하여 이르시되 아브람아 두려워하지 말라 나는 네 방패요 너
의 지극히 큰 상급이니라
2 아브람이 이르되 주 여호와여 무엇을 내게 주시려 하나이까 나는 자식이 없사오니 나의 상속자는 이 다메섹 사
람 엘리에셀이니이다
3 아브람이 또 이르되 주께서 내게 씨를 주지 아니하셨으니 내 집에서 길린 자가 내 상속자가 될 것이니이다
4 여호와의 말씀이 그에게 임하여 이르시되 그 사람이 네 상속자가 아니라 네 몸에서 날 자가 네 상속자가 되리라
하시고
5 그를 이끌고 밖으로 나가 이르시되 하늘을 우러러 뭇별을 셀 수 있나 보라 또 그에게 이르시되 네 자손이 이와
같으리라
6 아브람이 여호와를 믿으니 여호와께서 이를 그의 의로 여기시고

하마키워드 별자리 키워드: 키워드를 확장하기 / 생각 씨눈 틔우기

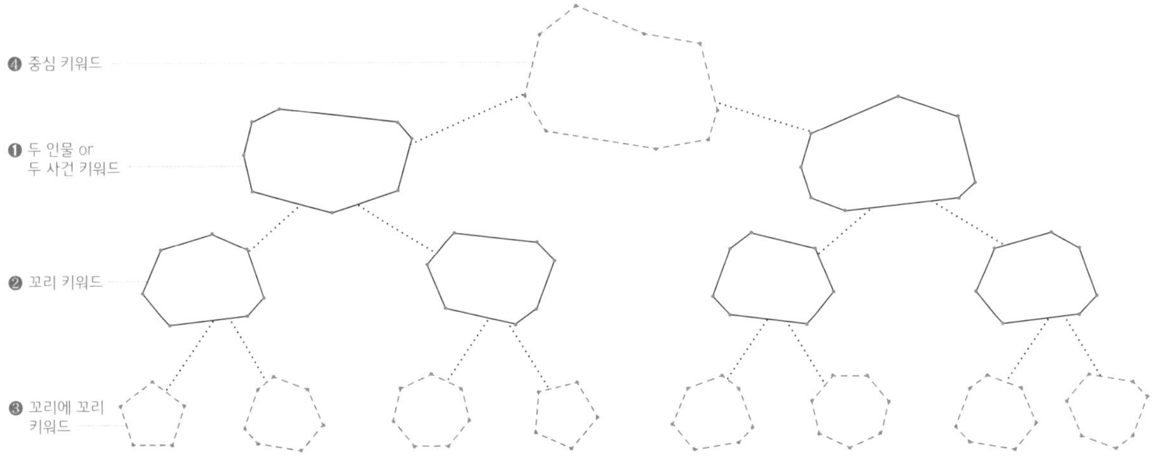

하마묵상 (드라마처럼 묵상하기)

□ 등장인물/키워드 시간 순으로 배치하기	□ 말풍선 만들기(씨눈 틔우기)	□ 아이콘 만들기(4컷 그리기, 무대배경)	□ 질문 만들기
□ 하나님 마음 쓰기	□ 드라마 제목 만들기	□ 나의 적용 쓰기(드라마 속의 나)	□ 서로 설명하기(왜 그렇게 생각하니?)

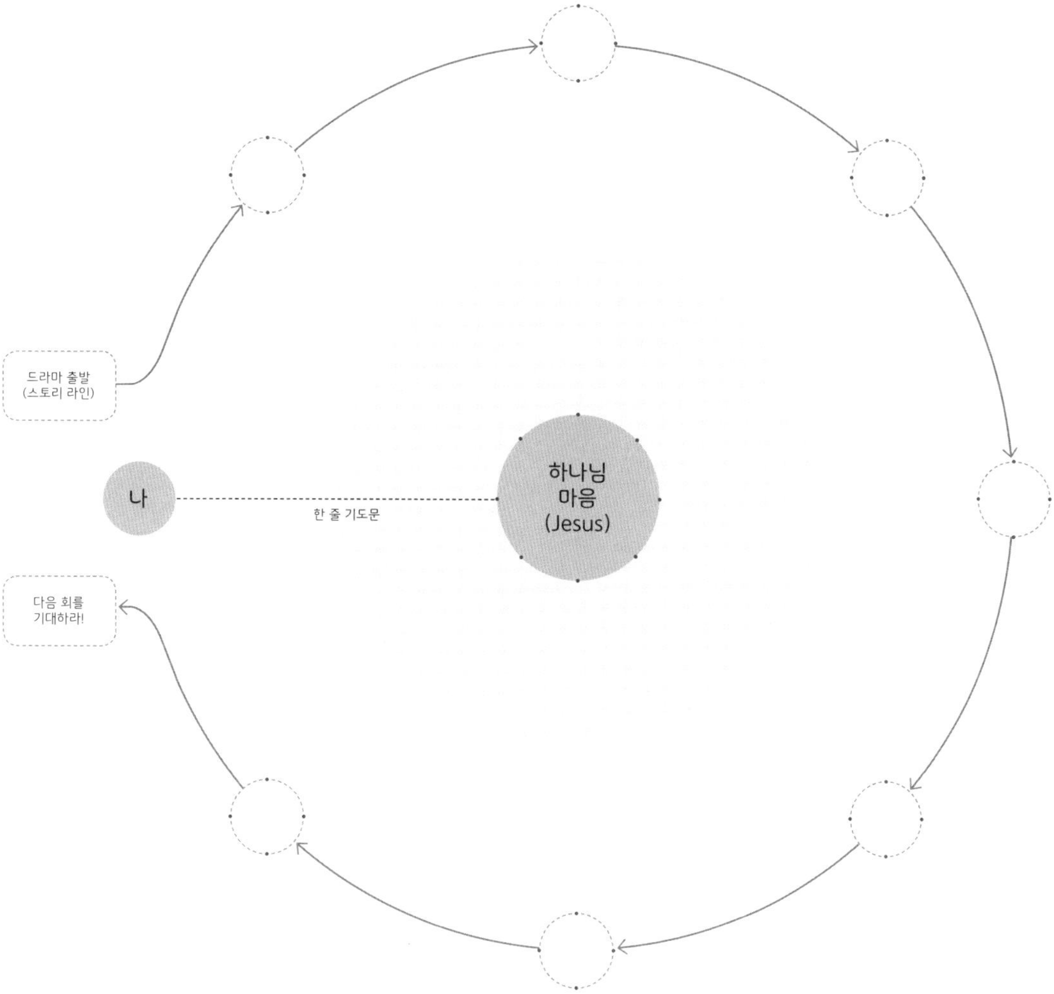

Q 하나님은 왜 이 때 아브람에게 나타나셔서 약속의 말씀을 상기시켜 주셨을까요?

Q 하나님은 왜 아브람을 의롭게 여겨주셨나요?

하마동행일기

□ 아침	□ 점심	□ 저녁	□ 밤
잠에서 깰 때 하나님을 생각하라	수시로 하나님께 속삭이라	잠잠히 하나님을 기다리라	취침할 때 나의 생각을 하나님께 아뢰라

7-3 새 이름

하마실마리

□ 기도하며 읽어라!

□ 기도하고 읽어라!	□ 1독 (연필로)	□ 여호와, 하나님을 찾아라!	□ 등장인물을 찾아라!	□ 반복단어를 찾아라!	□ 역사적 배경 단어를 찾아라!	□ 접속사를 찾아라!	□ 궁금한 점을 찾아라!	□ 와 닿는 구절을 찾아라!	□ 하나님 마음을 찾아라!	□ 읽고 기도하라!
	□ 2독 (형광펜으로)	□ 하나님-핑크색 □ 등장인물-노란색 □ 궁금한- 파란색 □ 중요한- 녹색								

창17:1~6

1 아브람이 구십구 세 때에 여호와께서 아브람에게 나타나서 그에게 이르시되 나는 전능한 하나님이라 너는 내
앞에서 행하여 완전하라
2 내가 내 언약을 나와 너 사이에 두어 너를 크게 번성하게 하리라 하시니
3 아브람이 엎드렸더니 하나님이 또 그에게 말씀하여 이르시되
4 보라 내 언약이 너와 함께 있으니 너는 여러 민족의 아버지가 될지라
5 이제 후로는 네 이름을 아브람이라 하지 아니하고 아브라함이라 하리니 이는 내가 너를 여러 민족의 아버지가
되게 함이니라
6 내가 너로 심히 번성하게 하리니 내가 네게서 민족들이 나게 하며 왕들이 네게로부터 나오리라

하마키워드 별자리 키워드: 키워드를 확장하기 / 생각 씨눈 틔우기

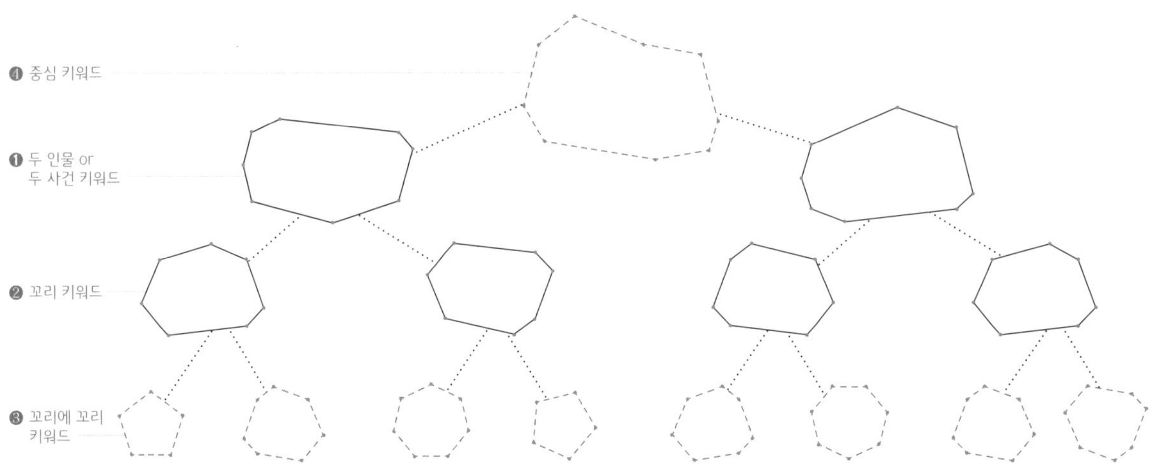

하마묵상 (드라마처럼 묵상하기)

□ 등장인물/키워드 시간 순으로 배치하기	□ 말풍선 만들기(씨눈 틔우기)	□ 아이콘 만들기(4컷 그리기, 무대배경)	□ 질문 만들기
□ 하나님 마음 쓰기	□ 드라마 제목 만들기	□ 나의 적용 쓰기(드라마 속의 나)	□ 서로 설명하기(왜 그렇게 생각하니?)

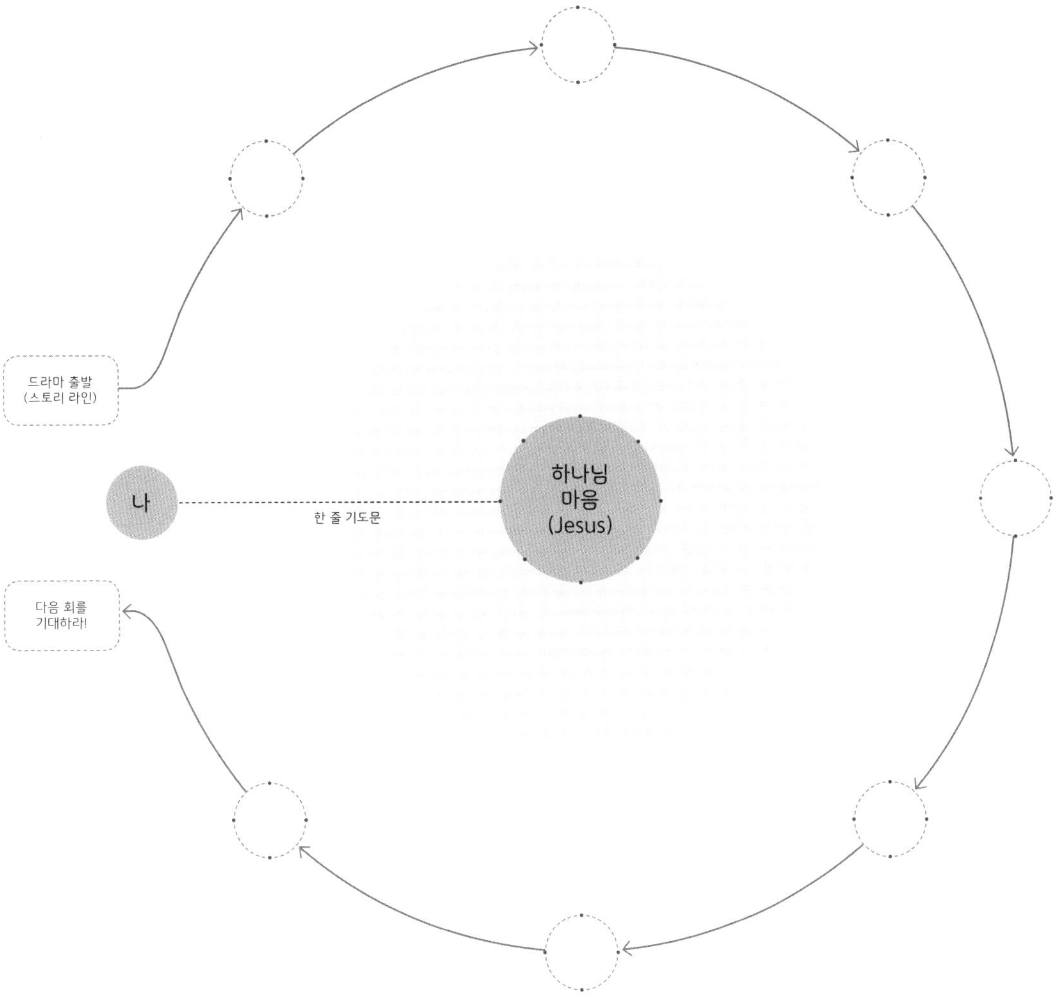

Q 하나님은 왜 아브람에게 전능한 하나님이라고 말씀하셨을까요?

Q 하나님은 왜 아브람에게 새 이름을 주셨을까요?

하마동행일기

□ 아침	□ 점심	□ 저녁	□ 밤
잠에서 깰 때 하나님을 생각하라	수시로 하나님께 속삭이라	잠잠히 하나님을 기다리라	취침할 때 나의 생각을 하나님께 아뢰라

7-4 할례 언약

하마실마리

□ 기도하며 읽어라!

□ 기도하고 읽어라!	□ 1독 (연필로)	□ 여호와, 하나님을 찾아라!	□ 등장인물을 찾아라!	□ 반복단어를 찾아라!	□ 역사적 배경 단어를 찾아라!	□ 접속사를 찾아라!	□ 궁금한 점을 찾아라!	□ 와 닿는 구절을 찾아라!	□ 하나님 마음을 찾아라!	□ 읽고 기도하라!
	□ 2독 (형광펜으로)	□ 하나님-핑크색 □ 등장인물-노란색 □ 궁금한- 파란색 □ 중요한- 녹색								

창17:7~14

7 내가 내 언약을 나와 너 및 네 대대 후손 사이에 세워서 영원한 언약을 삼고 너와 네 후손의 하나님이 되리라
8 내가 너와 네 후손에게 네가 거류하는 이 땅 곧 가나안 온 땅을 주어 영원한 기업이 되게 하고 나는 그들의 하나님이 되리라
9 하나님이 또 아브라함에게 이르시되 그런즉 너는 내 언약을 지키고 네 후손도 대대로 지키라
10 너희 중 남자는 다 할례를 받으라 이것이 나와 너희와 너희 후손 사이에 지킬 내 언약이니라
11 너희는 포피를 베어라 이것이 나와 너희 사이의 언약의 표징이니라
12 너희의 대대로 모든 남자는 집에서 난 자나 또는 너희 자손이 아니라 이방 사람에게서 돈으로 산 자를 막론하고 난 지 팔 일 만에 할례를 받을 것이라
13 너희 집에서 난 자든지 너희 돈으로 산 자든지 할례를 받아야 하리니 이에 내 언약이 너희 살에 있어 영원한 언약이 되려니와
14 할례를 받지 아니한 남자 곧 그 포피를 베지 아니한 자는 백성 중에서 끊어지리니 그가 내 언약을 배반하였음이니라

하마키워드 별자리 키워드: 키워드를 확장하기 / 생각 씨눈 틔우기

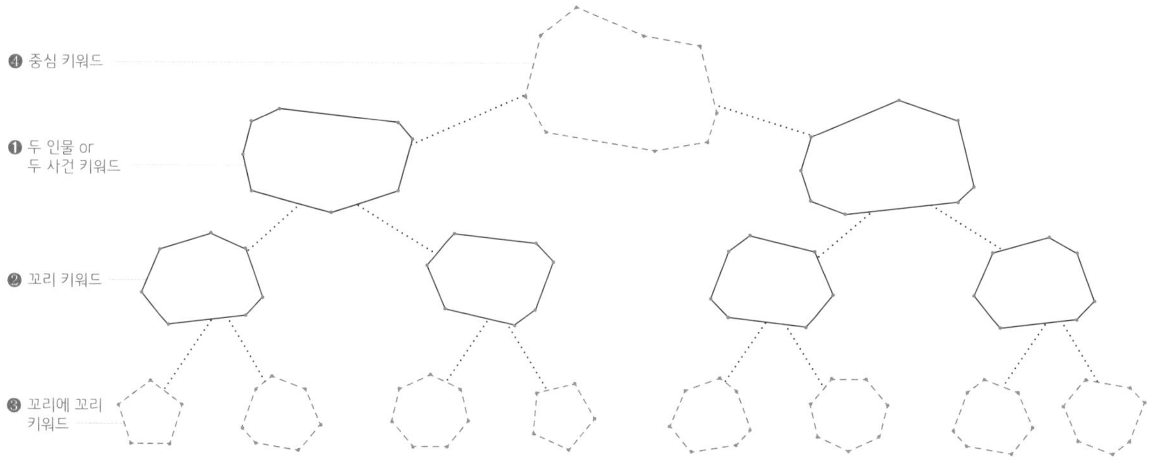

하마묵상 (드라마처럼 묵상하기)

□ 등장인물/키워드 시간 순으로 배치하기	□ 말풍선 만들기(씨눈 틔우기)	□ 아이콘 만들기(4컷 그리기, 무대배경)	□ 질문 만들기
□ 하나님 마음 쓰기	□ 드라마 제목 만들기	□ 나의 적용 쓰기(드라마 속의 나)	□ 서로 설명하기(왜 그렇게 생각하니?)

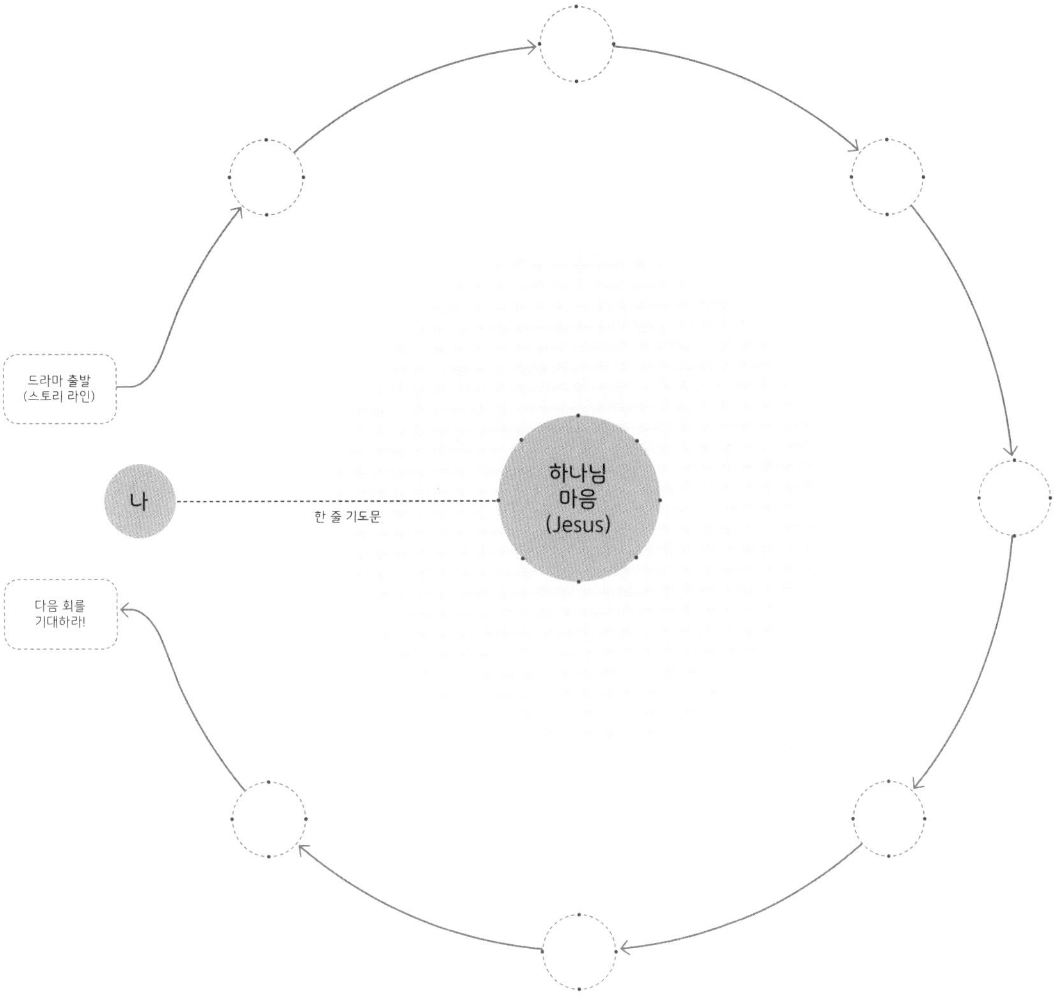

Q 하나님은 '내 언약'을 왜 이렇게 여러 번 말씀하셨을까요?

Q 할례의 진정한 의미는 무엇일까요?

하마동행일기

□ 아침	□ 점심	□ 저녁	□ 밤
잠에서 깰 때 하나님을 생각하라	수시로 하나님께 속삭이라	잠잠히 하나님을 기다리라	취침할 때 나의 생각을 하나님께 아뢰라

8-1 아브라함의 믿음

하마실마리

		□ 기도하며 읽어라!								
□ 기도하고 읽어라!	□ 1독 (연필로)	□ 여호와, 하나님을 찾아라!	□ 등장인물을 찾아라!	□ 반복단어를 찾아라!	□ 역사적 배경 단어를 찾아라!	□ 접속사를 찾아라!	□ 궁금한 점을 찾아라!	□ 와 닿는 구절을 찾아라!	□ 하나님 마음을 찾아라!	□ 읽고 기도하라!
	□ 2독 (형광펜으로)	□ 하나님-핑크색 □ 등장인물-노란색 □ 궁금한- 파란색 □ 중요한- 녹색								

창22:1~5

1 그 일 후에 하나님이 아브라함을 시험하시려고 그를 부르시되 아브라함아 하시니 그가 이르되 내가 여기 있나
이다
2 여호와께서 이르시되 네 아들 네 사랑하는 독자 이삭을 데리고 모리아 땅으로 가서 내가 네게 일러 준 한 산 거
기서 그를 번제로 드리라
3 아브라함이 아침에 일찍이 일어나 나귀에 안장을 지우고 두 종과 그의 아들 이삭을 데리고 번제에 쓸 나무를 쪼
개어 가지고 떠나 하나님이 자기에게 일러 주신 곳으로 가더니
4 제삼일에 아브라함이 눈을 들어 그 곳을 멀리 바라본지라
5 이에 아브라함이 종들에게 이르되 너희는 나귀와 함께 여기서 기다리라 내가 아이와 함께 저기 가서 예배하고
우리가 너희에게로 돌아오리라 하고

하마키워드 별자리 키워드: 키워드를 확장하기 / 생각 씨눈 틔우기

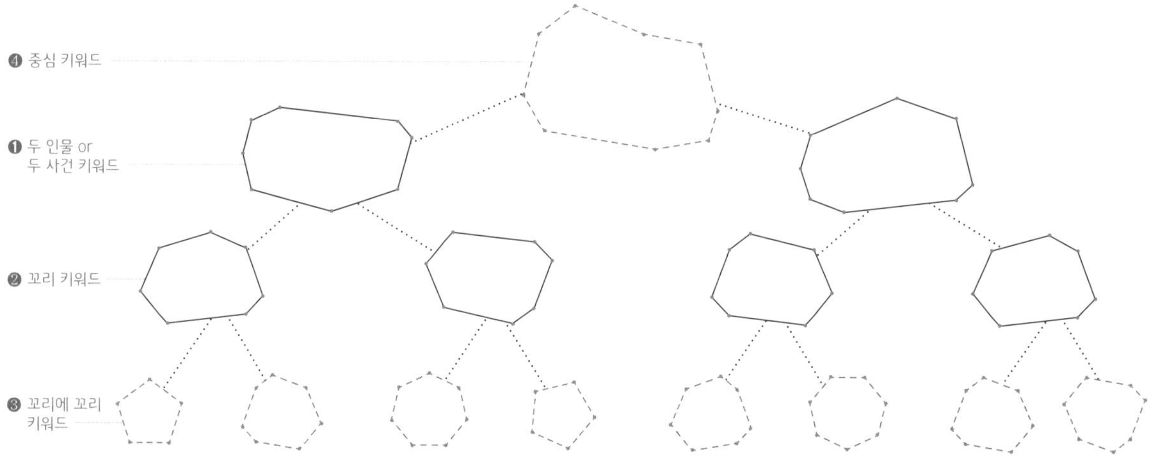

하마묵상 (드라마처럼 묵상하기)

□ 등장인물/키워드 시간 순으로 배치하기	□ 말풍선 만들기(씨눈 틔우기)	□ 아이콘 만들기(4컷 그리기, 무대배경)	□ 질문 만들기
□ 하나님 마음 쓰기	□ 드라마 제목 만들기	□ 나의 적용 쓰기(드라마 속의 나)	□ 서로 설명하기(왜 그렇게 생각하니?)

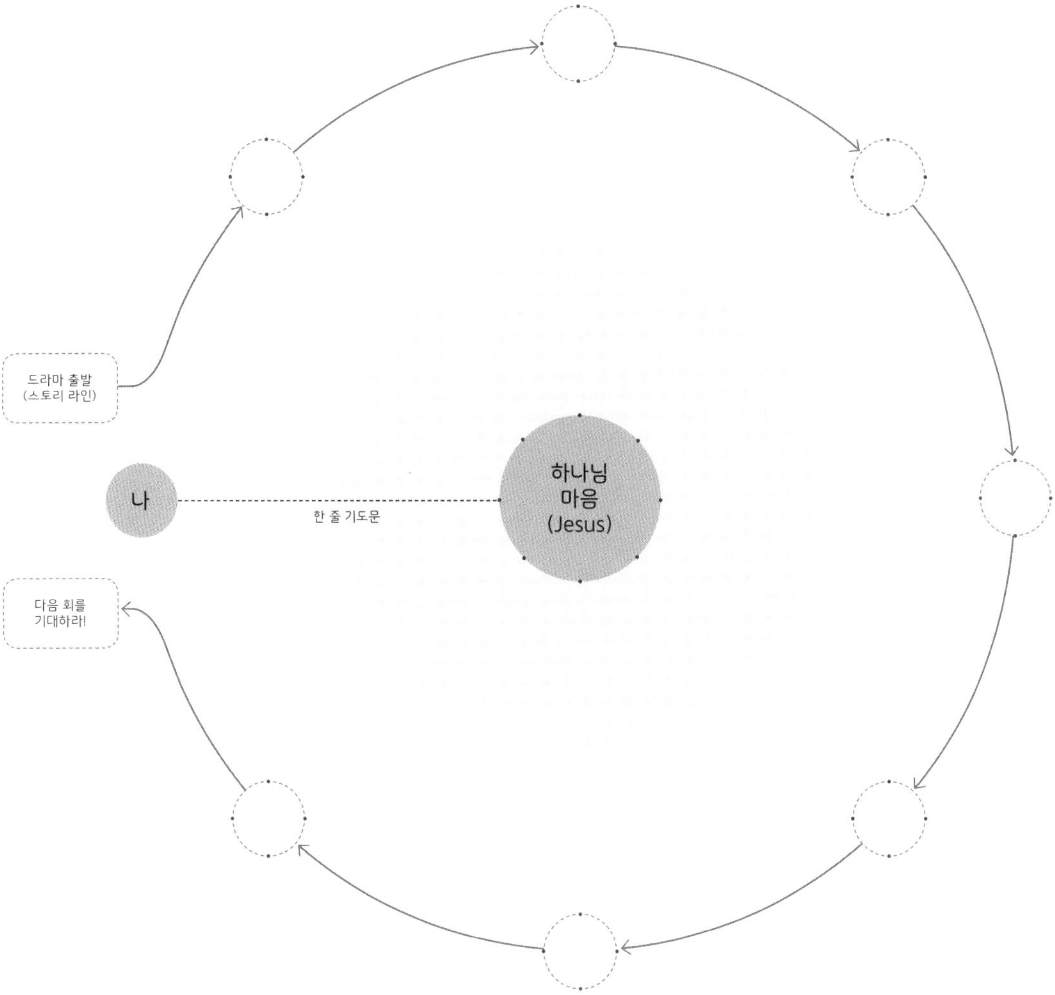

Q 왜 하나님이 시험을 하실까요?

Q 아브라함은 하나님의 명령에 어떻게 반응했나요?

하마동행일기

□ 아침	□ 점심	□ 저녁	□ 밤
잠에서 깰 때 하나님을 생각하라	수시로 하나님께 속삭이라	잠잠히 하나님을 기다리라	취침할 때 나의 생각을 하나님께 아뢰라

8-2 아브라함의 순종

하마실마리

□ 기도하며 읽어라!

□ 기도하고 읽어라!	□ 1독 (연필로)	□ 여호와, 하나님을 찾아라!	□ 등장인물을 찾아라!	□ 반복단어를 찾아라!	□ 역사적 배경 단어를 찾아라!	□ 접속사를 찾아라!	□ 궁금한 점을 찾아라!	□ 와 닿는 구절을 찾아라!	□ 하나님 마음을 찾아라!	□ 읽고 기도하라!
	□ 2독 (형광펜으로)	□ 하나님-핑크색 □ 등장인물-노란색 □ 궁금한- 파란색 □ 중요한- 녹색								

창22:6~10

6 아브라함이 이에 번제 나무를 가져다가 그의 아들 이삭에게 지우고 자기는 불과 칼을 손에 들고 두 사람이 동행
하더니
7 이삭이 그 아버지 아브라함에게 말하여 이르되 내 아버지여 하니 그가 이르되 내 아들아 내가 여기 있노라 이삭
이 이르되 불과 나무는 있거니와 번제할 어린 양은 어디 있나이까
8 아브라함이 이르되 내 아들아 번제할 어린 양은 하나님이 자기를 위하여 친히 준비하시리라 하고 두 사람이 함
께 나아가서
9 하나님이 그에게 일러 주신 곳에 이른지라 이에 아브라함이 그 곳에 제단을 쌓고 나무를 벌여 놓고 그의 아들
이삭을 결박하여 제단 나무 위에 놓고
10 손을 내밀어 칼을 잡고 그 아들을 잡으려 하니

하마키워드 별자리 키워드: 키워드를 확장하기 / 생각 씨눈 틔우기

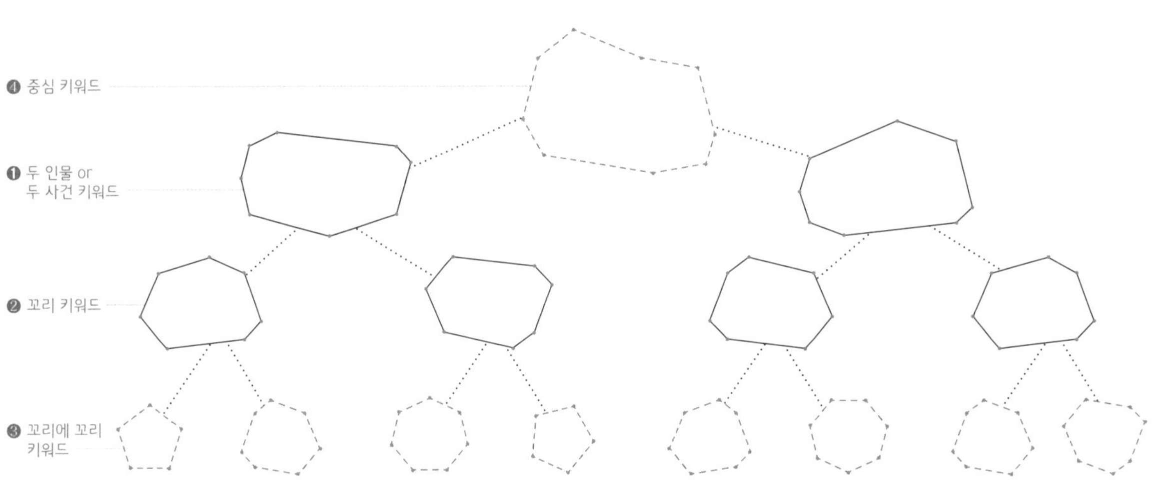

하마묵상 (드라마처럼 묵상하기)

□ 등장인물/키워드 시간 순으로 배치하기	□ 말풍선 만들기(씨눈 틔우기)	□ 아이콘 만들기(4컷 그리기, 무대배경)	□ 질문 만들기
□ 하나님 마음 쓰기	□ 드라마 제목 만들기	□ 나의 적용 쓰기(드라마 속의 나)	□ 서로 설명하기(왜 그렇게 생각하니?)

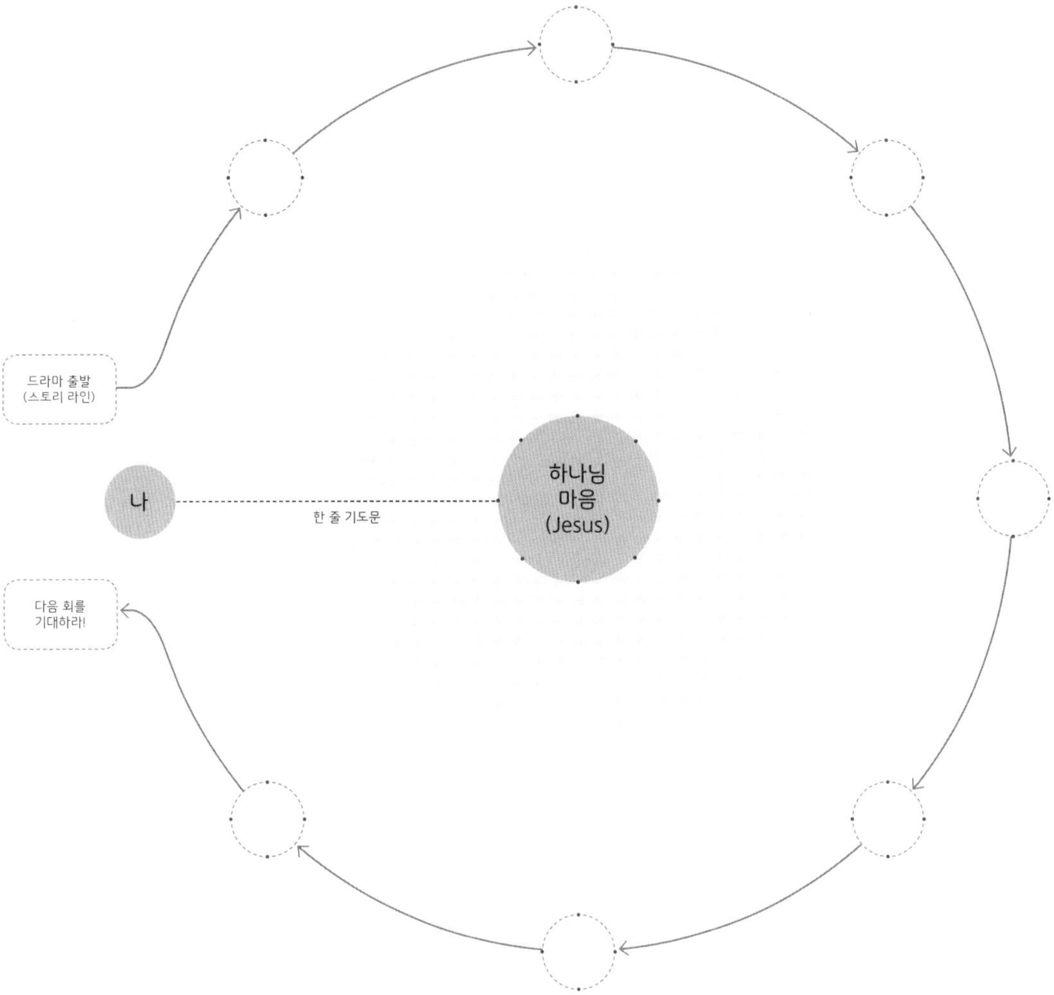

Q 이삭의 반응은 어떠했나요?

Q 아브라함은 어떻게 마지막 순간까지 순종할 수 있었을까요?

하마동행일기

□ 아침	□ 점심	□ 저녁	□ 밤
잠에서 깰 때 하나님을 생각하라	수시로 하나님께 속삭이라	잠잠히 하나님을 기다리라	취침할 때 나의 생각을 하나님께 아뢰라

8-3 여호와 이레

하마실마리

□ 기도하며 읽어라!

□ 기도하고 읽어라!	□ 1독 (연필로)	□ 여호와, 하나님을 찾아라!	□ 등장인물을 찾아라!	□ 반복단어를 찾아라!	□ 역사적 배경 단어를 찾아라!	□ 접속사를 찾아라!	□ 궁금한 점을 찾아라!	□ 와 닿는 구절을 찾아라!	□ 하나님 마음을 찾아라!	□ 읽고 기도하라!
	□ 2독 (형광펜으로)	□ 하나님-핑크색 □ 등장인물-노란색 □ 궁금한- 파란색 □ 중요한- 녹색								

창22:11~14

11 여호와의 사자가 하늘에서부터 그를 불러 이르시되 아브라함아 아브라함아 하시는지라 아브라함이 이르되 내
가 여기 있나이다 하매
12 사자가 이르시되 그 아이에게 네 손을 대지 말라 그에게 아무 일도 하지 말라 네가 네 아들 네 독자까지도 내
게 아끼지 아니하였으니 내가 이제야 네가 하나님을 경외하는 줄을 아노라
13 아브라함이 눈을 들어 살펴본즉 한 숫양이 뒤에 있는데 뿔이 수풀에 걸려 있는지라 아브라함이 가서 그 숫양
을 가져다가 아들을 대신하여 번제로 드렸더라
14 아브라함이 그 땅 이름을 여호와 이레라 하였으므로 오늘날까지 사람들이 이르기를 여호와의 산에서 준비되
리라 하더라

하마키워드 별자리 키워드 : 키워드를 확장하기 / 생각 씨눈 틔우기

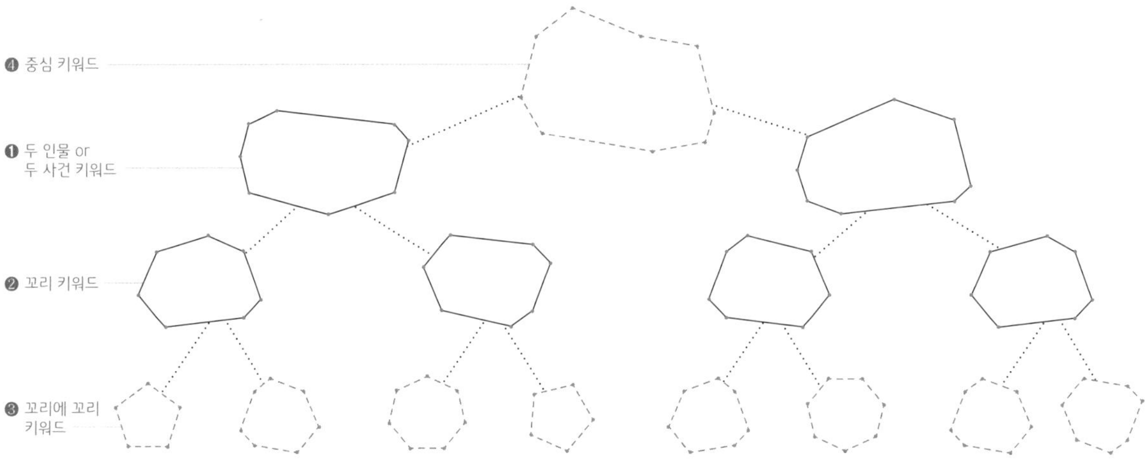

하마묵상 (드라마처럼 묵상하기)

□ 등장인물/키워드 시간 순으로 배치하기	□ 말풍선 만들기(씨눈 틔우기)	□ 아이콘 만들기(4컷 그리기, 무대배경)	□ 질문 만들기
□ 하나님 마음 쓰기	□ 드라마 제목 만들기	□ 나의 적용 쓰기(드라마 속의 나)	□ 서로 설명하기(왜 그렇게 생각하니?)

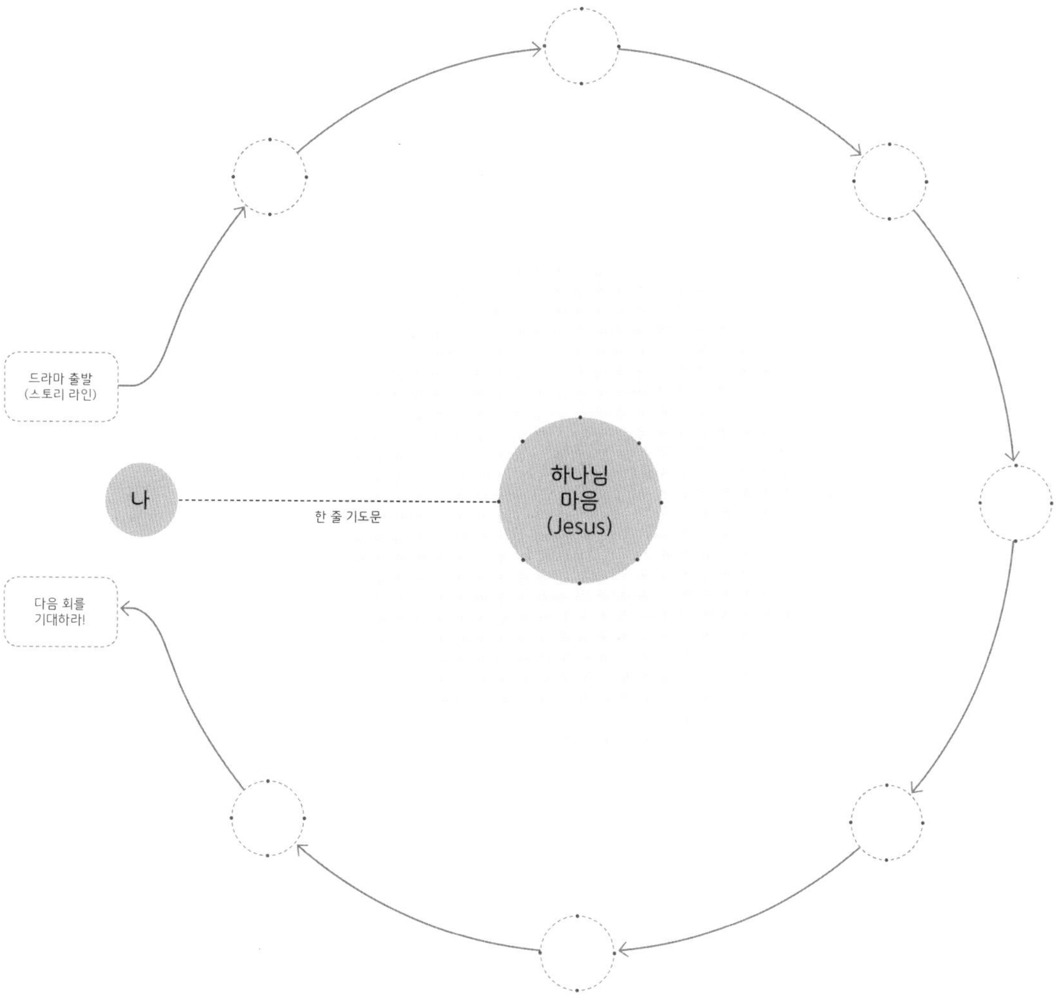

Q 하나님은 아브라함에게 왜 '이제야'라고 말씀하셨을까요?

Q 하나님은 이삭번제사건을 통해 무엇을 말씀하시려고 했을까요?

하마동행일기

□ 아침	□ 점심	□ 저녁	□ 밤
잠에서 깰 때 하나님을 생각하라	수시로 하나님께 속삭이라	잠잠히 하나님을 기다리라	취침할 때 나의 생각을 하나님께 아뢰라

8–4 대적의 성문을 차지하리라

하마실마리

□ 기도하며 읽어라!

□ 기도하고 읽어라!	□ 1독 (연필로)	□ 여호와, 하나님을 찾아라!	□ 등장인물을 찾아라!	□ 반복단어를 찾아라!	□ 역사적 배경 단어를 찾아라!	□ 접속사를 찾아라!	□ 궁금한 점을 찾아라!	□ 와 닿는 구절을 찾아라!	□ 하나님 마음을 찾아라!	□ 읽고 기도하라!
	□ 2독 (형광펜으로)	□ 하나님-핑크색 □ 등장인물-노란색 □ 궁금한- 파란색 □ 중요한- 녹색								

창22:15~19

15 여호와의 사자가 하늘에서부터 두 번째 아브라함을 불러
16 이르시되 여호와께서 이르시기를 내가 나를 가리켜 맹세하노니 네가 이같이 행하여 네 아들 네 독자도 아끼지
아니하였은즉
17 내가 네게 큰 복을 주고 네 씨가 크게 번성하여 하늘의 별과 같고 바닷가의 모래와 같게 하리니 네 씨가 그 대
적의 성문을 차지하리라
18 또 네 씨로 말미암아 천하 만민이 복을 받으리니 이는 네가 나의 말을 준행하였음이니라 하셨다 하니라
19 이에 아브라함이 그의 종들에게로 돌아가서 함께 떠나 브엘세바에 이르러 거기 거주하였더라
17 아브라함은 시험을 받을 때에 믿음으로 이삭을 드렸으니 그는 약속들을 받은 자로되 그 외아들을 드렸느니라
18 그에게 이미 말씀하시기를 네 자손이라 칭할 자는 이삭으로 말미암으리라 하셨으니
19 그가 하나님이 능히 이삭을 죽은 자 가운데서 다시 살리실 줄로 생각한지라 비유컨대 그를 죽은 자 가운데서
도로 받은 것이니라

하마키워드 별자리 키워드: 키워드를 확장하기 / 생각 씨눈 틔우기

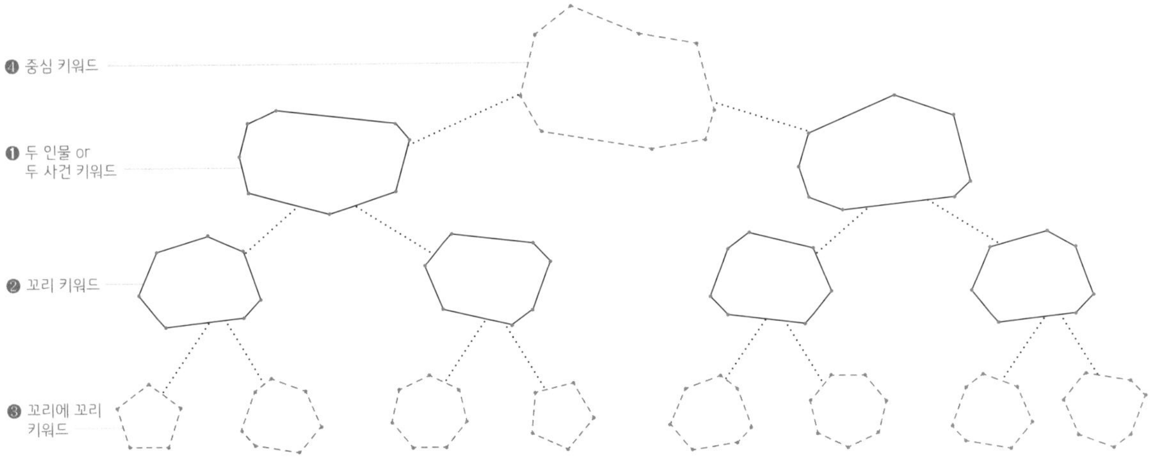

하마묵상 (드라마처럼 묵상하기)

□ 등장인물/키워드 시간 순으로 배치하기	□ 말풍선 만들기(씨눈 틔우기)	□ 아이콘 만들기(4컷 그리기, 무대배경)	□ 질문 만들기
□ 하나님 마음 쓰기	□ 드라마 제목 만들기	□ 나의 적용 쓰기(드라마 속의 나)	□ 서로 설명하기(왜 그렇게 생각하니?)

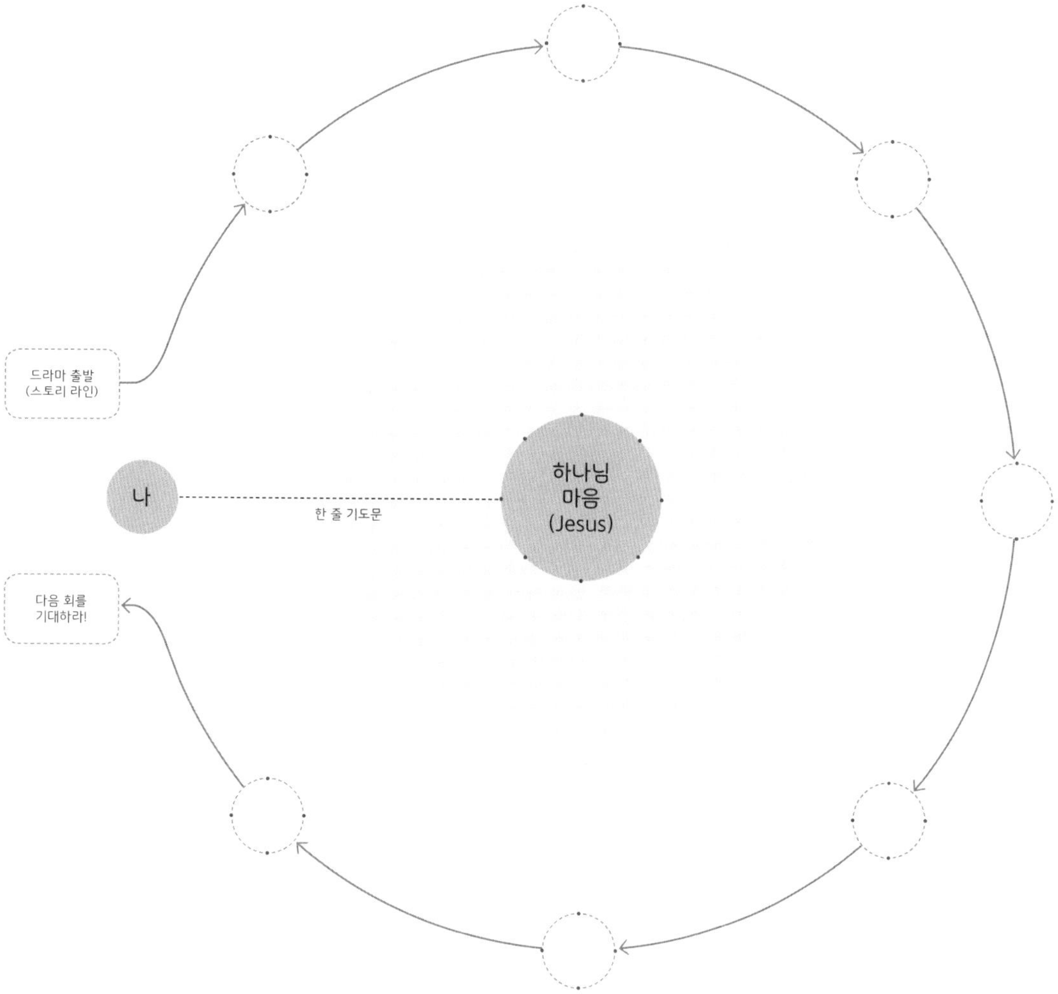

Q '네 씨가 그 대적의 성문을 차지하리라'는 창3:15과 어떻게 연결되나요?

Q 신약에서 야고보서는 아브라함에 대해 어떻게 기록하고 있습니까?

하마동행일기

□ 아침	□ 점심	□ 저녁	□ 밤
잠에서 깰 때 하나님을 생각하라	수시로 하나님께 속삭이라	잠잠히 하나님을 기다리라	취침할 때 나의 생각을 하나님께 아뢰라

9–1 이삭과 리브가의 만남

하마실마리

		☐ 기도하며 읽어라!								
☐ 기도하고 읽어라!	☐ 1독 (연필로)	☐ 여호와, 하나님을 찾아라!	☐ 등장인물을 찾아라!	☐ 반복단어를 찾아라!	☐ 역사적 배경 단어를 찾아라!	☐ 접속사를 찾아라!	☐ 궁금한 점을 찾아라!	☐ 와 닿는 구절을 찾아라!	☐ 하나님 마음을 찾아라!	☐ 읽고 기도하라!
	☐ 2독 (형광펜으로)	☐ 하나님–핑크색 ☐ 등장인물–노란색 ☐ 궁금한– 파란색 ☐ 중요한– 녹색								

창24:61~67

61 리브가가 일어나 여자 종들과 함께 낙타를 타고 그 사람을 따라가니 그 종이 리브가를 데리고 가니라
62 그 때에 이삭이 브엘라해로이에서 왔으니 그가 네게브 지역에 거주하였음이라
63 이삭이 저물 때에 들에 나가 묵상하다가 눈을 들어 보매 낙타들이 오는지라
64 리브가가 눈을 들어 이삭을 바라보고 낙타에서 내려
65 종에게 말하되 들에서 배회하다가 우리에게로 마주 오는 자가 누구냐 종이 이르되 이는 내 주인이니이다 리브가가 너울을 가지고 자기의 얼굴을 가리더라
66 종이 그 행한 일을 다 이삭에게 아뢰매
67 이삭이 리브가를 인도하여 그의 어머니 사라의 장막으로 들이고 그를 맞이하여 아내로 삼고 사랑하였으니 이삭이 그의 어머니를 장례한 후에 위로를 얻었더라

하마키워드 BOX 키워드 : 키워드 분류하기 / 키워드 쪼개기

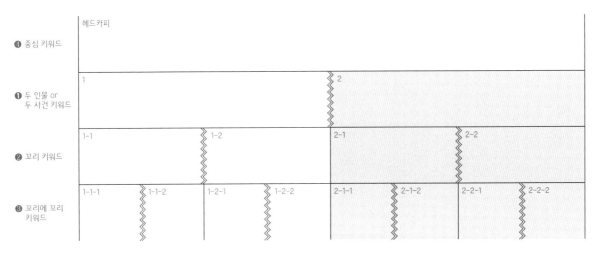

❹ 중심 키워드	헤드카피							
❶ 두 인물 or 두 사건 키워드	1				2			
❷ 꼬리 키워드	1-1		1-2		2-1		2-2	
❸ 꼬리에 꼬리 키워드	1-1-1	1-1-2	1-2-1	1-2-2	2-1-1	2-1-2	2-2-1	2-2-2

하마묵상 (드라마처럼 묵상하기)

□ 등장인물/키워드 시간 순으로 배치하기	□ 말풍선 만들기(씨눈 틔우기)	□ 아이콘 만들기(4컷 그리기, 무대배경)	□ 질문 만들기
□ 하나님 마음 쓰기	□ 드라마 제목 만들기	□ 나의 적용 쓰기(드라마 속의 나)	□ 서로 설명하기(왜 그렇게 생각하니?)

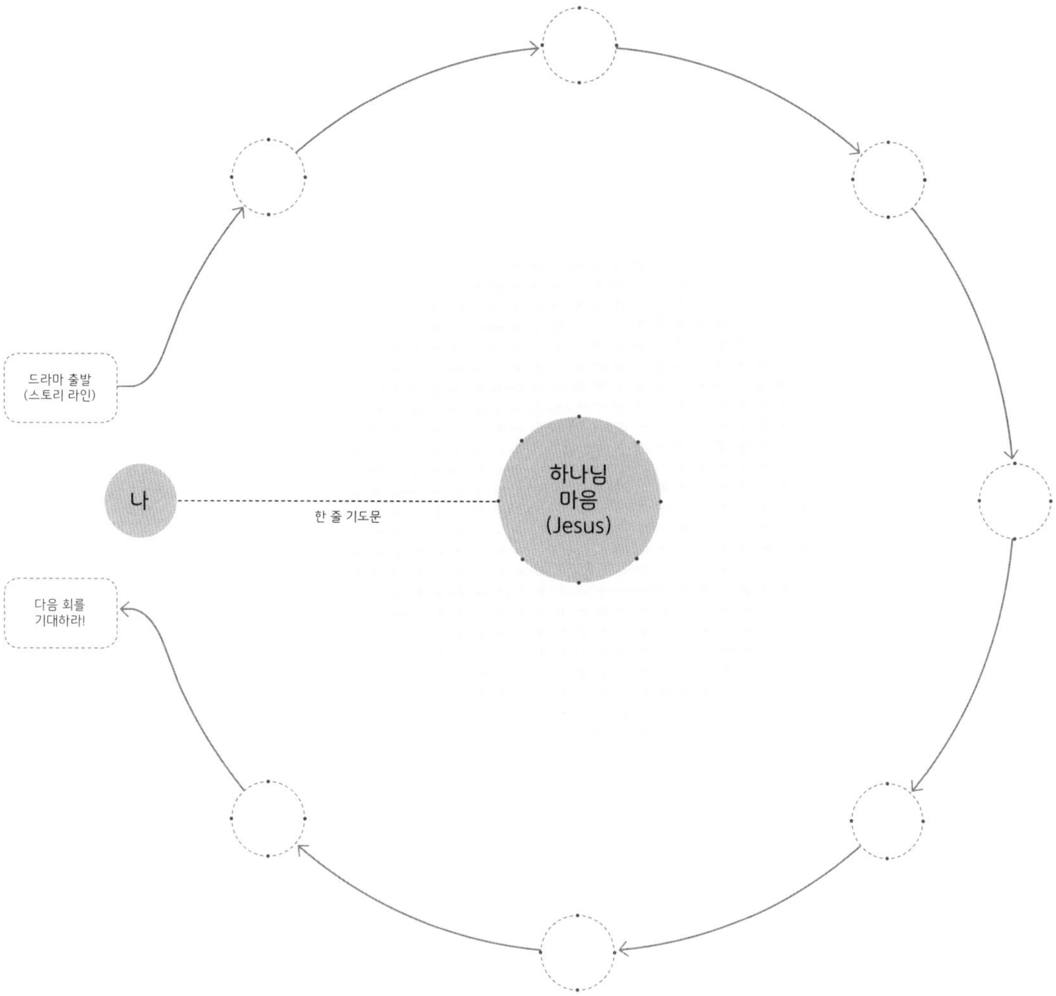

Q 이삭과 리브가는 어떤 사람이었을까요?

Q 이삭와 리브가의 결혼은 무엇을 보여줍니까?

하마동행일기

□ 아침	□ 점심	□ 저녁	□ 밤
잠에서 깰 때 하나님을 생각하라	수시로 하나님께 속삭이라	잠잠히 하나님을 기다리라	취침할 때 나의 생각을 하나님께 아뢰라

9-2 태 중의 싸움

하마실마리

□ 기도하며 읽어라!

□ 기도하고 읽어라!	□ 1독 (연필로)	□ 여호와, 하나님을 찾아라!	□ 등장인물을 찾아라!	□ 반복단어를 찾아라!	□ 역사적 배경 단어를 찾아라!	□ 접속사를 찾아라!	□ 궁금한 점을 찾아라!	□ 와 닿는 구절을 찾아라!	□ 하나님 마음을 찾아라!	□ 읽고 기도하라!
	□ 2독 (형광펜으로)	□ 하나님-핑크색 □ 등장인물-노란색 □ 궁금한- 파란색 □ 중요한- 녹색								

창25:19~26

19 아브라함의 아들 이삭의 족보는 이러하니라 아브라함이 이삭을 낳았고
20 이삭은 사십 세에 리브가를 맞이하여 아내를 삼았으니 리브가는 밧단 아람의 아람 족속 중 브두엘의 딸이요
아람 족속 중 라반의 누이였더라
21 이삭이 그의 아내가 임신하지 못하므로 그를 위하여 여호와께 간구하매 여호와께서 그의 간구를 들으셨으므
로 그의 아내 리브가가 임신하였더니
22 그 아들들이 그의 태 속에서 서로 싸우는지라 그가 이르되 이럴 경우에는 내가 어찌할꼬 하고 가서 여호와께
묻자온대
23 여호와께서 그에게 이르시되 두 국민이 네 태중에 있구나 두 민족이 네 복중에서부터 나누이리라 이 족속이
저 족속보다 강하겠고 큰 자가 어린 자를 섬기리라 하셨더라
24 그 해산 기한이 찬즉 태에 쌍둥이가 있었는데
25 먼저 나온 자는 붉고 전신이 털옷 같아서 이름을 에서라 하였고
26 후에 나온 아우는 손으로 에서의 발꿈치를 잡았으므로 그 이름을 야곱이라 하였으며 리브가가 그들을 낳을 때
에 이삭이 육십 세였더라

하마키워드 BOX 키워드: 키워드 분류하기 / 키워드 쪼개기

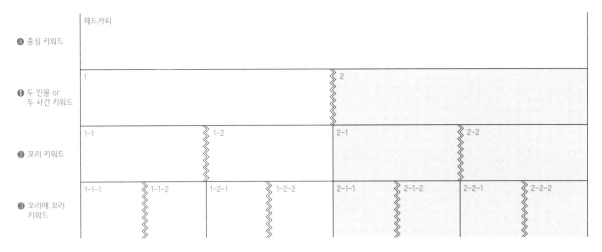

❹ 중심 키워드	헤드카피							
❶ 두 인물 or 두 사건 키워드	1				2			
❷ 꼬리 키워드	1-1		1-2		2-1		2-2	
❸ 꼬리에 꼬리 키워드	1-1-1	1-1-2	1-2-1	1-2-2	2-1-1	2-1-2	2-2-1	2-2-2

하마묵상 (드라마처럼 묵상하기)

□ 등장인물/키워드 시간 순으로 배치하기	□ 말풍선 만들기(씨눈 틔우기)	□ 아이콘 만들기(4컷 그리기, 무대배경)	□ 질문 만들기
□ 하나님 마음 쓰기	□ 드라마 제목 만들기	□ 나의 적용 쓰기(드라마 속의 나)	□ 서로 설명하기(왜 그렇게 생각하니?)

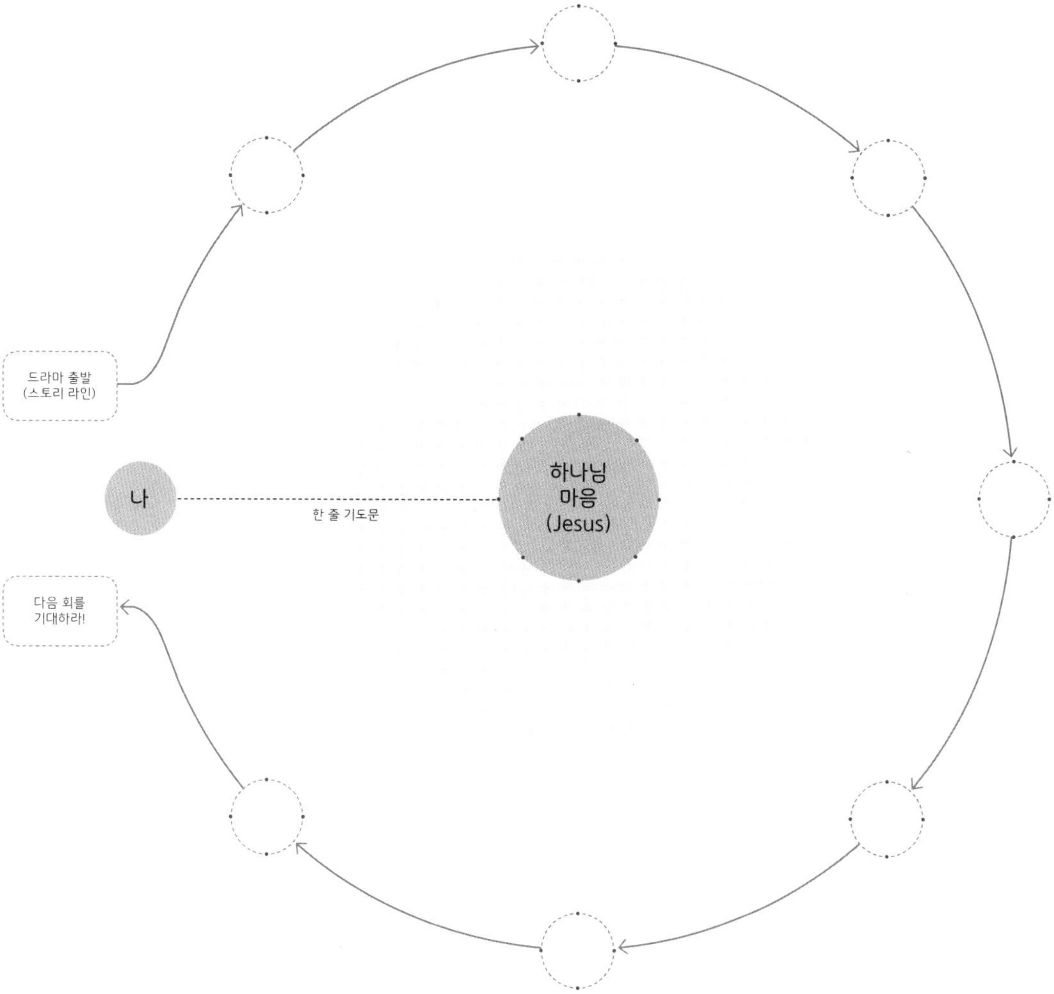

Q 이삭은 어떻게 20년을 기다릴 수 있었을까요?

Q 하나님의 예언의 말씀과 롬9:11~16을 볼 때 하나님의 택하심에 대해 무엇을 알 수 있나요?

하마동행일기

□ 아침	□ 점심	□ 저녁	□ 밤
잠에서 깰 때 하나님을 생각하라	수시로 하나님께 속삭이라	잠잠히 하나님을 기다리라	취침할 때 나의 생각을 하나님께 아뢰라

9-3 장자의 명분

하마실마리

	□ 기도하며 읽어라!									
□ 기도하고 읽어라!	□ 1독 (연필로)	□ 여호와, 하나님을 찾아라!	□ 등장인물을 찾아라!	□ 반복단어를 찾아라!	□ 역사적 배경 단어를 찾아라!	□ 접속사를 찾아라!	□ 궁금한 점을 찾아라!	□ 와 닿는 구절을 찾아라!	□ 하나님 마음을 찾아라!	□ 읽고 기도하라!
	□ 2독 (형광펜으로)	□ 하나님-핑크색 □ 등장인물-노란색 □ 궁금한- 파란색 □ 중요한- 녹색								

창25:27~34

27 그 아이들이 장성하매 에서는 익숙한 사냥꾼이었으므로 들사람이 되고 야곱은 조용한 사람이었으므로 장막에 거주하니
28 이삭은 에서가 사냥한 고기를 좋아하므로 그를 사랑하고 리브가는 야곱을 사랑하였더라
29 야곱이 죽을 쑤었더니 에서가 들에서 돌아와서 심히 피곤하여
30 야곱에게 이르되 내가 피곤하니 그 붉은 것을 내가 먹게 하라 한지라 그러므로 에서의 별명은 에돔이더라
31 야곱이 이르되 형의 장자의 명분을 오늘 내게 팔라
32 에서가 이르되 내가 죽게 되었으니 이 장자의 명분이 내게 무엇이 유익하리요
33 야곱이 이르되 오늘 내게 맹세하라 에서가 맹세하고 장자의 명분을 야곱에게 판지라
34 야곱이 떡과 팥죽을 에서에게 주매 에서가 먹으며 마시고 일어나 갔으니 에서가 장자의 명분을 가볍게 여김이었더라

하마키워드 BOX 키워드: 키워드 분류하기 / 키워드 쪼개기

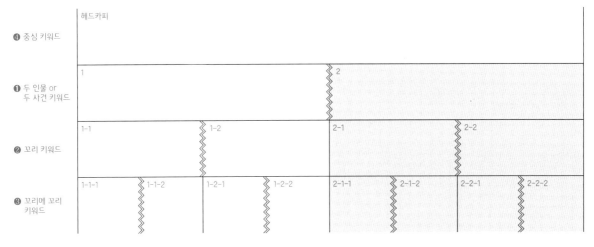

❹ 중심 키워드	헤드카피							
❶ 두 인물 or 두 사건 키워드	1				2			
❷ 꼬리 키워드	1-1		1-2		2-1		2-2	
❸ 꼬리에 꼬리 키워드	1-1-1	1-1-2	1-2-1	1-2-2	2-1-1	2-1-2	2-2-1	2-2-2

하마묵상 (드라마처럼 묵상하기)

□ 등장인물/키워드 시간 순으로 배치하기	□ 말풍선 만들기(씨눈 틔우기)	□ 아이콘 만들기(4컷 그리기, 무대배경)	□ 질문 만들기
□ 하나님 마음 쓰기	□ 드라마 제목 만들기	□ 나의 적용 쓰기(드라마 속의 나)	□ 서로 설명하기(왜 그렇게 생각하니?)

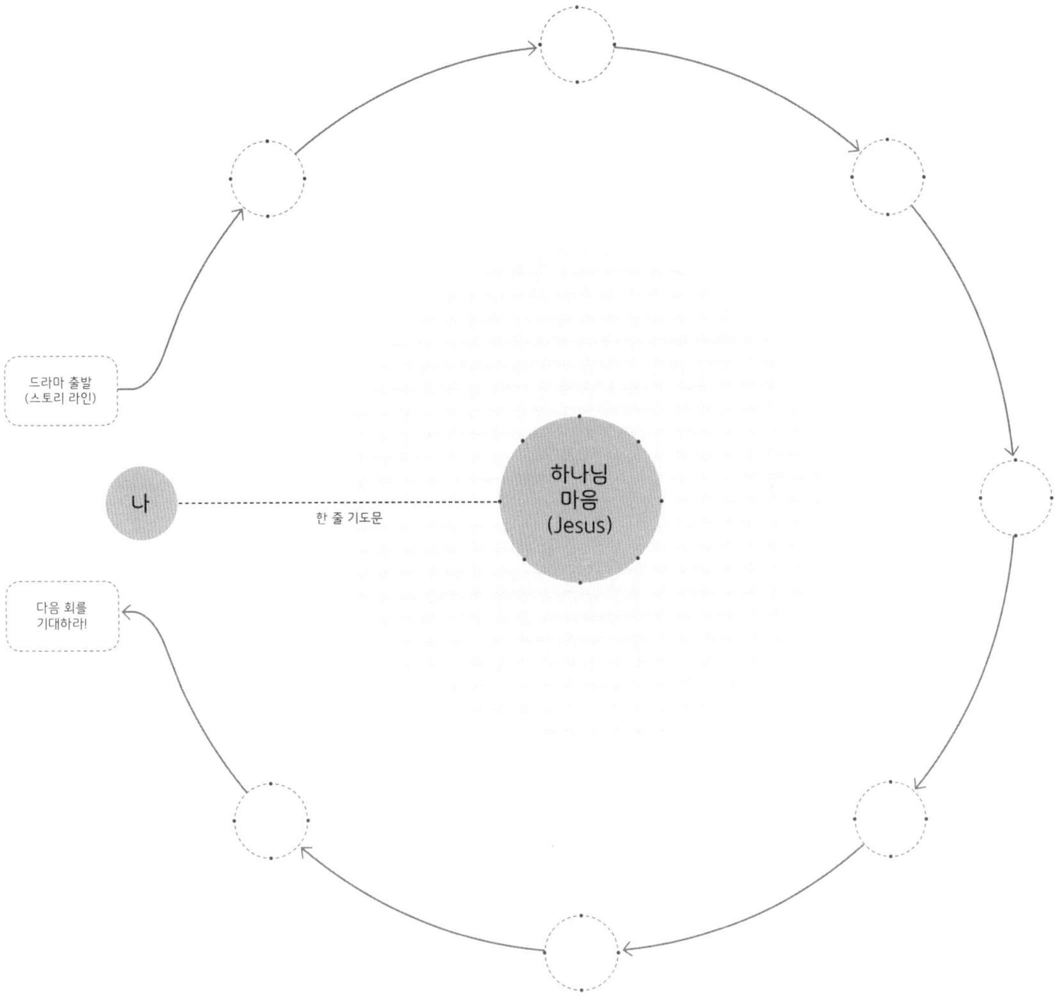

Q 장자의 명분을 산 야곱의 방법에 대해 어떻게 생각하나요?

Q 야곱과 에서는 왜 장자의 명분에 대한 태도가 달랐을까요?

하마동행일기

□ 아침	□ 점심	□ 저녁	□ 밤
잠에서 깰 때 하나님을 생각하라	수시로 하나님께 속삭이라	잠잠히 하나님을 기다리라	취침할 때 나의 생각을 하나님께 아뢰라

9-4 동일한 약속

하마실마리

□ 기도하며 읽어라!

□ 기도하고 읽어라!	□ 1독 (연필로)	□ 여호와, 하나님을 찾아라!	□ 등장인물을 찾아라!	□ 반복단어를 찾아라!	□ 역사적 배경 단어를 찾아라!	□ 접속사를 찾아라!	□ 궁금한 점을 찾아라!	□ 와 닿는 구절을 찾아라!	□ 하나님 마음을 찾아라!	□ 읽고 기도하라!
	□ 2독 (형광펜으로)	□ 하나님-핑크색 □ 등장인물-노란색 □ 궁금한- 파란색 □ 중요한- 녹색								

창26:1~6

1 아브라함 때에 첫 흉년이 들었더니 그 땅에 또 흉년이 들매 이삭이 그랄로 가서 블레셋 왕 아비멜렉에게 이르렀
더니
2 여호와께서 이삭에게 나타나 이르시되 애굽으로 내려가지 말고 내가 네게 지시하는 땅에 거주하라
3 이 땅에 거류하면 내가 너와 함께 있어 네게 복을 주고 내가 이 모든 땅을 너와 네 자손에게 주리라 내가 네 아
버지 아브라함에게 맹세한 것을 이루어
4 네 자손을 하늘의 별과 같이 번성하게 하며 이 모든 땅을 네 자손에게 주리니 네 자손으로 말미암아 천하 만민
이 복을 받으리라
5 이는 아브라함이 내 말을 순종하고 내 명령과 내 계명과 내 율례와 내 법도를 지켰음이라 하시니라
6 이삭이 그랄에 거주하였더니

하마키워드 BOX 키워드 : 키워드 분류하기 / 키워드 쪼개기

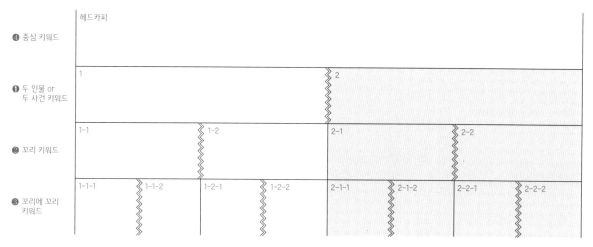

❹ 중심 키워드	헤드카피							
❶ 두 인물 or 두 사건 키워드	1				2			
❷ 꼬리 키워드	1-1		1-2		2-1		2-2	
❸ 꼬리에 꼬리 키워드	1-1-1	1-1-2	1-2-1	1-2-2	2-1-1	2-1-2	2-2-1	2-2-2

하마묵상 (드라마처럼 묵상하기)

□ 등장인물/키워드 시간 순으로 배치하기	□ 말풍선 만들기(씨눈 틔우기)	□ 아이콘 만들기(4컷 그리기, 무대배경)	□ 질문 만들기
□ 하나님 마음 쓰기	□ 드라마 제목 만들기	□ 나의 적용 쓰기(드라마 속의 나)	□ 서로 설명하기(왜 그렇게 생각하니?)

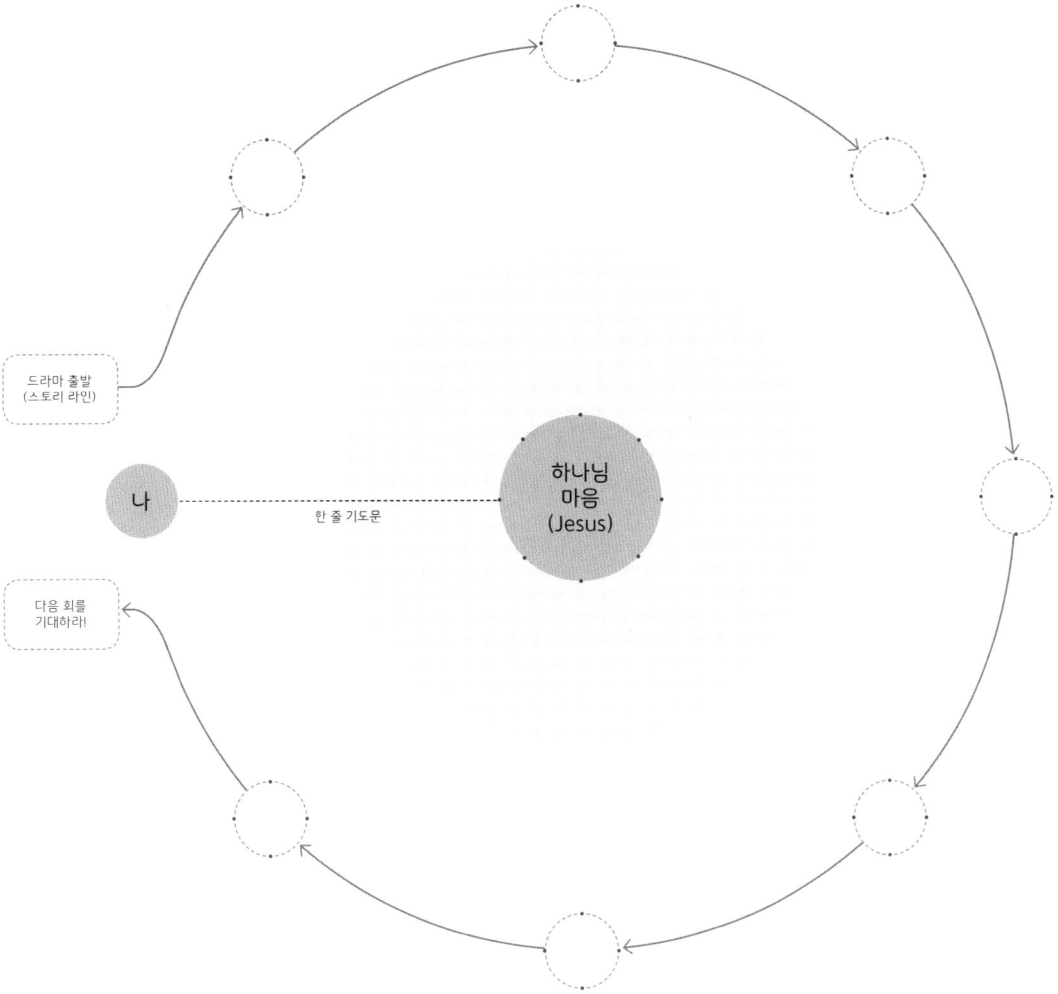

Q 하나님은 왜 이삭에게 가나안 땅에 머물 것을 강조하셨을까요?

Q 하나님은 왜 이삭에게 아브라함에게 주셨던 동일한 약속을 주셨을까요?

하마동행일기

□ 아침	□ 점심	□ 저녁	□ 밤
잠에서 깰 때 하나님을 생각하라	수시로 하나님께 속삭이라	잠잠히 하나님을 기다리라	취침할 때 나의 생각을 하나님께 아뢰라

10-1 조급한 마음

4부작 드라마로 읽기

- ▶ 10-1 조급한 마음
- 10-2 거짓말
- 10-3 이삭의 축복
- 10-4 이삭의 두려움

하마실마리

□ 기도하며 읽어라!

□ 기도하고 읽어라!	□ 1독 (연필로)	□ 여호와, 하나님을 찾아라!	□ 등장인물을 찾아라!	□ 반복단어를 찾아라!	□ 역사적 배경 단어를 찾아라!	□ 접속사를 찾아라!	□ 궁금한 점을 찾아라!	□ 와 닿는 구절을 찾아라!	□ 하나님 마음을 찾아라!	□ 읽고 기도하라!
	□ 2독 (형광펜으로)	□ 하나님-핑크색 □ 등장인물-노란색 □ 궁금한- 파란색 □ 중요한- 녹색								

창27: 1~10

1 이삭이 나이가 많아 눈이 어두워 잘 보지 못하더니 맏아들 에서를 불러 이르되 내 아들아 하매 그가 이르되 내
가 여기 있나이다 하니
2 이삭이 이르되 내가 이제 늙어 어느 날 죽을는지 알지 못하니
3 그런즉 네 기구 곧 화살통과 활을 가지고 들에 가서 나를 위하여 사냥하여
4 내가 즐기는 별미를 만들어 내게로 가져와서 먹게 하여 내가 죽기 전에 내 마음껏 네게 축복하게 하라
5 이삭이 그의 아들 에서에게 말할 때에 리브가가 들었더니 에서가 사냥하여 오려고 들로 나가매
6 리브가가 그의 아들 야곱에게 말하여 이르되 네 아버지가 네 형 에서에게 말씀하시는 것을 내가 들으니 이르시
기를
7 나를 위하여 사냥하여 가져다가 별미를 만들어 내가 먹게 하여 죽기 전에 여호와 앞에서 네게 축복하게 하라 하
셨으니
8 그런즉 내 아들아 내 말을 따라 내가 네게 명하는 대로
9 염소 떼에 가서 거기서 좋은 염소 새끼 두 마리를 내게로 가져오면 내가 그것으로 네 아버지를 위하여 그가 즐
기시는 별미를 만들리니
10 네가 그것을 네 아버지께 가져다 드려서 그가 죽기 전에 네게 축복하기 위하여 잡수시게 하라

하마키워드 BOX 키워드: 키워드 분류하기 / 키워드 쪼개기

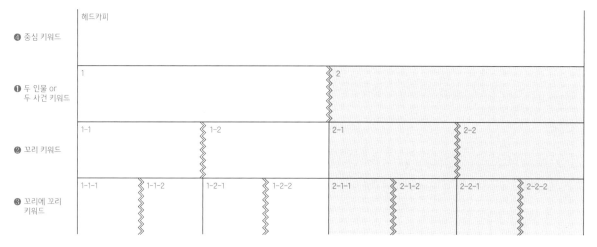

❹ 중심 키워드	헤드카피							
❶ 두 인물 or 두 사건 키워드	1				2			
❷ 꼬리 키워드	1-1		1-2		2-1		2-2	
❸ 꼬리에 꼬리 키워드	1-1-1	1-1-2	1-2-1	1-2-2	2-1-1	2-1-2	2-2-1	2-2-2

하마묵상 (드라마처럼 묵상하기)

□ 등장인물/키워드 시간 순으로 배치하기	□ 말풍선 만들기(씨눈 틔우기)	□ 아이콘 만들기(4컷 그리기, 무대배경)	□ 질문 만들기
□ 하나님 마음 쓰기	□ 드라마 제목 만들기	□ 나의 적용 쓰기(드라마 속의 나)	□ 서로 설명하기(왜 그렇게 생각하니?)

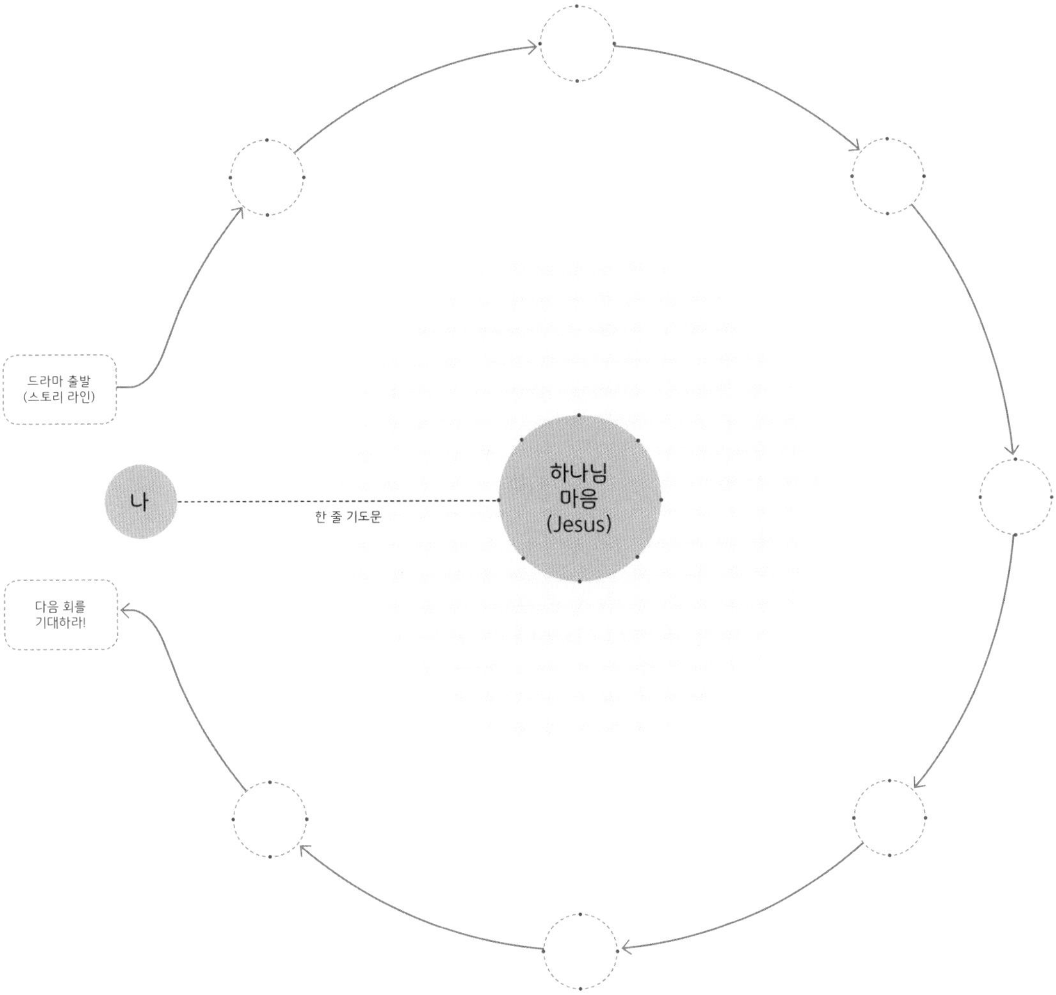

Q 이삭은 왜 에서를 축복하려고 했을까요?

Q 리브가는 왜 야곱이 축복받기를 원했을까요?

하마동행일기

□ 아침	□ 점심	□ 저녁	□ 밤
잠에서 깰 때 하나님을 생각하라	수시로 하나님께 속삭이라	잠잠히 하나님을 기다리라	취침할 때 나의 생각을 하나님께 아뢰라

10-2 거짓말

하마실마리

□ 기도하며 읽어라!

□ 기도하고 읽어라!	□ 1독 (연필로)	□ 여호와, 하나님을 찾아라!	□ 등장인물을 찾아라!	□ 반복단어를 찾아라!	□ 역사적 배경 단어를 찾아라!	□ 접속사를 찾아라!	□ 궁금한 점을 찾아라!	□ 와 닿는 구절을 찾아라!	□ 하나님 마음을 찾아라!	□ 읽고 기도하라!
	□ 2독 (형광펜으로)	□ 하나님-핑크색 □ 등장인물-노란색 □ 궁금한- 파란색 □ 중요한- 녹색								

창27:11~19

11 야곱이 그 어머니 리브가에게 이르되 내 형 에서는 털이 많은 사람이요 나는 매끈매끈한 사람인즉
12 아버지께서 나를 만지실진대 내가 아버지의 눈에 속이는 자로 보일지라 복은 고사하고 저주를 받을까 하나이다
13 어머니가 그에게 이르되 내 아들아 너의 저주는 내게로 돌리리니 내 말만 따르고 가서 가져오라
14 그가 가서 끌어다가 어머니에게로 가져왔더니 그의 어머니가 그의 아버지가 즐기는 별미를 만들었더라
15 리브가가 집 안 자기에게 있는 그의 맏아들 에서의 좋은 의복을 가져다가 그의 작은 아들 야곱에게 입히고
16 또 염소 새끼의 가죽을 그의 손과 목의 매끈매끈한 곳에 입히고
17 자기가 만든 별미와 떡을 자기 아들 야곱의 손에 주니
18 야곱이 아버지에게 나아가서 내 아버지여 하고 부르니 이르되 내가 여기 있노라 내 아들아 네가 누구냐
19 야곱이 아버지에게 대답하되 나는 아버지의 맏아들 에서로소이다 아버지께서 내게 명하신 대로 내가 하였사
오니 원하건대 일어나 앉아서 내가 사냥한 고기를 잡수시고 아버지 마음껏 내게 축복하소서

하마키워드 BOX 키워드 : 키워드 분류하기 / 키워드 쪼개기

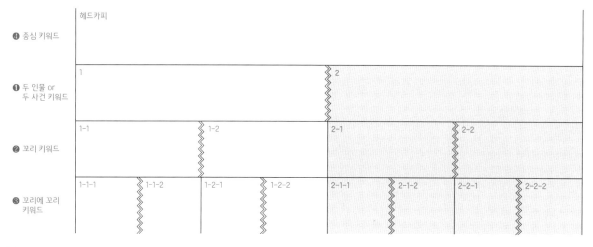

❹ 중심 키워드	헤드카피							
❶ 두 인물 or 두 사건 키워드	1				2			
❷ 꼬리 키워드	1-1		1-2		2-1		2-2	
❸ 꼬리에 꼬리 키워드	1-1-1	1-1-2	1-2-1	1-2-2	2-1-1	2-1-2	2-2-1	2-2-2

하마묵상 (드라마처럼 묵상하기)

□ 등장인물/키워드 시간 순으로 배치하기	□ 말풍선 만들기(씨눈 틔우기)	□ 아이콘 만들기(4컷 그리기, 무대배경)	□ 질문 만들기
□ 하나님 마음 쓰기	□ 드라마 제목 만들기	□ 나의 적용 쓰기(드라마 속의 나)	□ 서로 설명하기(왜 그렇게 생각하니?)

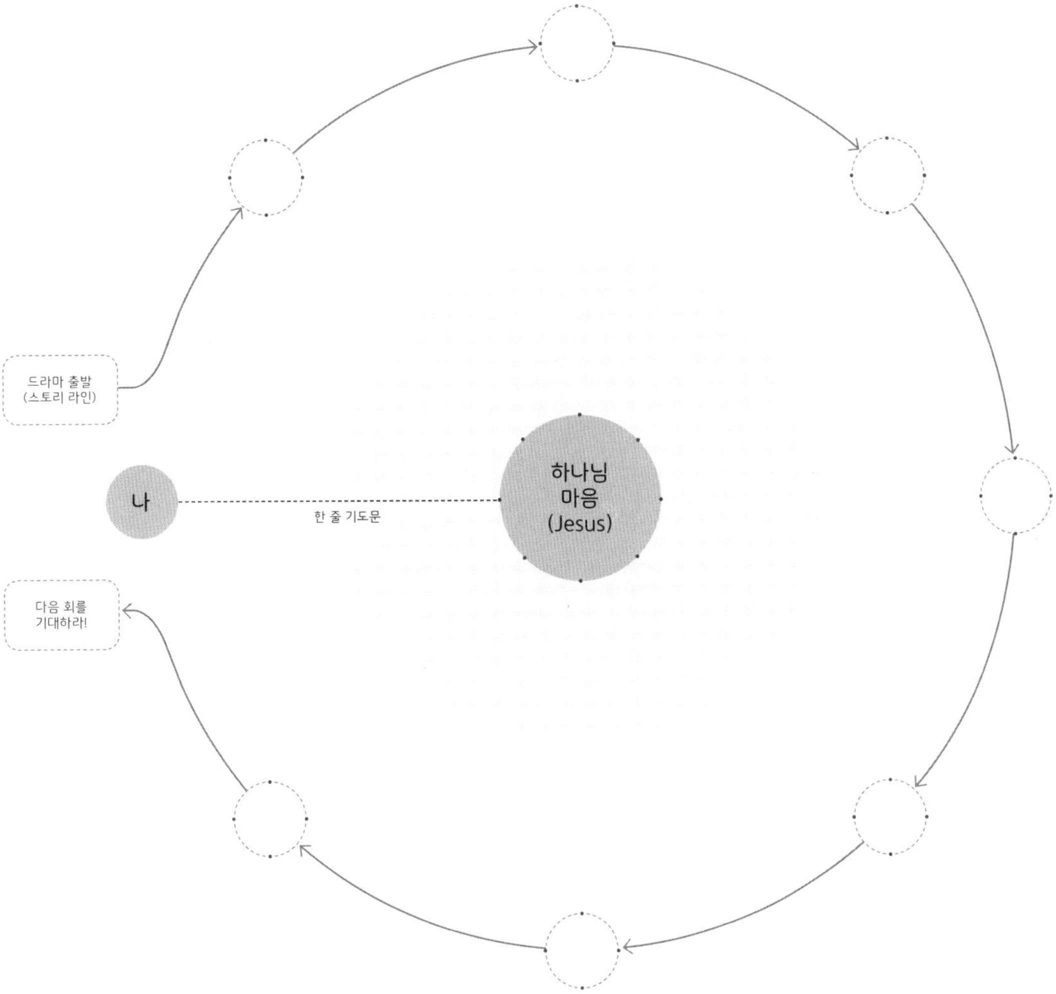

Q 리브가의 말을 듣고 야곱은 어떻게 반응했나요?

Q 리브가와 야곱의 방법은 옳은 것이었을까요?

하마동행일기

□ 아침	□ 점심	□ 저녁	□ 밤
잠에서 깰 때 하나님을 생각하라	수시로 하나님께 속삭이라	잠잠히 하나님을 기다리라	취침할 때 나의 생각을 하나님께 아뢰라

10-3 이삭의 축복

하마실마리

□ 기도하며 읽어라!

□ 기도하고 읽어라!	□ 1독 (연필로)	□ 여호와, 하나님을 찾아라!	□ 등장인물을 찾아라!	□ 반복단어를 찾아라!	□ 역사적 배경 단어를 찾아라!	□ 접속사를 찾아라!	□ 궁금한 점을 찾아라!	□ 와 닿는 구절을 찾아라!	□ 하나님 마음을 찾아라!	□ 읽고 기도하라!
	□ 2독 (형광펜으로)	□ 하나님-핑크색 □ 등장인물-노란색 □ 궁금한- 파란색 □ 중요한- 녹색								

창27:20~29

20 이삭이 그의 아들에게 이르되 내 아들아 네가 어떻게 이같이 속히 잡았느냐 그가 이르되 아버지의 하나님 여
호와께서 나로 순조롭게 만나게 하셨음이니이다
21 이삭이 야곱에게 이르되 내 아들아 가까이 오라 네가 과연 내 아들 에서인지 아닌지 내가 너를 만져보려 하노라
22 야곱이 그 아버지 이삭에게 가까이 가니 이삭이 만지며 이르되 음성은 야곱의 음성이나 손은 에서의 손이로다
하며
23 그의 손이 형 에서의 손과 같이 털이 있으므로 분별하지 못하고 축복하였더라
24 이삭이 이르되 네가 참 내 아들 에서냐 그가 대답하되 그러하니이다
25 이삭이 이르되 내게로 가져오라 내 아들이 사냥한 고기를 먹고 내 마음껏 네게 축복하리라 야곱이 그에게로
가져가매 그가 먹고 또 포도주를 가져가매 그가 마시고
26 그의 아버지 이삭이 그에게 이르되 내 아들아 가까이 와서 내게 입맞추라
27 그가 가까이 가서 그에게 입맞추니 아버지가 그의 옷의 향취를 맡고 그에게 축복하여 이르되 내 아들의 향취
는 여호와께서 복 주신 밭의 향취로다
28 하나님은 하늘의 이슬과 땅의 기름짐이며 풍성한 곡식과 포도주를 네게 주시기를 원하노라
29 만민이 너를 섬기고 열국이 네게 굴복하리니 네가 형제들의 주가 되고 네 어머니의 아들들이 네게 굴복하며
너를 저주하는 자는 저주를 받고 너를 축복하는 자는 복을 받기를 원하노라

하마키워드 BOX 키워드: 키워드 분류하기 / 키워드 쪼개기

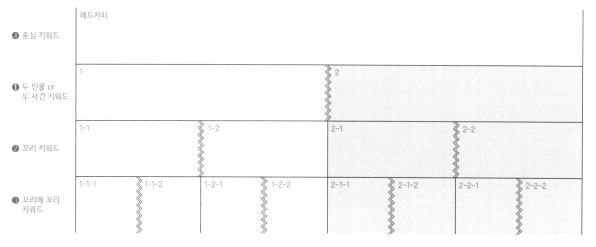

❹ 중심 키워드	헤드카피							
❶ 두 인물 or 두 사건 키워드	1				2			
❷ 꼬리 키워드	1-1		1-2		2-1		2-2	
❸ 꼬리에 꼬리 키워드	1-1-1	1-1-2	1-2-1	1-2-2	2-1-1	2-1-2	2-2-1	2-2-2

하마묵상 (드라마처럼 묵상하기)

□ 등장인물/키워드 시간 순으로 배치하기	□ 말풍선 만들기(씨눈 틔우기)	□ 아이콘 만들기(4컷 그리기, 무대배경)	□ 질문 만들기
□ 하나님 마음 쓰기	□ 드라마 제목 만들기	□ 나의 적용 쓰기(드라마 속의 나)	□ 서로 설명하기(왜 그렇게 생각하니?)

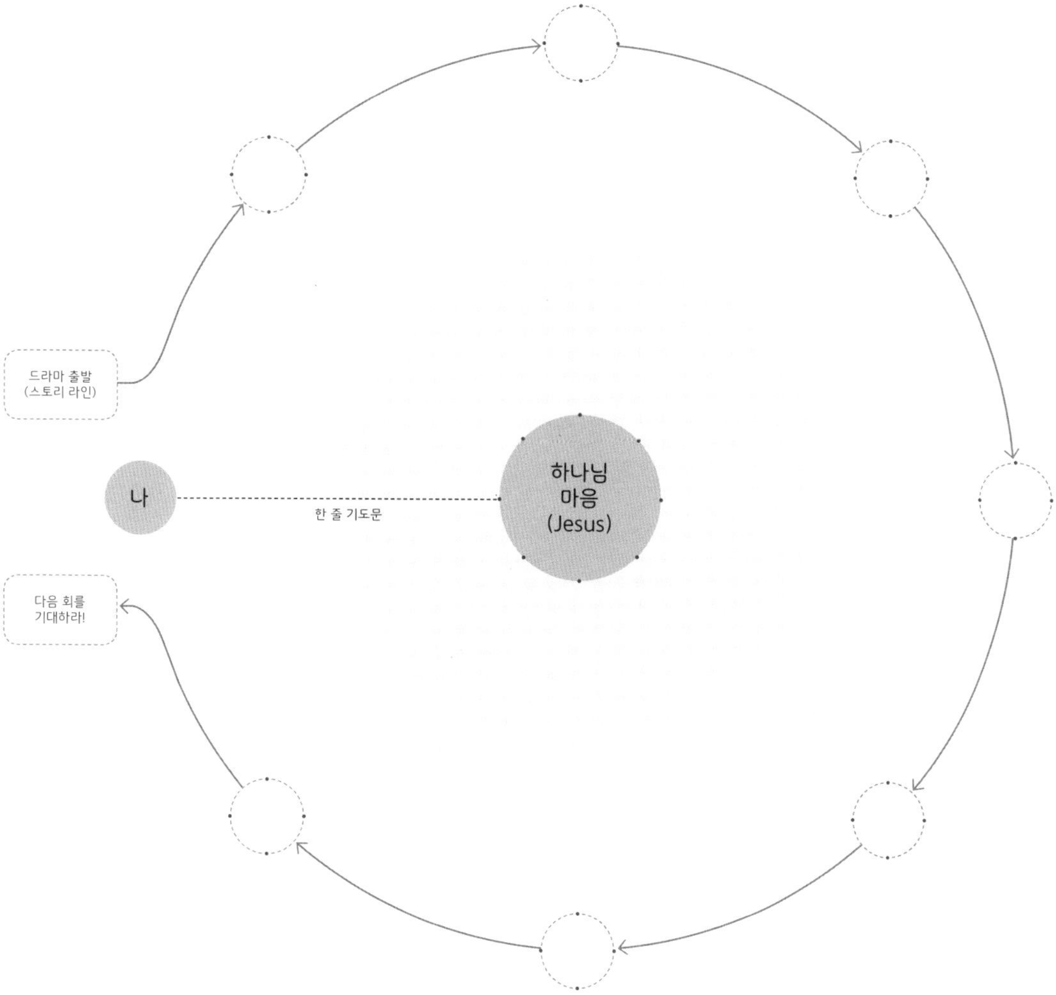

Q 이삭은 왜 27~29절의 내용과 같이 축복했을까요?

Q 리브가와 야곱의 계략이 하나님의 뜻을 이룬 것일까요?

하마동행일기

□ 아침	□ 점심	□ 저녁	□ 밤
잠에서 깰 때 하나님을 생각하라	수시로 하나님께 속삭이라	잠잠히 하나님을 기다리라	취침할 때 나의 생각을 하나님께 아뢰라

10-4 이삭의 두려움

하마실마리

□ 기도하며 읽어라!

□ 기도하고 읽어라!	□ 1독 (연필로)	□ 여호와, 하나님을 찾아라!	□ 등장인물을 찾아라!	□ 반복단어를 찾아라!	□ 역사적 배경 단어를 찾아라!	□ 접속사를 찾아라!	□ 궁금한 점을 찾아라!	□ 와 닿는 구절을 찾아라!	□ 하나님 마음을 찾아라!	□ 읽고 기도하라!
	□ 2독 (형광펜으로)	□ 하나님-핑크색 □ 등장인물-노란색 □ 궁금한- 파란색 □ 중요한- 녹색								

창27:30~36

30 이삭이 야곱에게 축복하기를 마치매 야곱이 그의 아버지 이삭 앞에서 나가자 곧 그의 형 에서가 사냥하여 돌
아온지라
31 그가 별미를 만들어 아버지에게로 가지고 가서 이르되 아버지여 일어나서 아들이 사냥한 고기를 잡수시고 마
음껏 내게 축복하소서
32 그의 아버지 이삭이 그에게 이르되 너는 누구냐 그가 대답하되 나는 아버지의 아들 곧 아버지의 맏아들 에서
로소이다
33 이삭이 심히 크게 떨며 이르되 그러면 사냥한 고기를 내게 가져온 자가 누구냐 네가 오기 전에 내가 다 먹고
그를 위하여 축복하였은즉 그가 반드시 복을 받을 것이니라
34 에서가 그의 아버지의 말을 듣고 소리 내어 울며 아버지에게 이르되 내 아버지여 내게 축복하소서 내게도 그
리하소서
35 이삭이 이르되 네 아우가 와서 속여 네 복을 빼앗았도다
36 에서가 이르되 그의 이름을 야곱이라 함이 합당하지 아니하니이까 그가 나를 속임이 이것이 두 번째니이다 전
에는 나의 장자의 명분을 빼앗고 이제는 내 복을 빼앗았나이다 또 이르되 아버지께서 나를 위하여 빌 복을 남
기지 아니하셨나이까

하마키워드 BOX 키워드: 키워드 분류하기 / 키워드 쪼개기

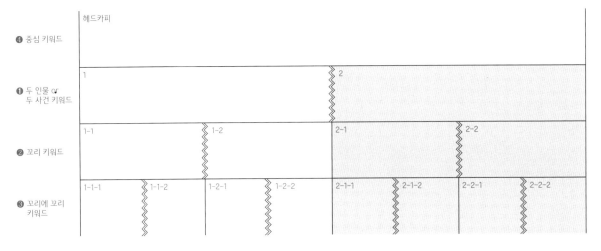

❹ 중심 키워드	헤드카피							
❶ 두 인물 or 두 사건 키워드	1				2			
❷ 꼬리 키워드	1-1		1-2		2-1		2-2	
❸ 꼬리에 꼬리 키워드	1-1-1	1-1-2	1-2-1	1-2-2	2-1-1	2-1-2	2-2-1	2-2-2

하마묵상 (드라마처럼 묵상하기)

□ 등장인물/키워드 시간 순으로 배치하기	□ 말풍선 만들기(씨눈 틔우기)	□ 아이콘 만들기(4컷 그리기, 무대배경)	□ 질문 만들기
□ 하나님 마음 쓰기	□ 드라마 제목 만들기	□ 나의 적용 쓰기(드라마 속의 나)	□ 서로 설명하기(왜 그렇게 생각하니?)

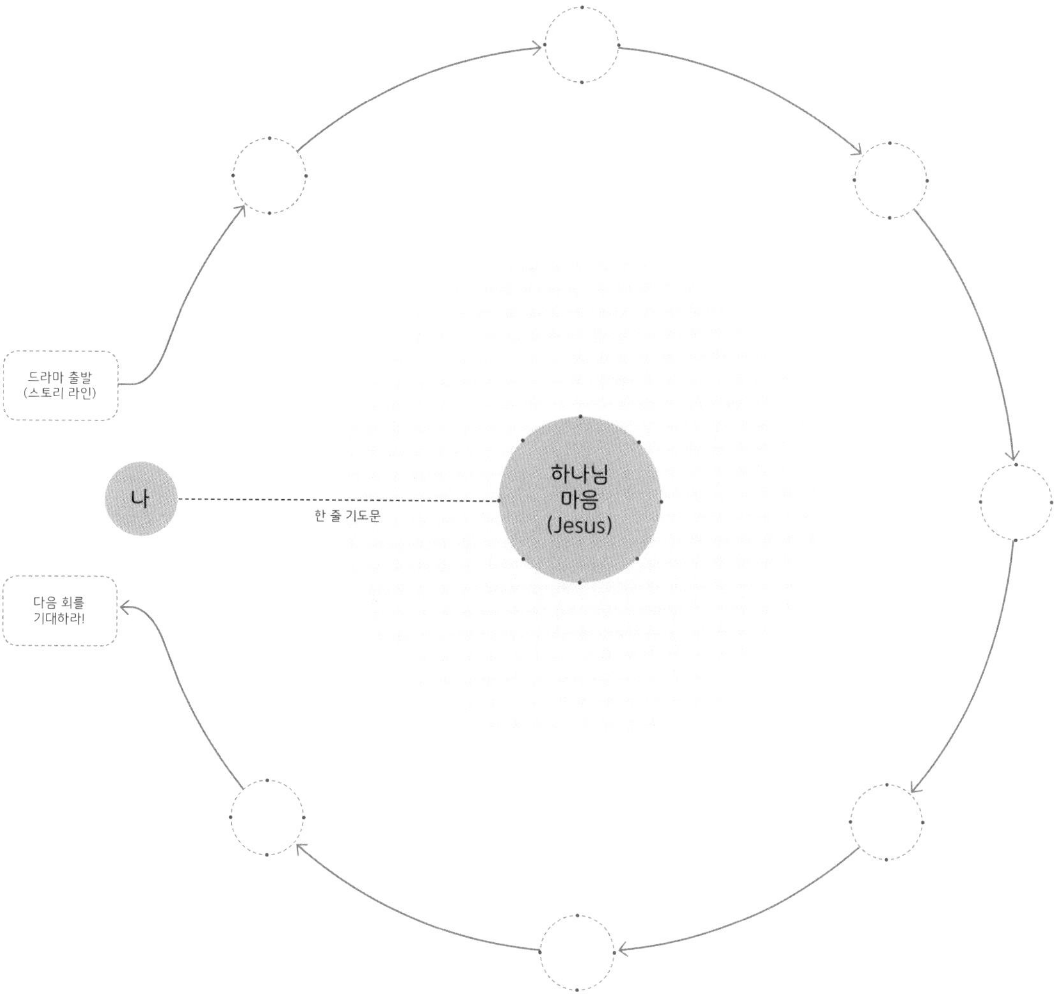

Q 이삭은 왜 축복을 번복할 수 없었을까요?

Q 에서는 야곱 때문에 복을 빼앗긴 것일까요?

하마동행일기

□ 아침	□ 점심	□ 저녁	□ 밤
잠에서 깰 때 하나님을 생각하라	수시로 하나님께 속삭이라	잠잠히 하나님을 기다리라	취침할 때 나의 생각을 하나님께 아뢰라

11-1 야곱의 꿈

하마실마리

□ 기도하고 읽어라!	□ 1독 (연필로)	□ 여호와, 하나님을 찾아라!	□ 등장인물을 찾아라!	□ 반복단어를 찾아라!	□ 역사적 배경 단어를 찾아라!	□ 접속사를 찾아라!	□ 궁금한 점을 찾아라!	□ 와 닿는 구절을 찾아라!	□ 하나님 마음을 찾아라!	□ 읽고 기도하라!
	□ 2독 (형광펜으로)	□ 하나님-핑크색 □ 등장인물-노란색 □ 궁금한- 파란색 □ 중요한- 녹색								

(□ 기도하며 읽어라!)

창28:10~15

10 야곱이 브엘세바에서 떠나 하란으로 향하여 가더니
11 한 곳에 이르러는 해가 진지라 거기서 유숙하려고 그 곳의 한 돌을 가져다가 베개로 삼고 거기 누워 자더니
12 꿈에 본즉 사닥다리가 땅 위에 서 있는데 그 꼭대기가 하늘에 닿았고 또 본즉 하나님의 사자들이 그 위에서 오
르락내리락 하고
13 또 본즉 여호와께서 그 위에 서서 이르시되 나는 여호와니 너의 조부 아브라함의 하나님이요 이삭의 하나님이
라 네가 누워 있는 땅을 내가 너와 네 자손에게 주리니
14 네 자손이 땅의 티끌 같이 되어 네가 서쪽과 동쪽과 북쪽과 남쪽으로 퍼져나갈지며 땅의 모든 족속이 너와 네
자손으로 말미암아 복을 받으리라
15 내가 너와 함께 있어 네가 어디로 가든지 너를 지키며 너를 이끌어 이 땅으로 돌아오게 할지라 내가 네게 허락
한 것을 다 이루기까지 너를 떠나지 아니하리라 하신지라

하마키워드 BOX 키워드: 키워드 분류하기 / 키워드 쪼개기

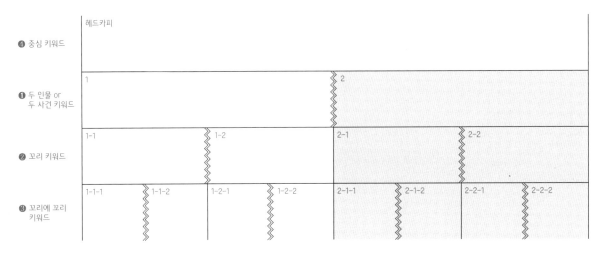

❹ 중심 키워드	헤드카피							
❶ 두 인물 or 두 사건 키워드	1				2			
❷ 꼬리 키워드	1-1		1-2		2-1		2-2	
❸ 꼬리에 꼬리 키워드	1-1-1	1-1-2	1-2-1	1-2-2	2-1-1	2-1-2	2-2-1	2-2-2

하마묵상 (드라마처럼 묵상하기)

□ 등장인물/키워드 시간 순으로 배치하기	□ 말풍선 만들기(씨눈 틔우기)	□ 아이콘 만들기(4컷 그리기, 무대배경)	□ 질문 만들기
□ 하나님 마음 쓰기	□ 드라마 제목 만들기	□ 나의 적용 쓰기(드라마 속의 나)	□ 서로 설명하기(왜 그렇게 생각하니?)

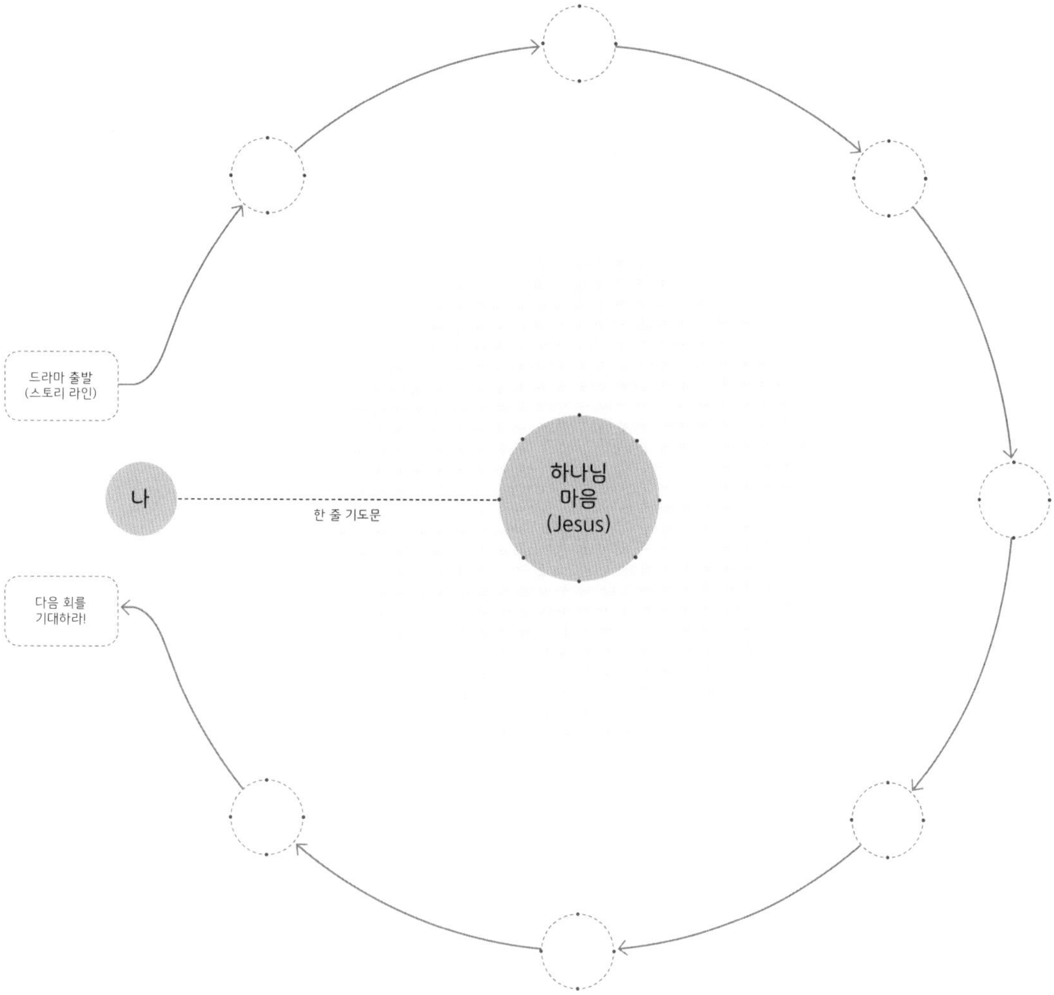

Q 야곱이 꿈에 본 장면들은 무엇을 의미할까요?

Q 하나님은 왜 아브라함과 이삭에게 주셨던 동일한 약속의 말씀을 야곱에게 하셨을까요?

하마동행일기

□ 아침	□ 점심	□ 저녁	□ 밤
잠에서 깰 때 하나님을 생각하라	수시로 하나님께 속삭이라	잠잠히 하나님을 기다리라	취침할 때 나의 생각을 하나님께 아뢰라

11-2 야곱의 서원

하마실마리

□ 기도하며 읽어라!

□ 기도하고 읽어라!	□ 1독 (연필로)	□ 여호와, 하나님을 찾아라!	□ 등장인물을 찾아라!	□ 반복단어를 찾아라!	□ 역사적 배경 단어를 찾아라!	□ 접속사를 찾아라!	□ 궁금한 점을 찾아라!	□ 와 닿는 구절을 찾아라!	□ 하나님 마음을 찾아라!	□ 읽고 기도하라!
	□ 2독 (형광펜으로)	□ 하나님-핑크색 □ 등장인물-노란색 □ 궁금한- 파란색 □ 중요한- 녹색								

창28:16~22

16 야곱이 잠이 깨어 이르되 여호와께서 과연 여기 계시거늘 내가 알지 못하였도다
17 이에 두려워하여 이르되 두렵도다 이 곳이여 이것은 다름 아닌 하나님의 집이요 이는 하늘의 문이로다 하고
18 야곱이 아침에 일찍이 일어나 베개로 삼았던 돌을 가져다가 기둥으로 세우고 그 위에 기름을 붓고
19 그 곳 이름을 벧엘이라 하였더라 이 성의 옛 이름은 루스더라
20 야곱이 서원하여 이르되 하나님이 나와 함께 계셔서 내가 가는 이 길에서 나를 지키시고 먹을 떡과 입을 옷을
주시어
21 내가 평안히 아버지 집으로 돌아가게 하시오면 여호와께서 나의 하나님이 되실 것이요
22 내가 기둥으로 세운 이 돌이 하나님의 집이 될 것이요 하나님께서 내게 주신 모든 것에서 십분의 일을 내가 반
드시 하나님께 드리겠나이다 하였더라

하마키워드 BOX 키워드 : 키워드 분류하기 / 키워드 쪼개기

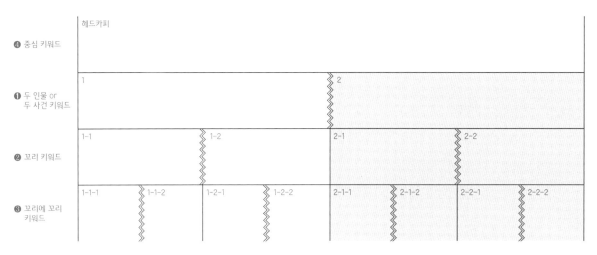

❹ 중심 키워드	헤드카피							
❶ 두 인물 or 두 사건 키워드	1				2			
❷ 꼬리 키워드	1-1		1-2		2-1		2-2	
❸ 꼬리에 꼬리 키워드	1-1-1	1-1-2	1-2-1	1-2-2	2-1-1	2-1-2	2-2-1	2-2-2

하마묵상 (드라마처럼 묵상하기)

□ 등장인물/키워드 시간 순으로 배치하기	□ 말풍선 만들기(씨눈 틔우기)	□ 아이콘 만들기(4컷 그리기, 무대배경)	□ 질문 만들기
□ 하나님 마음 쓰기	□ 드라마 제목 만들기	□ 나의 적용 쓰기(드라마 속의 나)	□ 서로 설명하기(왜 그렇게 생각하니?)

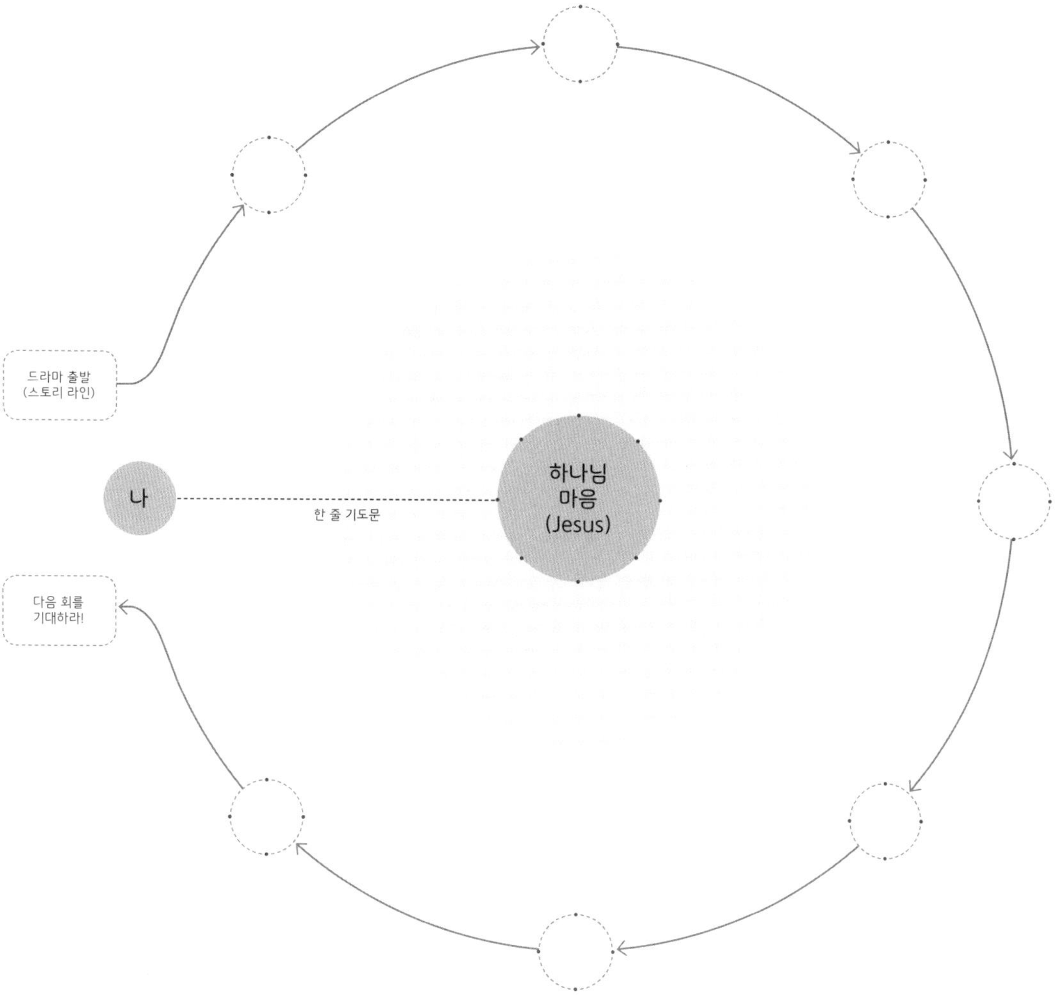

Q 야곱은 왜 그곳을 하나님의 집이라고 했을까요?

Q 야곱이 하나님께 서원한 내용을 볼 때 그 당시 야곱의 신앙은 어떠했을까요?

하마동행일기

□ 아침	□ 점심	□ 저녁	□ 밤
잠에서 깰 때 하나님을 생각하라	수시로 하나님께 속삭이라	잠잠히 하나님을 기다리라	취침할 때 나의 생각을 하나님께 아뢰라

11-3 칠 년의 수고

하마실마리

	□ 기도하며 읽어라!									
□ 기도하고 읽어라!	□ 1독 (연필로)	□ 여호와, 하나님을 찾아라!	□ 등장인물을 찾아라!	□ 반복단어를 찾아라!	□ 역사적 배경 단어를 찾아라!	□ 접속사를 찾아라!	□ 궁금한 점을 찾아라!	□ 와 닿는 구절을 찾아라!	□ 하나님 마음을 찾아라!	□ 읽고 기도하라!
	□ 2독 (형광펜으로)	□ 하나님-핑크색 □ 등장인물-노란색 □ 궁금한- 파란색 □ 중요한- 녹색								

창29:13~20

13 라반이 그의 생질 야곱의 소식을 듣고 달려와서 그를 영접하여 안고 입맞추며 자기 집으로 인도하여 들이니
야곱이 자기의 모든 일을 라반에게 말하매
14 라반이 이르되 너는 참으로 내 혈육이로다 하였더라 야곱이 한 달을 그와 함께 거주하더니
15 라반이 야곱에게 이르되 네가 비록 내 생질이나 어찌 그저 내 일을 하겠느냐 네 품삯을 어떻게 할지 내게 말하라
16 라반에게 두 딸이 있으니 언니의 이름은 레아요 아우의 이름은 라헬이라
17 레아는 시력이 약하고 라헬은 곱고 아리따우니
18 야곱이 라헬을 더 사랑하므로 대답하되 내가 외삼촌의 작은 딸 라헬을 위하여 외삼촌에게 칠 년을 섬기리이다
19 라반이 이르되 그를 네게 주는 것이 타인에게 주는 것보다 나으니 나와 함께 있으라
20 야곱이 라헬을 위하여 칠 년 동안 라반을 섬겼으나 그를 사랑하는 까닭에 칠 년을 며칠 같이 여겼더라

하마키워드 BOX 키워드: 키워드 분류하기 / 키워드 쪼개기

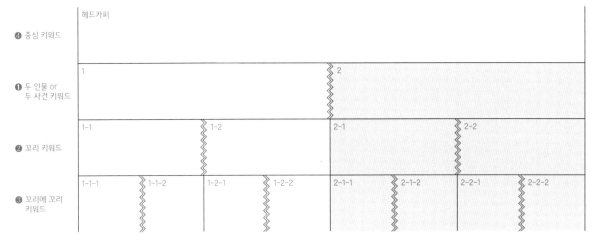

❹ 중심 키워드	헤드카피							
❶ 두 인물 or 두 사건 키워드	1				2			
❷ 꼬리 키워드	1-1		1-2		2-1		2-2	
❸ 꼬리에 꼬리 키워드	1-1-1	1-1-2	1-2-1	1-2-2	2-1-1	2-1-2	2-2-1	2-2-2

하마묵상 (드라마처럼 묵상하기)

□ 등장인물/키워드 시간 순으로 배치하기	□ 말풍선 만들기(씨눈 틔우기)	□ 아이콘 만들기(4컷 그리기, 무대배경)	□ 질문 만들기
□ 하나님 마음 쓰기	□ 드라마 제목 만들기	□ 나의 적용 쓰기(드라마 속의 나)	□ 서로 설명하기(왜 그렇게 생각하니?)

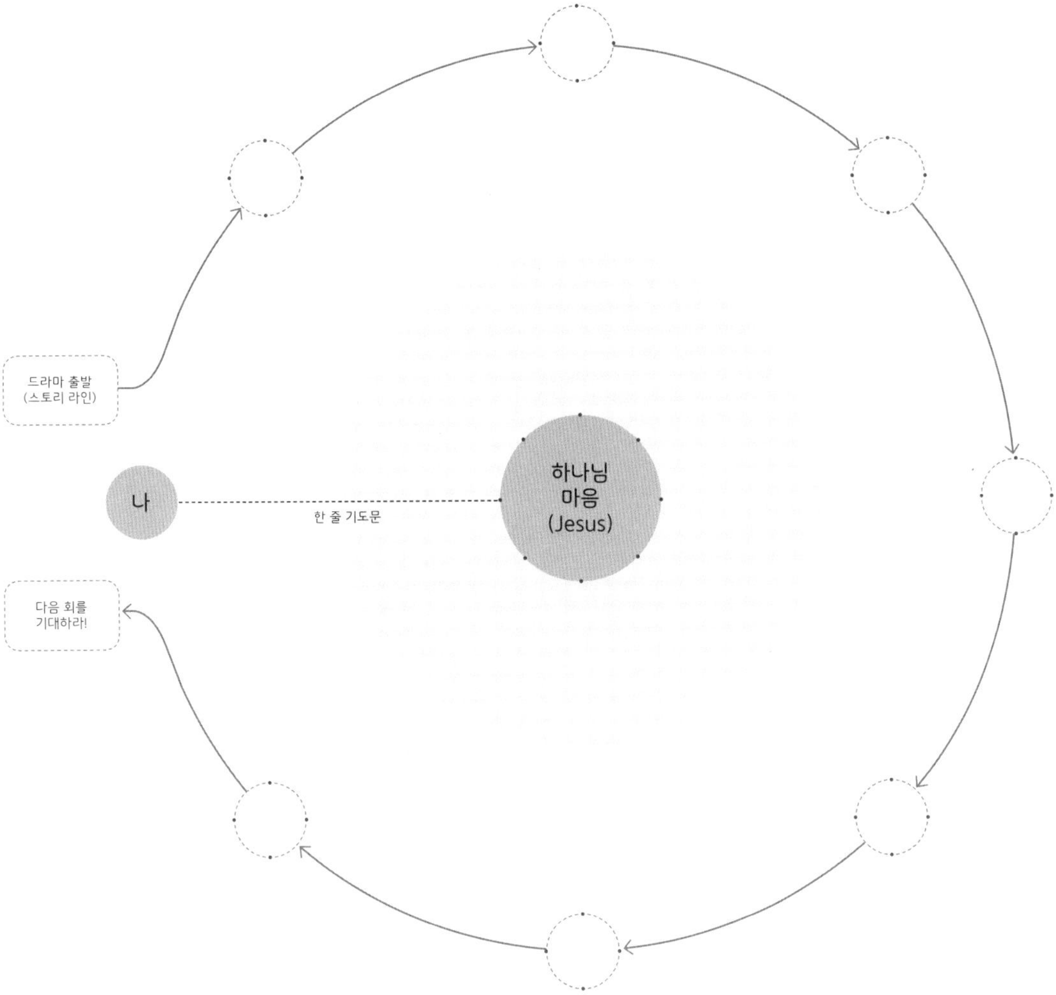

Q 왜 야곱은 라헬을 얻기 위해 7년이나 일해야 했나요?

Q 라헬을 향한 야곱의 사랑은 어떠했나요?

하마동행일기

□ 아침	□ 점심	□ 저녁	□ 밤
잠에서 깰 때 하나님을 생각하라	수시로 하나님께 속삭이라	잠잠히 하나님을 기다리라	취침할 때 나의 생각을 하나님께 아뢰라

11-4 야곱이 당한 속임

하마실마리

□ 기도하며 읽어라!

□ 기도하고 읽어라!	□ 1독 (연필로)	□ 여호와, 하나님을 찾아라!	□ 등장인물을 찾아라!	□ 반복단어를 찾아라!	□ 역사적 배경 단어를 찾아라!	□ 접속사를 찾아라!	□ 궁금한 점을 찾아라!	□ 와 닿는 구절을 찾아라!	□ 하나님 마음을 찾아라!	□ 읽고 기도하라!
	□ 2독 (형광펜으로)	□ 하나님-핑크색 □ 등장인물-노란색 □ 궁금한- 파란색 □ 중요한- 녹색								

창29:21~30

21 야곱이 라반에게 이르되 내 기한이 찼으니 내 아내를 내게 주소서 내가 그에게 들어가겠나이다
22 라반이 그 곳 사람을 다 모아 잔치하고
23 저녁에 그의 딸 레아를 야곱에게로 데려가매 야곱이 그에게로 들어가니라
24 라반이 또 그의 여종 실바를 그의 딸 레아에게 시녀로 주었더라
25 야곱이 아침에 보니 레아라 라반에게 이르되 외삼촌이 어찌하여 내게 이같이 행하셨나이까 내가 라헬을 위하
여 외삼촌을 섬기지 아니하였나이까 외삼촌이 나를 속이심은 어찌됨이니이까
26 라반이 이르되 언니보다 아우를 먼저 주는 것은 우리 지방에서 하지 아니하는 바이라
27 이를 위하여 칠 일을 채우라 우리가 그도 네게 주리니 네가 또 나를 칠 년 동안 섬길지니라
28 야곱이 그대로 하여 그 칠 일을 채우매 라반이 딸 라헬도 그에게 아내로 주고
29 라반이 또 그의 여종 빌하를 그의 딸 라헬에게 주어 시녀가 되게 하매
30 야곱이 또한 라헬에게로 들어갔고 그가 레아보다 라헬을 더 사랑하여 다시 칠 년 동안 라반을 섬겼더라

하마키워드 BOX 키워드:키워드 분류하기 / 키워드 쪼개기

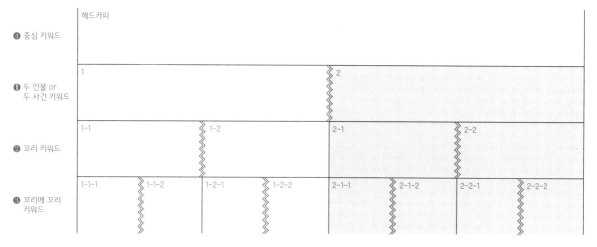

❹ 중심 키워드	헤드카피							
❶ 두 인물 or 두 사건 키워드	1				2			
❷ 꼬리 키워드	1-1		1-2		2-1		2-2	
❸ 꼬리에 꼬리 키워드	1-1-1	1-1-2	1-2-1	1-2-2	2-1-1	2-1-2	2-2-1	2-2-2

하마묵상 (드라마처럼 묵상하기)

□ 등장인물/키워드 시간 순으로 배치하기	□ 말풍선 만들기(씨눈 틔우기)	□ 아이콘 만들기(4컷 그리기, 무대배경)	□ 질문 만들기
□ 하나님 마음 쓰기	□ 드라마 제목 만들기	□ 나의 적용 쓰기(드라마 속의 나)	□ 서로 설명하기(왜 그렇게 생각하니?)

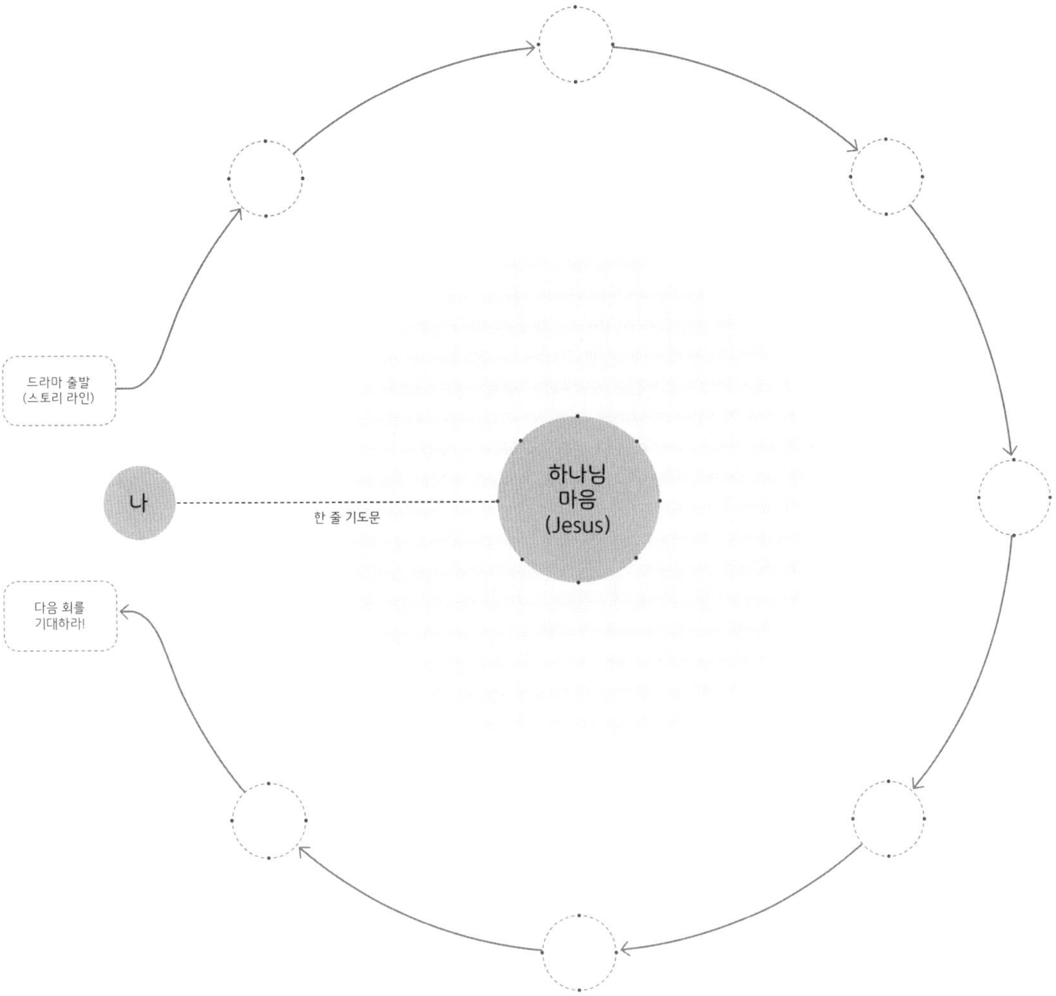

Q 라반은 어떤 사람인가요?

Q 속임을 당한 야곱은 어떤 심정이었을까요?

하마동행일기

□ 아침	□ 점심	□ 저녁	□ 밤
잠에서 깰 때 하나님을 생각하라	수시로 하나님께 속삭이라	잠잠히 하나님을 기다리라	취침할 때 나의 생각을 하나님께 아뢰라

12-1 야곱의 계산

하마실마리

□ 기도하며 읽어라!

□ 기도하고 읽어라!	□ 1독 (연필로)	□ 여호와, 하나님을 찾아라!	□ 등장인물을 찾아라!	□ 반복단어를 찾아라!	□ 역사적 배경 단어를 찾아라!	□ 접속사를 찾아라!	□ 궁금한 점을 찾아라!	□ 와 닿는 구절을 찾아라!	□ 하나님 마음을 찾아라!	□ 읽고 기도하라!
	□ 2독 (형광펜으로)	□ 하나님-핑크색 □ 등장인물-노란색 □ 궁금한- 파란색 □ 중요한- 녹색								

창32:13~20

13 야곱이 거기서 밤을 지내고 그 소유 중에서 형 에서를 위하여 예물을 택하니
14 암염소가 이백이요 숫염소가 이십이요 암양이 이백이요 숫양이 이십이요
15 젖 나는 낙타 삼십과 그 새끼요 암소가 사십이요 황소가 열이요 암나귀가 이십이요 그 새끼 나귀가 열이라
16 그것을 각각 떼로 나누어 종들의 손에 맡기고 그의 종에게 이르되 나보다 앞서 건너가서 각 떼로 거리를 두게 하라 하고
17 그가 또 앞선 자에게 명령하여 이르되 내 형 에서가 너를 만나 묻기를 네가 누구의 사람이며 어디로 가느냐 네 앞의 것은 누구의 것이냐 하거든
18 대답하기를 주의 종 야곱의 것이요 자기 주 에서에게로 보내는 예물이오며 야곱도 우리 뒤에 있나이다 하라 하고
19 그 둘째와 셋째와 각 떼를 따라가는 자에게 명령하여 이르되 너희도 에서를 만나거든 곧 이같이 그에게 말하고
20 또 너희는 말하기를 주의 종 야곱이 우리 뒤에 있다 하라 하니 이는 야곱이 말하기를 내가 내 앞에 보내는 예물로 형의 감정을 푼 후에 대면하면 형이 혹시 나를 받아 주리라 함이었더라

하마키워드

시간선 키워드 : 키워드를 시간 순으로 나열하기 / 생각 씨눈 틔우기

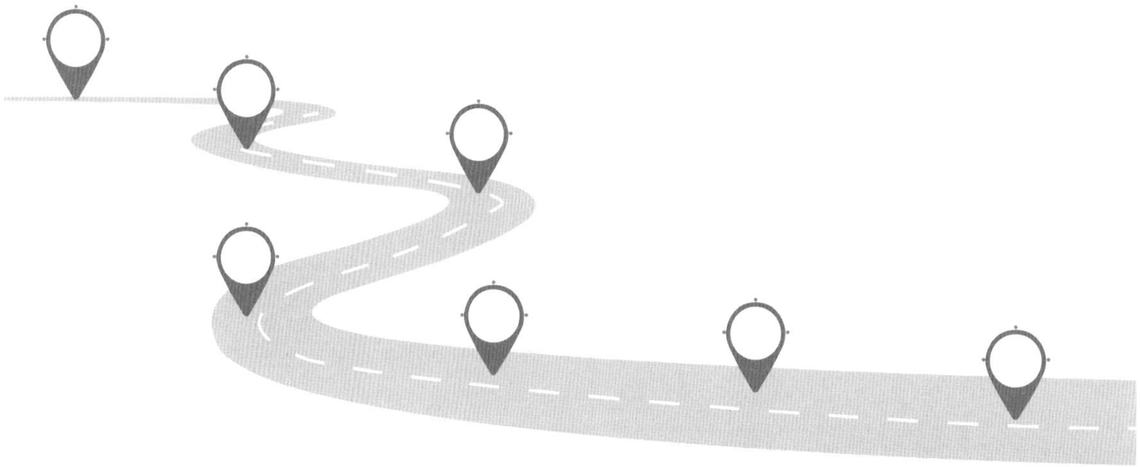

하마묵상 (드라마처럼 묵상하기)

□ 등장인물/키워드 시간 순으로 배치하기	□ 말풍선 만들기(씨눈 틔우기)	□ 아이콘 만들기(4컷 그리기, 무대배경)	□ 질문 만들기
□ 하나님 마음 쓰기	□ 드라마 제목 만들기	□ 나의 적용 쓰기(드라마 속의 나)	□ 서로 설명하기(왜 그렇게 생각하니?)

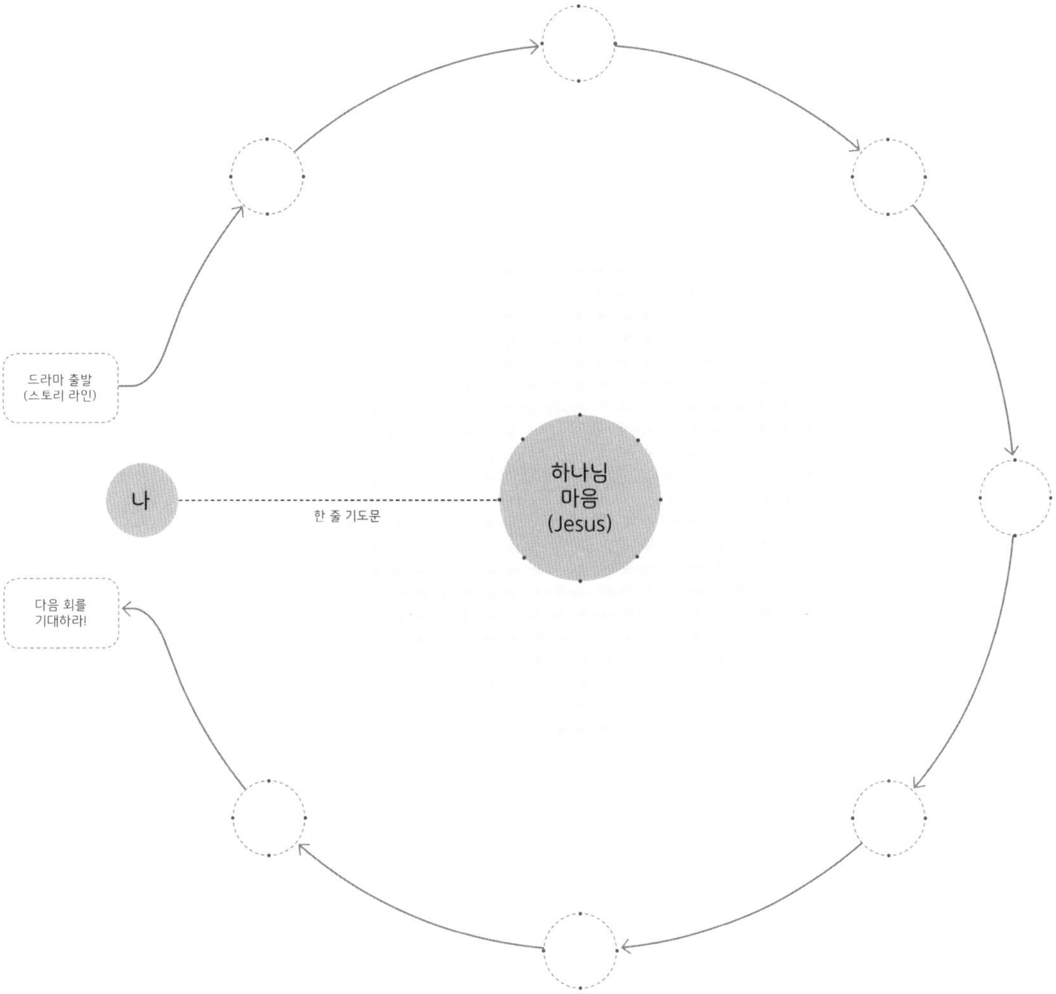

Q 야곱이 왜 에서의 감정을 풀려고 애쓸까요?

Q 야곱은 왜 가축을 세 떼로 나누어 보냈을까요?

하마동행일기

□ 아침	□ 점심	□ 저녁	□ 밤
잠에서 깰 때 하나님을 생각하라	수시로 하나님께 속삭이라	잠잠히 하나님을 기다리라	취침할 때 나의 생각을 하나님께 아뢰라

12-2 새 이름 이스라엘

하마실마리

□ 기도하며 읽어라!

□ 기도하고 읽어라!	□ 1독 (연필로)	□ 여호와, 하나님을 찾아라!	□ 등장인물을 찾아라!	□ 반복단어를 찾아라!	□ 역사적 배경 단어를 찾아라!	□ 접속사를 찾아라!	□ 궁금한 점을 찾아라!	□ 와 닿는 구절을 찾아라!	□ 하나님 마음을 찾아라!	□ 읽고 기도하라!
	□ 2독 (형광펜으로)	□ 하나님-핑크색 □ 등장인물-노란색 □ 궁금한- 파란색 □ 중요한- 녹색								

창32:21~32

21 그 예물은 그에 앞서 보내고 그는 무리 가운데서 밤을 지내다가
22 밤에 일어나 두 아내와 두 여종과 열한 아들을 인도하여 얍복 나루를 건널새
23 그들을 인도하여 시내를 건너가게 하며 그의 소유도 건너가게 하고
24 야곱은 홀로 남았더니 어떤 사람이 날이 새도록 야곱과 씨름하다가
25 자기가 야곱을 이기지 못함을 보고 그가 야곱의 허벅지 관절을 치매 야곱의 허벅지 관절이 그 사람과 씨름할 때에 어긋났더라
26 그가 이르되 날이 새려하니 나로 가게 하라 야곱이 이르되 당신이 내게 축복하지 아니하면 가게 하지 아니하겠나이다
27 그 사람이 그에게 이르되 네 이름이 무엇이냐 그가 이르되 야곱이니이다
28 그가 이르되 네 이름을 다시는 야곱이라 부를 것이 아니요 이스라엘이라 부를 것이니 이는 네가 하나님과 및 사람들과 겨루어 이겼음이니라
29 야곱이 청하여 이르되 당신의 이름을 알려주소서 그 사람이 이르되 어찌하여 내 이름을 묻느냐 하고 거기서 야곱에게 축복한지라
30 그러므로 야곱이 그 곳 이름을 브니엘이라 하였으니 그가 이르기를 내가 하나님과 대면하여 보았으나 내 생명이 보전되었다 함이더라
31 그가 브니엘을 지날 때에 해가 돋았고 그의 허벅다리로 말미암아 절었더라
32 그 사람이 야곱의 허벅지 관절에 있는 둔부의 힘줄을 쳤으므로 이스라엘 사람들이 지금까지 허벅지 관절에 있는 둔부의 힘줄을 먹지 아니하더라

하마키워드 시간선 키워드: 키워드를 시간 순으로 나열하기 / 생각 씨눈 틔우기

하마묵상 (드라마처럼 묵상하기)

□ 등장인물/키워드 시간 순으로 배치하기	□ 말풍선 만들기(씨눈 틔우기)	□ 아이콘 만들기(4컷 그리기, 무대배경)	□ 질문 만들기
□ 하나님 마음 쓰기	□ 드라마 제목 만들기	□ 나의 적용 쓰기(드라마 속의 나)	□ 서로 설명하기(왜 그렇게 생각하니?)

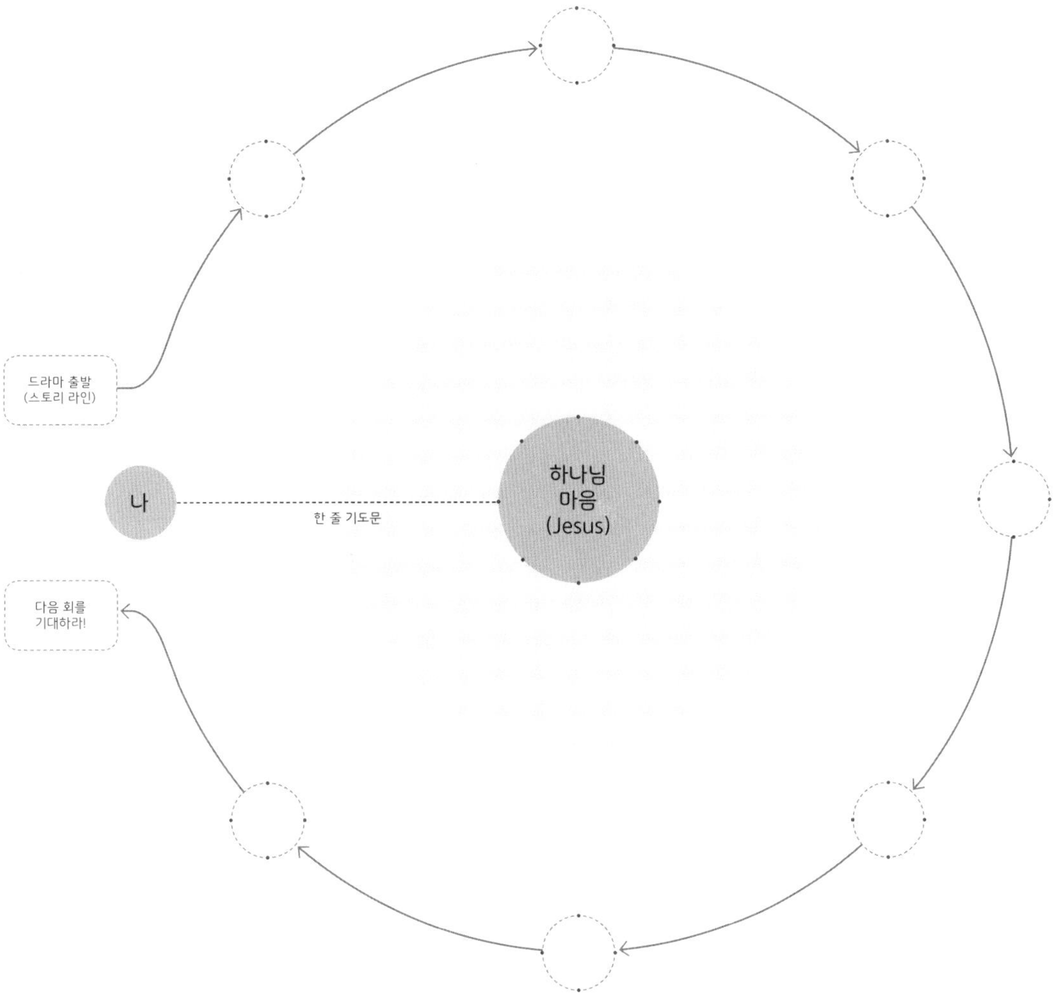

Q 이 씨름은 누가 시작했나요? 어떻게 이끌어가고 있나요?

Q 하나님은 왜 야곱에게 이스라엘이란 새 이름을 주셨을까요?

하마동행일기

□ 아침	□ 점심	□ 저녁	□ 밤
잠에서 깰 때 하나님을 생각하라	수시로 하나님께 속삭이라	잠잠히 하나님을 기다리라	취침할 때 나의 생각을 하나님께 아뢰라

12-3 벧엘로 올라가자

4부작 드라마로 읽기

하마실마리

<table>
<tr><td rowspan="3">□
기도하고
읽어라!</td><td colspan="9">□ 기도하며 읽어라!</td><td rowspan="3">□
읽고
기도하라!</td></tr>
<tr><td>□
1독
(연필로)</td><td>□
여호와, 하나님을
찾아라!</td><td>□
등장인물을
찾아라!</td><td>□
반복단어를
찾아라!</td><td>□
역사적 배경
단어를 찾아라!</td><td>□
접속사를
찾아라!</td><td>□
궁금한 점을
찾아라!</td><td>□
와 닿는 구절을
찾아라!</td><td>□
하나님 마음을
찾아라!</td></tr>
<tr><td>□
2독
(형광펜으로)</td><td colspan="8">□ 하나님-핑크색 □ 등장인물-노란색 □ 궁금한- 파란색 □ 중요한- 녹색</td></tr>
</table>

창35:1~8

1 하나님이 야곱에게 이르시되 일어나 벧엘로 올라가서 거기 거주하며 네가 네 형 에서의 낯을 피하여 도망하던
때에 네게 나타났던 하나님께 거기서 제단을 쌓으라 하신지라
2 야곱이 이에 자기 집안 사람과 자기와 함께 한 모든 자에게 이르되 너희 중에 있는 이방 신상들을 버리고 자신
을 정결하게 하고 너희들의 의복을 바꾸어 입으라
3 우리가 일어나 벧엘로 올라가자 내 환난 날에 내게 응답하시며 내가 가는 길에서 나와 함께 하신 하나님께 내가
거기서 제단을 쌓으려 하노라 하매
4 그들이 자기 손에 있는 모든 이방 신상들과 자기 귀에 있는 귀고리들을 야곱에게 주는지라 야곱이 그것들을 세
겜 근처 상수리나무 아래에 묻고
5 그들이 떠났으나 하나님이 그 사면 고을들로 크게 두려워하게 하셨으므로 야곱의 아들들을 추격하는 자가 없었
더라
6 야곱과 그와 함께 한 모든 사람이 가나안 땅 루스 곧 벧엘에 이르고
7 그가 거기서 제단을 쌓고 그 곳을 엘벧엘이라 불렀으니 이는 그의 형의 낯을 피할 때에 하나님이 거기서 그에게
나타나셨음이더라
8 리브가의 유모 드보라가 죽으매 그를 벧엘 아래에 있는 상수리나무 밑에 장사하고 그 나무 이름을 알론바굿이
라 불렀더라

하마키워드

시간선 키워드: 키워드를 시간 순으로 나열하기 / 생각 씨눈 틔우기

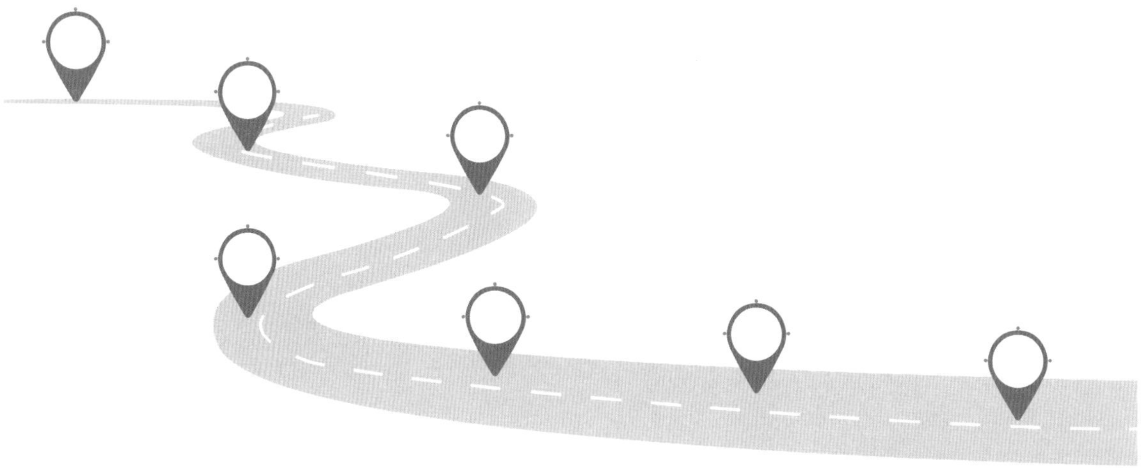

하마묵상 (드라마처럼 묵상하기)

□ 등장인물/키워드 시간 순으로 배치하기	□ 말풍선 만들기(씨눈 틔우기)	□ 아이콘 만들기(4컷 그리기, 무대배경)	□ 질문 만들기
□ 하나님 마음 쓰기	□ 드라마 제목 만들기	□ 나의 적용 쓰기(드라마 속의 나)	□ 서로 설명하기(왜 그렇게 생각하니?)

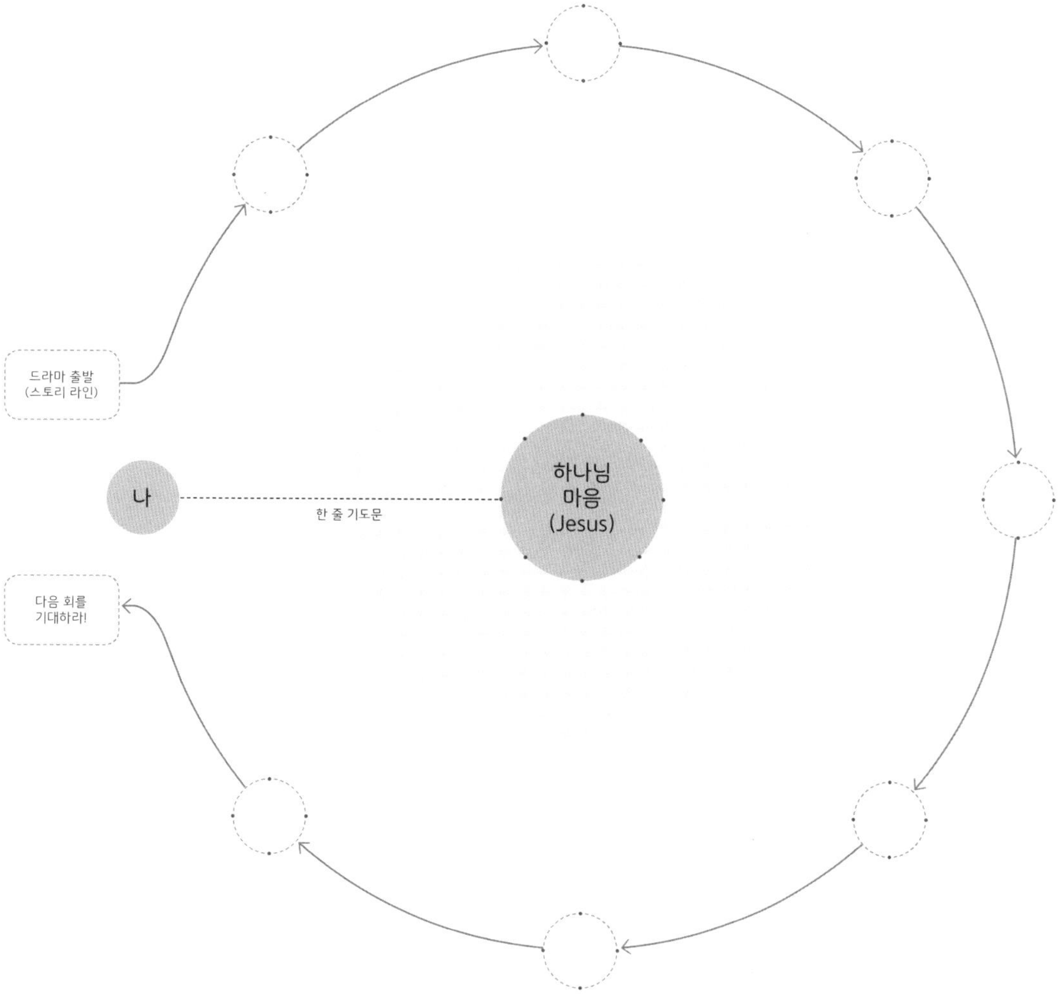

Q 하나님은 왜 벧엘로 올라가 제단을 쌓으라고 하셨을까요?

Q 야곱은 하나님의 명령에 어떻게 반응했나요?

하마동행일기

□ 아침	□ 점심	□ 저녁	□ 밤
잠에서 깰 때 하나님을 생각하라	수시로 하나님께 속삭이라	잠잠히 하나님을 기다리라	취침할 때 나의 생각을 하나님께 아뢰라

12-4 재확인된 이름

하마실마리

					☐ 기도하며 읽어라!						
☐ 기도하고 읽어라!	☐ 1독 (연필로)	☐ 여호와, 하나님을 찾아라!	☐ 등장인물을 찾아라!	☐ 반복단어를 찾아라!	☐ 역사적 배경 단어를 찾아라!	☐ 접속사를 찾아라!	☐ 궁금한 점을 찾아라!	☐ 와 닿는 구절을 찾아라!	☐ 하나님 마음을 찾아라!	☐ 읽고 기도하라!
	☐ 2독 (형광펜으로)	☐ 하나님-핑크색 ☐ 등장인물-노란색 ☐ 궁금한- 파란색 ☐ 중요한- 녹색								

창35:9~15

9 야곱이 밧단아람에서 돌아오매 하나님이 다시 야곱에게 나타나사 그에게 복을 주시고
10 하나님이 그에게 이르시되 네 이름이 야곱이지마는 네 이름을 다시는 야곱이라 부르지 않겠고 이스라엘이 네
이름이 되리라 하시고 그가 그의 이름을 이스라엘이라 부르시고
11 하나님이 그에게 이르시되 나는 전능한 하나님이라 생육하며 번성하라 한 백성과 백성들의 총회가 네게서 나
오고 왕들이 네 허리에서 나오리라
12 내가 아브라함과 이삭에게 준 땅을 네게 주고 내가 네 후손에게도 그 땅을 주리라 하시고
13 하나님이 그와 말씀하시던 곳에서 그를 떠나 올라가시는지라
14 야곱이 하나님이 자기와 말씀하시던 곳에 기둥 곧 돌 기둥을 세우고 그 위에 전제물을 붓고 또 그 위에 기름을
붓고
15 하나님이 자기와 말씀하시던 곳의 이름을 벧엘이라 불렀더라

하마키워드 시간선 키워드 : 키워드를 시간 순으로 나열하기 / 생각 씨눈 틔우기

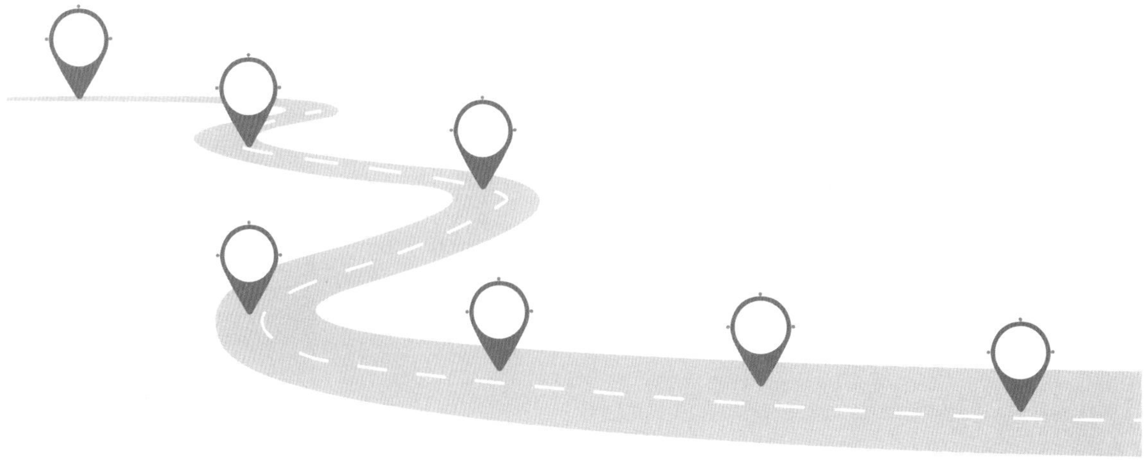

하마묵상 (드라마처럼 묵상하기)

□ 등장인물/키워드 시간 순으로 배치하기	□ 말풍선 만들기(씨눈 틔우기)	□ 아이콘 만들기(4컷 그리기, 무대배경)	□ 질문 만들기
□ 하나님 마음 쓰기	□ 드라마 제목 만들기	□ 나의 적용 쓰기(드라마 속의 나)	□ 서로 설명하기(왜 그렇게 생각하니?)

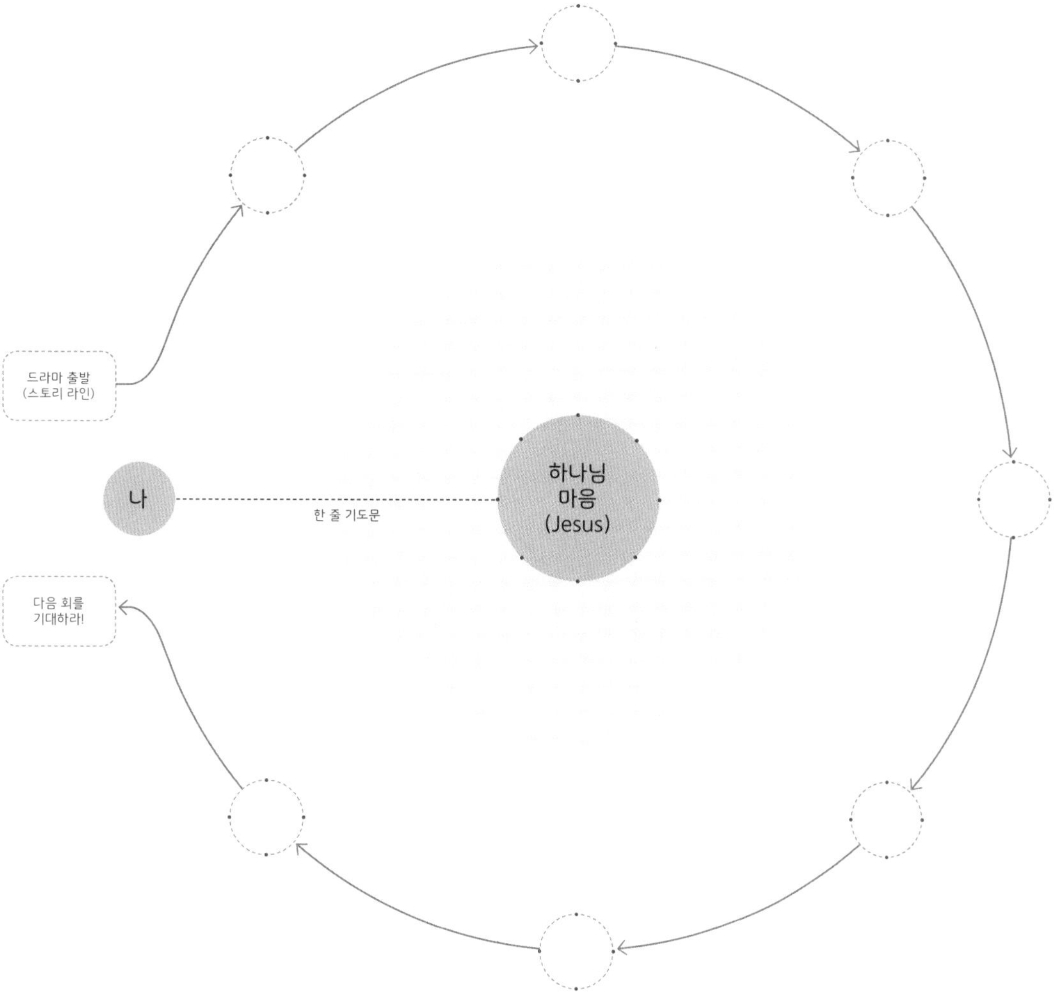

Q 하나님이 왜 이미 주셨던 새 이름 이스라엘을 다시 언급하셨을까요?

Q 하나님이 왜 이 때 야곱에게 약속의 말씀을 상기시켜 주셨을까요?

하마동행일기

□ 아침	□ 점심	□ 저녁	□ 밤
잠에서 깰 때 하나님을 생각하라	수시로 하나님께 속삭이라	잠잠히 하나님을 기다리라	취침할 때 나의 생각을 하나님께 아뢰라

13-1 미움 받는 요셉

하마실마리

					☐ 기도하며 읽어라!					
☐ 기도하고 읽어라!	☐ 1독 (연필로)	☐ 여호와, 하나님을 찾아라!	☐ 등장인물을 찾아라!	☐ 반복단어를 찾아라!	☐ 역사적 배경 단어를 찾아라!	☐ 접속사를 찾아라!	☐ 궁금한 점을 찾아라!	☐ 와 닿는 구절을 찾아라!	☐ 하나님 마음을 찾아라!	☐ 읽고 기도하라!
	☐ 2독 (형광펜으로)	☐ 하나님-핑크색 ☐ 등장인물-노란색 ☐ 궁금한- 파란색 ☐ 중요한- 녹색								

창37:1~11

1 야곱이 가나안 땅 곧 그의 아버지가 거류하던 땅에 거주하였으니
2 야곱의 족보는 이러하니라 요셉이 십칠 세의 소년으로서 그의 형들과 함께 양을 칠 때에 그의 아버지의 아내들
빌하와 실바의 아들들과 더불어 함께 있었더니 그가 그들의 잘못을 아버지에게 말하더라
3 요셉은 노년에 얻은 아들이므로 이스라엘이 여러 아들들보다 그를 더 사랑하므로 그를 위하여 채색옷을 지었더니
4 그의 형들이 아버지가 형들보다 그를 더 사랑함을 보고 그를 미워하여 그에게 편안하게 말할 수 없었더라
5 ○요셉이 꿈을 꾸고 자기 형들에게 말하매 그들이 그를 더욱 미워하였더라
6 요셉이 그들에게 이르되 청하건대 내가 꾼 꿈을 들으시오
7 우리가 밭에서 곡식 단을 묶더니 내 단은 일어서고 당신들의 단은 내 단을 둘러서서 절하더이다
8 그의 형들이 그에게 이르되 네가 참으로 우리의 왕이 되겠느냐 참으로 우리를 다스리게 되겠느냐 하고 그의 꿈
과 그의 말로 말미암아 그를 더욱 미워하더니
9 요셉이 다시 꿈을 꾸고 그의 형들에게 말하여 이르되 내가 또 꿈을 꾼즉 해와 달과 열한 별이 내게 절하더이다
하니라
10 그가 그의 꿈을 아버지와 형들에게 말하매 아버지가 그를 꾸짖고 그에게 이르되 네가 꾼 꿈이 무엇이냐 나와
네 어머니와 네 형들이 참으로 가서 땅에 엎드려 네게 절하겠느냐
11 그의 형들은 시기하되 그의 아버지는 그 말을 간직해 두었더라

하마키워드

등장인물 키워드:등장인물 배치하기 / 등장인물 디자인하기 / 키워드 카드 쓰고 연결해 보기

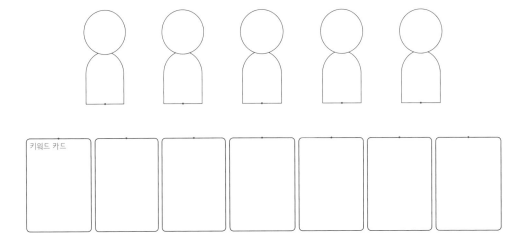

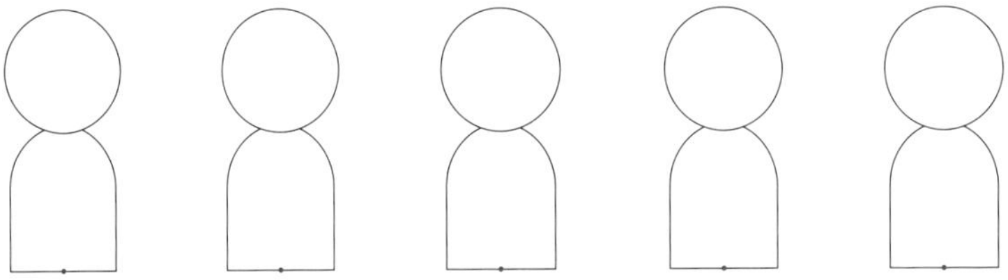

하마묵상 (드라마처럼 묵상하기)

□ 등장인물/키워드 시간 순으로 배치하기	□ 말풍선 만들기(씨눈 틔우기)	□ 아이콘 만들기(4컷 그리기, 무대배경)	□ 질문 만들기
□ 하나님 마음 쓰기	□ 드라마 제목 만들기	□ 나의 적용 쓰기(드라마 속의 나)	□ 서로 설명하기(왜 그렇게 생각하니?)

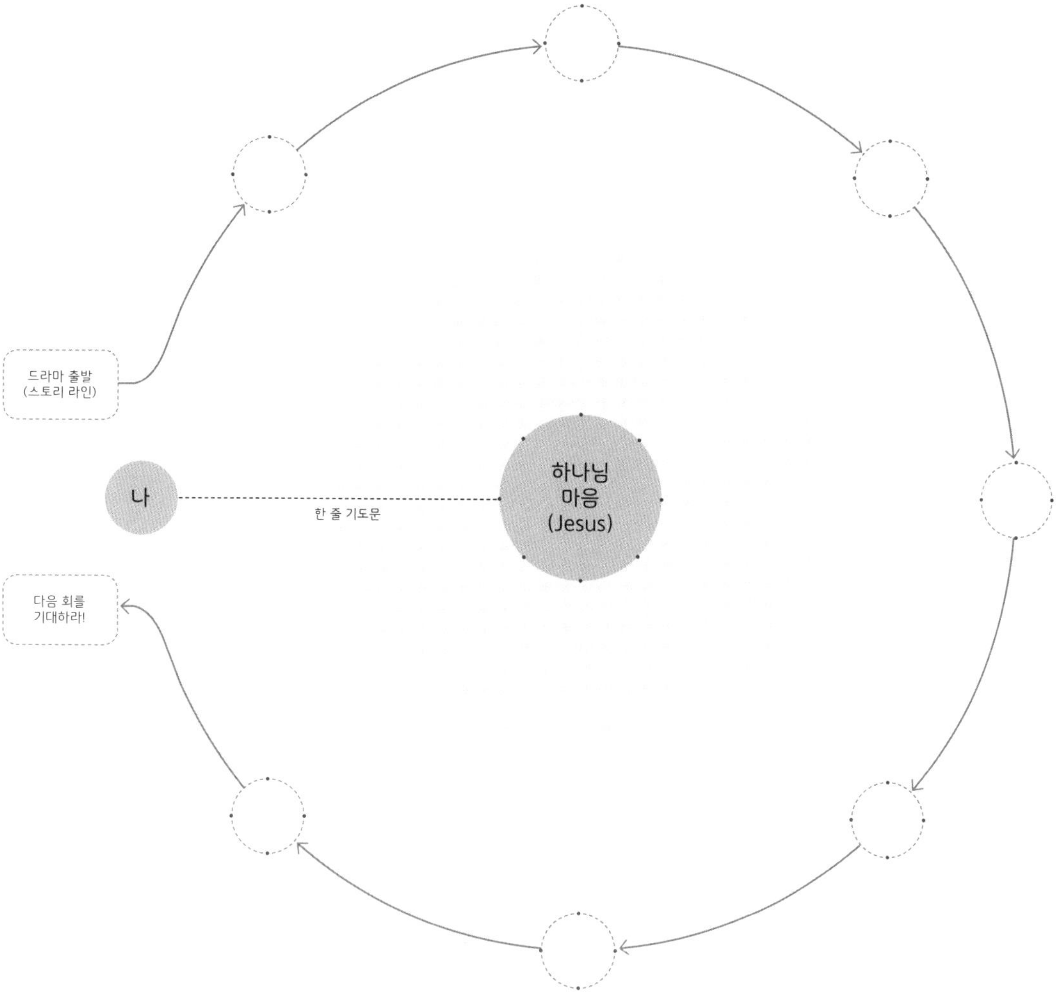

Q 요셉과 형들의 관계는 어떠했나요?

Q 하나님은 왜 요셉에게 이러한 꿈을 꾸게 하셨을까요?

하마동행일기

□ 아침	□ 점심	□ 저녁	□ 밤
잠에서 깰 때 하나님을 생각하라	수시로 하나님께 속삭이라	잠잠히 하나님을 기다리라	취침할 때 나의 생각을 하나님께 아뢰라

13-2 꿈꾸는 자

하마실마리

☐ 기도하며 읽어라!

☐ 기도하고 읽어라!	☐ 1독 (연필로)	☐ 여호와, 하나님을 찾아라!	☐ 등장인물을 찾아라!	☐ 반복단어를 찾아라!	☐ 역사적 배경 단어를 찾아라!	☐ 접속사를 찾아라!	☐ 궁금한 점을 찾아라!	☐ 와 닿는 구절을 찾아라!	☐ 하나님 마음을 찾아라!	☐ 읽고 기도하라!
	☐ 2독 (형광펜으로)	☐ 하나님-핑크색 ☐ 등장인물-노란색 ☐ 궁금한- 파란색 ☐ 중요한- 녹색								

창37:12~20

12 그의 형들이 세겜에 가서 아버지의 양 떼를 칠 때에
13 이스라엘이 요셉에게 이르되 네 형들이 세겜에서 양을 치지 아니하느냐 너를 그들에게로 보내리라 요셉이 아
버지에게 대답하되 내가 그리하겠나이다
14 이스라엘이 그에게 이르되 가서 네 형들과 양 떼가 다 잘 있는지를 보고 돌아와 내게 말하라 하고 그를 헤브론
골짜기에서 보내니 그가 세겜으로 가니라
15 어떤 사람이 그를 만난즉 그가 들에서 방황하는지라 그 사람이 그에게 물어 이르되 네가 무엇을 찾느냐
16 그가 이르되 내가 내 형들을 찾으오니 청하건대 그들이 양치는 곳을 내게 가르쳐 주소서
17 그 사람이 이르되 그들이 여기서 떠났느니라 내가 그들의 말을 들으니 도단으로 가자 하더라 하니라 요셉이
그의 형들의 뒤를 따라 가서 도단에서 그들을 만나니라
18 요셉이 그들에게 가까이 오기 전에 그들이 요셉을 멀리서 보고 죽이기를 꾀하여
19 서로 이르되 꿈 꾸는 자가 오는도다
20 자, 그를 죽여 한 구덩이에 던지고 우리가 말하기를 악한 짐승이 그를 잡아먹었다 하자 그의 꿈이 어떻게 되는
지를 우리가 볼 것이니라 하는지라

하마키워드

등장인물 키워드: 등장인물 배치하기 / 등장인물 디자인하기 / 키워드 카드 쓰고 연결해 보기

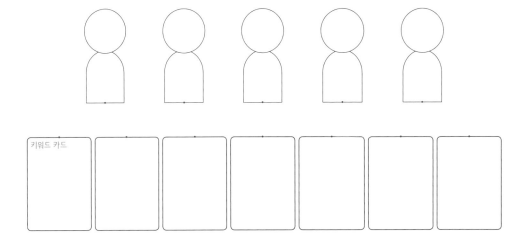

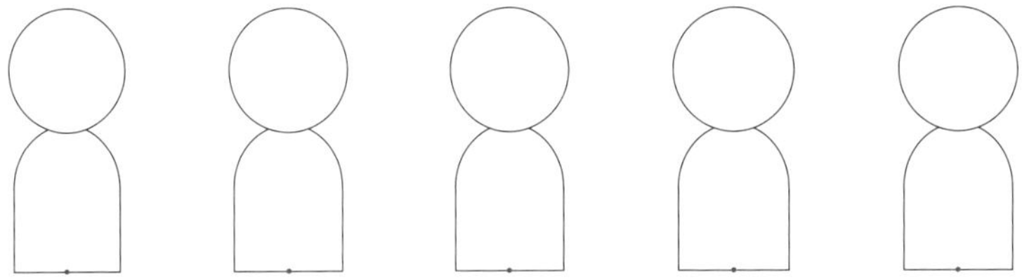

키워드 카드

하마묵상 (드라마처럼 묵상하기)

□ 등장인물/키워드 시간 순으로 배치하기	□ 말풍선 만들기(씨눈 틔우기)	□ 아이콘 만들기(4컷 그리기, 무대배경)	□ 질문 만들기
□ 하나님 마음 쓰기	□ 드라마 제목 만들기	□ 나의 적용 쓰기(드라마 속의 나)	□ 서로 설명하기(왜 그렇게 생각하니?)

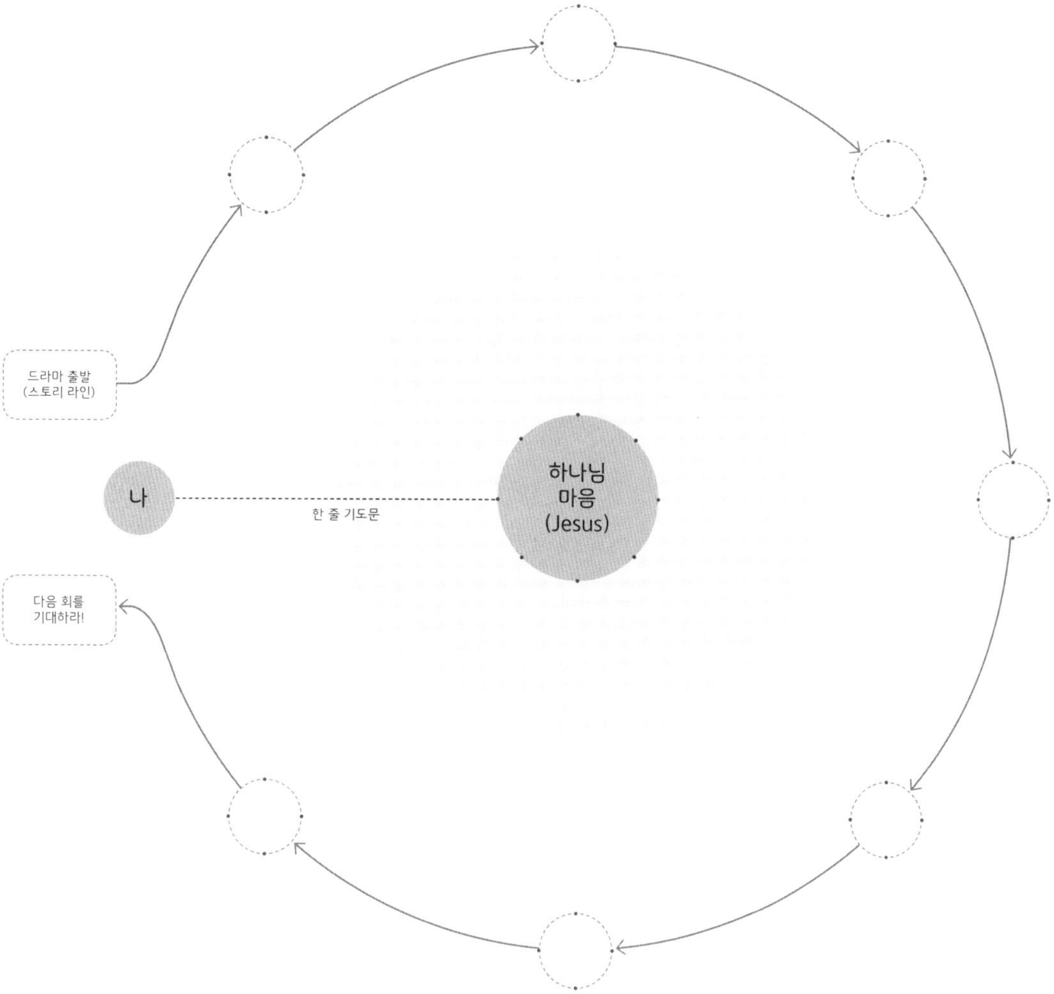

Q 요셉은 어떤 사람일까요?

Q 왜 형들은 요셉을 죽이려고까지 했을까요?

하마동행일기

□ 아침	□ 점심	□ 저녁	□ 밤
잠에서 깰 때 하나님을 생각하라	수시로 하나님께 속삭이라	잠잠히 하나님을 기다리라	취침할 때 나의 생각을 하나님께 아뢰라

13-3 르우벤과 유다의 도움

하마실마리

					□ 기도하며 읽어라!					
□ 기도하고 읽어라!	□ 1독 (연필로)	□ 여호와, 하나님을 찾아라!	□ 등장인물을 찾아라!	□ 반복단어를 찾아라!	□ 역사적 배경 단어를 찾아라!	□ 접속사를 찾아라!	□ 궁금한 점을 찾아라!	□ 와 닿는 구절을 찾아라!	□ 하나님 마음을 찾아라!	□ 읽고 기도하라!
	□ 2독 (형광펜으로)	□ 하나님-핑크색 □ 등장인물-노란색 □ 궁금한- 파란색 □ 중요한- 녹색								

창37:21~28

21 르우벤이 듣고 요셉을 그들의 손에서 구원하려 하여 이르되 우리가 그의 생명은 해치지 말자
22 르우벤이 또 그들에게 이르되 피를 흘리지 말라 그를 광야 그 구덩이에 던지고 손을 그에게 대지 말라 하니 이
는 그가 요셉을 그들의 손에서 구출하여 그의 아버지에게로 돌려보내려 함이었더라
23 요셉이 형들에게 이르매 그의 형들이 요셉의 옷 곧 그가 입은 채색옷을 벗기고
24 그를 잡아 구덩이에 던지니 그 구덩이는 빈 것이라 그 속에 물이 없었더라
25 그들이 앉아 음식을 먹다가 눈을 들어 본즉 한 무리의 이스마엘 사람들이 길르앗에서 오는데 그 낙타들에 향
품과 유향과 몰약을 싣고 애굽으로 내려가는지라
26 유다가 자기 형제에게 이르되 우리가 우리 동생을 죽이고 그의 피를 덮어둔들 무엇이 유익할까
27 자 그를 이스마엘 사람들에게 팔고 그에게 우리 손을 대지 말자 그는 우리의 동생이요 우리의 혈육이니라 하
매 그의 형제들이 청종하였더라
28 그 때에 미디안 사람 상인들이 지나가고 있는지라 형들이 요셉을 구덩이에서 끌어올리고 은 이십에 그를 이스
마엘 사람들에게 팔매 그 상인들이 요셉을 데리고 애굽으로 갔더라

하마키워드 등장인물 키워드:등장인물 배치하기 / 등장인물 디자인하기 / 키워드 카드 쓰고 연결해 보기

하마묵상 (드라마처럼 묵상하기)

□ 등장인물/키워드 시간 순으로 배치하기	□ 말풍선 만들기(씨눈 틔우기)	□ 아이콘 만들기(4컷 그리기, 무대배경)	□ 질문 만들기
□ 하나님 마음 쓰기	□ 드라마 제목 만들기	□ 나의 적용 쓰기(드라마 속의 나)	□ 서로 설명하기(왜 그렇게 생각하니?)

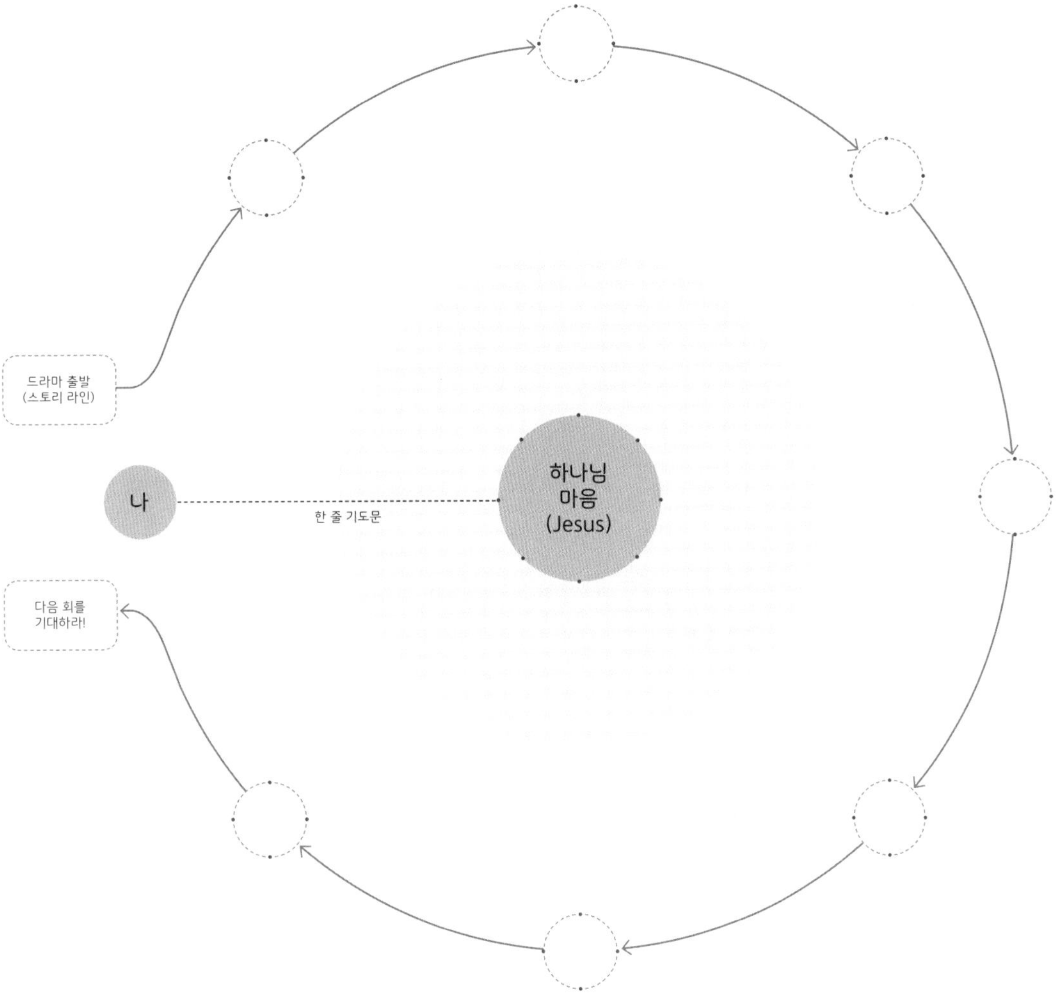

Q 르우벤은 왜 적극적으로 동생들을 말리지 못했을까요?

Q 하나님은 요셉의 생명을 보호하기 위해 어떻게 섭리하셨나요?

하마동행일기

□ 아침	□ 점심	□ 저녁	□ 밤
잠에서 깰 때 하나님을 생각하라	수시로 하나님께 속삭이라	잠잠히 하나님을 기다리라	취침할 때 나의 생각을 하나님께 아뢰라

13-4 야곱의 슬픔

하마실마리

		☐ 기도하며 읽어라!									
☐ 기도하고 읽어라!	☐ 1독 (연필로)	☐ 여호와, 하나님을 찾아라!	☐ 등장인물을 찾아라!	☐ 반복단어를 찾아라!	☐ 역사적 배경 단어를 찾아라!	☐ 접속사를 찾아라!	☐ 궁금한 점을 찾아라!	☐ 와 닿는 구절을 찾아라!	☐ 하나님 마음을 찾아라!	☐ 읽고 기도하라!
	☐ 2독 (형광펜으로)	☐ 하나님-핑크색 ☐ 등장인물-노란색 ☐ 궁금한- 파란색 ☐ 중요한- 녹색								

창37:29~36

29 르우벤이 돌아와 구덩이에 이르러 본즉 거기 요셉이 없는지라 옷을 찢고
30 아우들에게로 되돌아와서 이르되 아이가 없도다 나는 어디로 갈까
31 그들이 요셉의 옷을 가져다가 숫염소를 죽여 그 옷을 피에 적시고
32 그의 채색옷을 보내어 그의 아버지에게로 가지고 가서 이르기를 우리가 이것을 발견하였으니 아버지 아들의 옷인가 보소서 하매
33 아버지가 그것을 알아보고 이르되 내 아들의 옷이라 악한 짐승이 그를 잡아 먹었도다 요셉이 분명히 찢겼도다 하고
34 자기 옷을 찢고 굵은 베로 허리를 묶고 오래도록 그의 아들을 위하여 애통하니
35 그의 모든 자녀가 위로하되 그가 그 위로를 받지 아니하여 이르되 내가 슬퍼하며 스올로 내려가 아들에게로 가리라 하고 그의 아버지가 그를 위하여 울었더라
36 그 미디안 사람들은 그를 애굽에서 바로의 신하 친위대장 보디발에게 팔았더라

하마키워드

등장인물 키워드:등장인물 배치하기 / 등장인물 디자인하기 / 키워드 카드 쓰고 연결해 보기

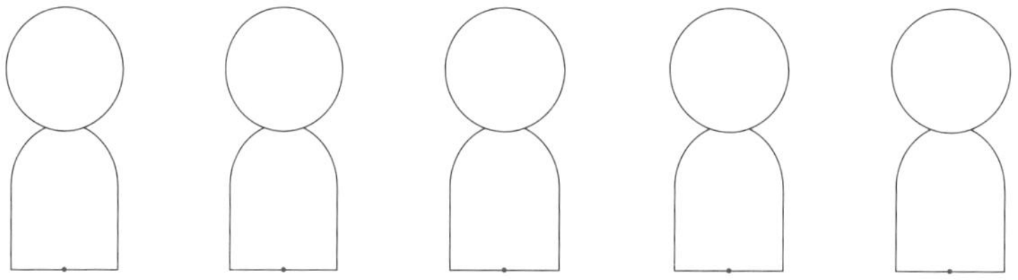

키워드 카드

하마묵상 (드라마처럼 묵상하기)

□ 등장인물/키워드 시간 순으로 배치하기	□ 말풍선 만들기(씨눈 틔우기)	□ 아이콘 만들기(4컷 그리기, 무대배경)	□ 질문 만들기
□ 하나님 마음 쓰기	□ 드라마 제목 만들기	□ 나의 적용 쓰기(드라마 속의 나)	□ 서로 설명하기(왜 그렇게 생각하니?)

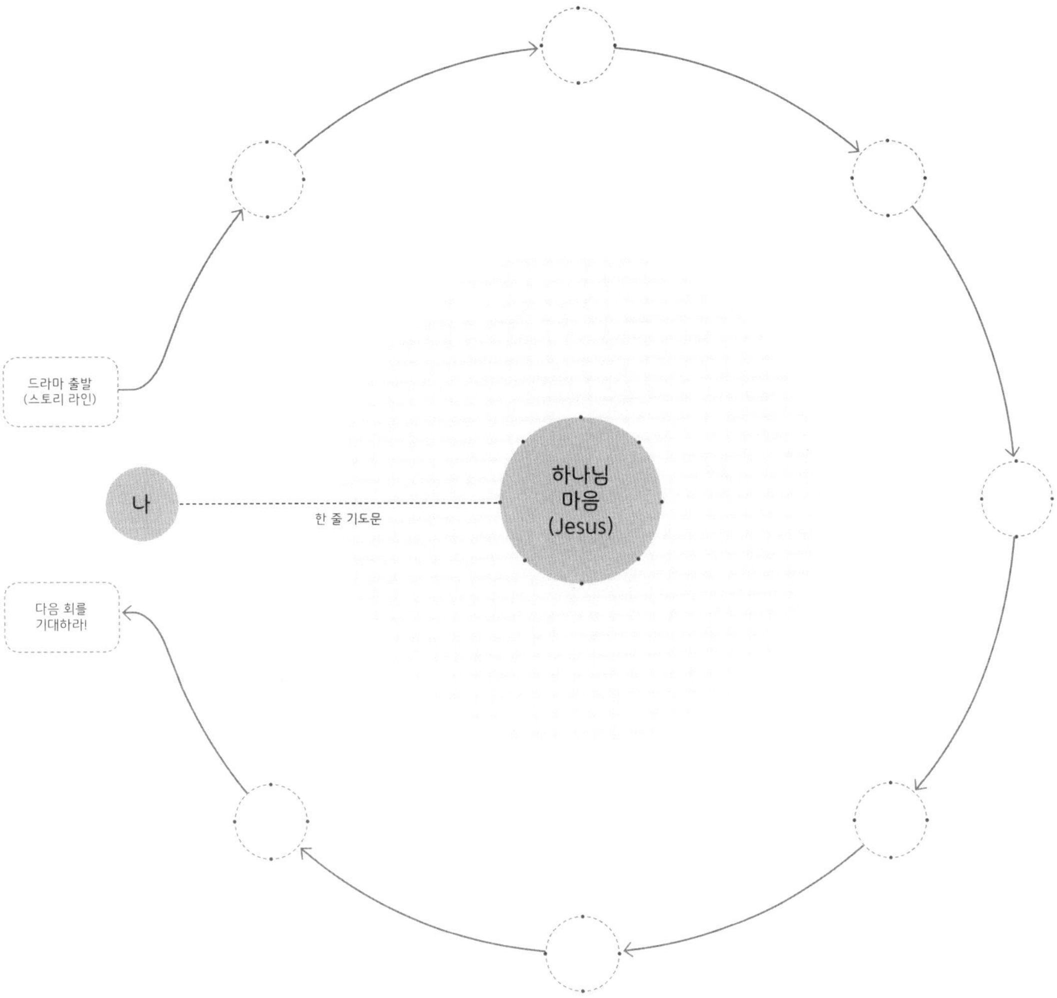

Q 요셉의 형들의 행동에서 무엇을 느낄 수 있나요?

Q 언약의 계승자인 야곱의 가정을 볼 때 어떤 생각이 드나요?

하마동행일기

□ 아침	□ 점심	□ 저녁	□ 밤
잠에서 깰 때 하나님을 생각하라	수시로 하나님께 속삭이라	잠잠히 하나님을 기다리라	취침할 때 나의 생각을 하나님께 아뢰라

14-1 형통한 자 요셉

하마실마리

□ 기도하고 읽어라!	□ 1독 (연필로)	□ 여호와, 하나님을 찾아라!	□ 등장인물을 찾아라!	□ 반복단어를 찾아라!	□ 역사적 배경 단어를 찾아라!	□ 접속사를 찾아라!	□ 궁금한 점을 찾아라!	□ 와 닿는 구절을 찾아라!	□ 하나님 마음을 찾아라!	□ 읽고 기도하라!
	□ 2독 (형광펜으로)	□ 하나님-핑크색 □ 등장인물-노란색 □ 궁금한- 파란색 □ 중요한- 녹색								

□ 기도하며 읽어라!

창39:1~6

1 요셉이 이끌려 애굽에 내려가매 바로의 신하 친위대장 애굽 사람 보디발이 그를 그리로 데려간 이스마엘 사람
의 손에서 요셉을 사니라
2 여호와께서 요셉과 함께 하시므로 그가 형통한 자가 되어 그의 주인 애굽 사람의 집에 있으니
3 그의 주인이 여호와께서 그와 함께 하심을 보며 또 여호와께서 그의 범사에 형통하게 하심을 보았더라
4 요셉이 그의 주인에게 은혜를 입어 섬기매 그가 요셉을 가정 총무로 삼고 자기의 소유를 다 그의 손에 위탁하니
5 그가 요셉에게 자기의 집과 그의 모든 소유물을 주관하게 한 때부터 여호와께서 요셉을 위하여 그 애굽 사람의
집에 복을 내리시므로 여호와의 복이 그의 집과 밭에 있는 모든 소유에 미친지라
6 주인이 그의 소유를 다 요셉의 손에 위탁하고 자기가 먹는 음식 외에는 간섭하지 아니하였더라 요셉은 용모가
빼어나고 아름다웠더라

하마키워드

꿀송이 키워드:하나님 중심으로 등장인물 배치하기 / 각 등장인물 주변에 키워드 확장하기

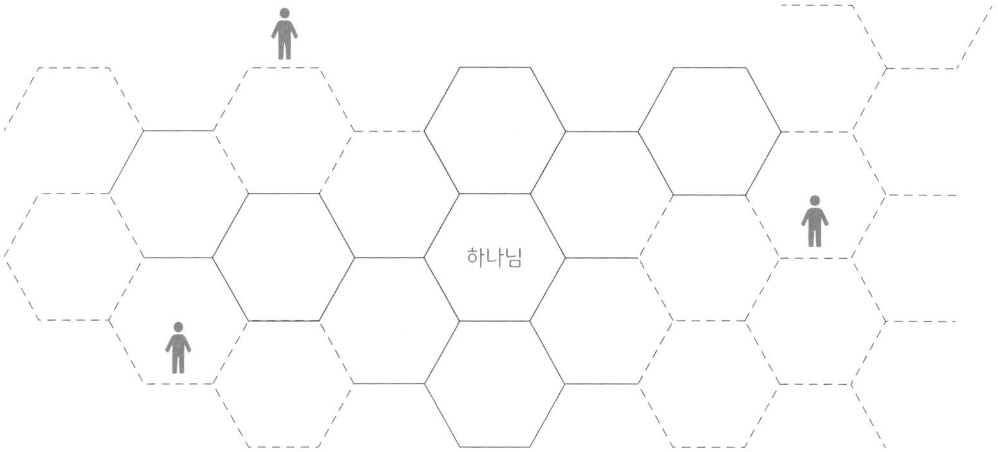

하마묵상 (드라마처럼 묵상하기)

□ 등장인물/키워드 시간 순으로 배치하기	□ 말풍선 만들기(씨눈 틔우기)	□ 아이콘 만들기(4컷 그리기, 무대배경)	□ 질문 만들기
□ 하나님 마음 쓰기	□ 드라마 제목 만들기	□ 나의 적용 쓰기(드라마 속의 나)	□ 서로 설명하기(왜 그렇게 생각하니?)

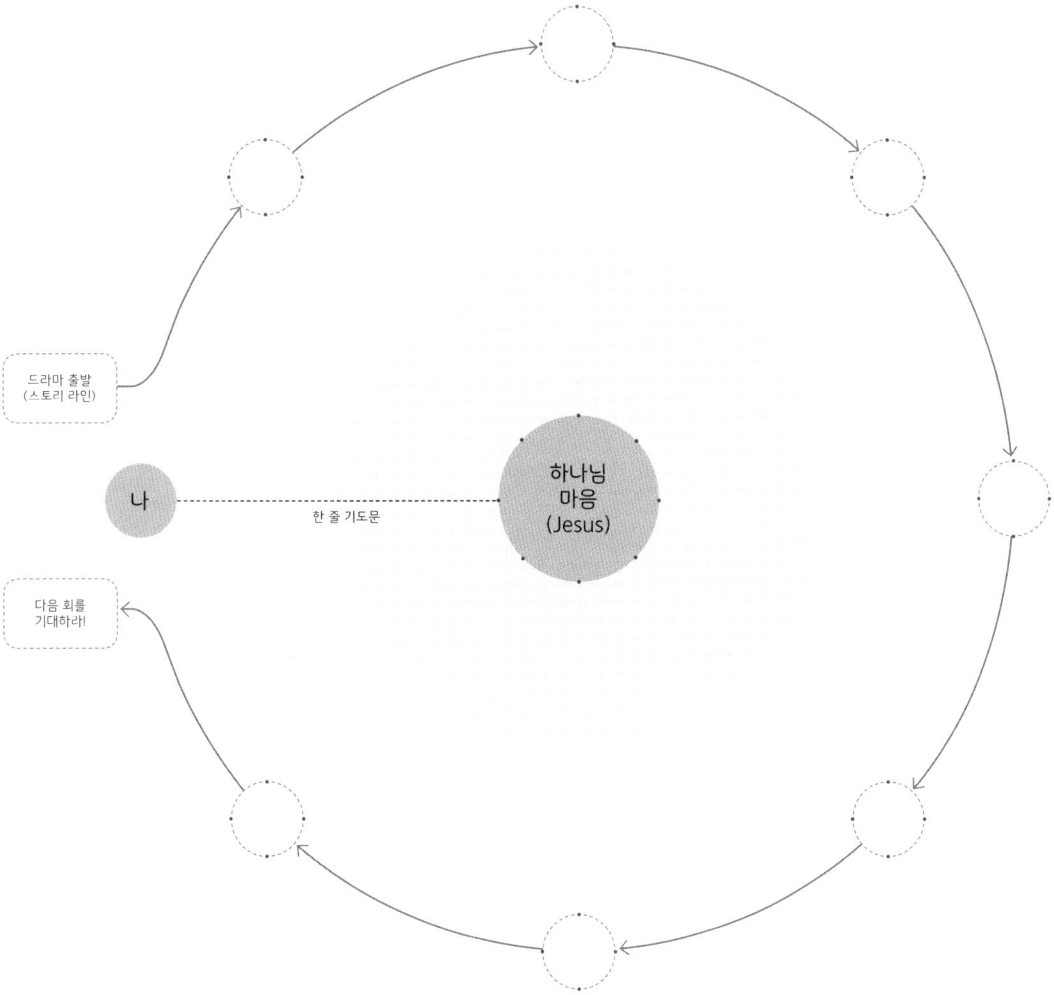

Q 요셉을 왜 형통한 자라고 말할까요?

Q 보디발은 어떻게 하나님이 요셉과 함께하심을 보았을까요?

하마동행일기

□ 아침	□ 점심	□ 저녁	□ 밤
잠에서 깰 때 하나님을 생각하라	수시로 하나님께 속삭이라	잠잠히 하나님을 기다리라	취침할 때 나의 생각을 하나님께 아뢰라

14-2 유혹과 거절

하마실마리

		□ 기도하며 읽어라!									
□ 기도하고 읽어라!	□ 1독 (연필로)	□ 여호와, 하나님을 찾아라!	□ 등장인물을 찾아라!	□ 반복단어를 찾아라!	□ 역사적 배경 단어를 찾아라!	□ 접속사를 찾아라!	□ 궁금한 점을 찾아라!	□ 와 닿는 구절을 찾아라!	□ 하나님 마음을 찾아라!	□ 읽고 기도하라!
	□ 2독 (형광펜으로)	□ 하나님-핑크색 □ 등장인물-노란색 □ 궁금한- 파란색 □ 중요한- 녹색									

창39:7~12

7 그 후에 그의 주인의 아내가 요셉에게 눈짓하다가 동침하기를 청하니
8 요셉이 거절하며 자기 주인의 아내에게 이르되 내 주인이 집안의 모든 소유를 간섭하지 아니하고 다 내 손에 위
탁하였으니
9 이 집에는 나보다 큰 이가 없으며 주인이 아무것도 내게 금하지 아니하였어도 금한 것은 당신뿐이니 당신은 그
의 아내임이라 그런즉 내가 어찌 이 큰 악을 행하여 하나님께 죄를 지으리이까
10 여인이 날마다 요셉에게 청하였으나 요셉이 듣지 아니하여 동침하지 아니할 뿐더러 함께 있지도 아니하니라
11 그러할 때에 요셉이 그의 일을 하러 그 집에 들어갔더니 그 집 사람들은 하나도 거기에 없었더라
12 그 여인이 그의 옷을 잡고 이르되 나와 동침하자 그러나 요셉이 자기의 옷을 그 여인의 손에 버려두고 밖으로
나가매

하마키워드

꿀송이 키워드:하나님 중심으로 등장인물 배치하기 / 각 등장인물 주변에 키워드 확장하기

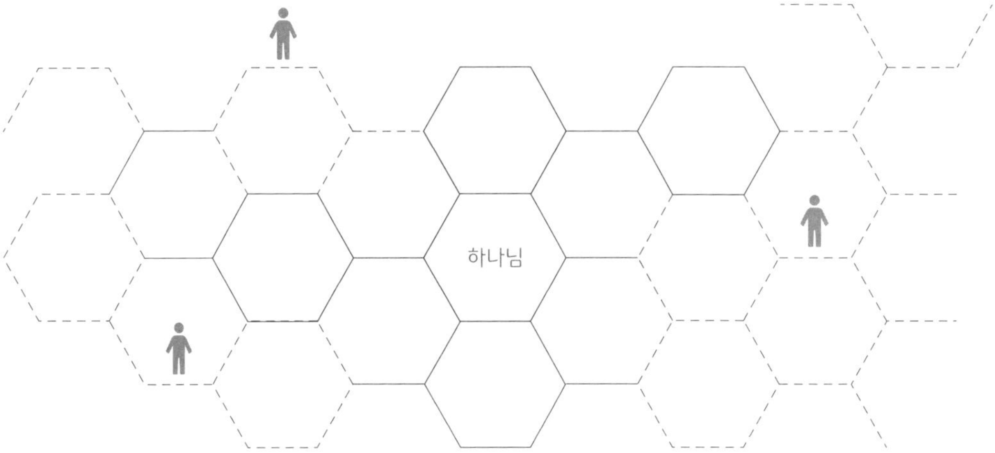

하마묵상 (드라마처럼 묵상하기)

□ 등장인물/키워드 시간 순으로 배치하기	□ 말풍선 만들기(씨눈 틔우기)	□ 아이콘 만들기(4컷 그리기, 무대배경)	□ 질문 만들기
□ 하나님 마음 쓰기	□ 드라마 제목 만들기	□ 나의 적용 쓰기(드라마 속의 나)	□ 서로 설명하기(왜 그렇게 생각하니?)

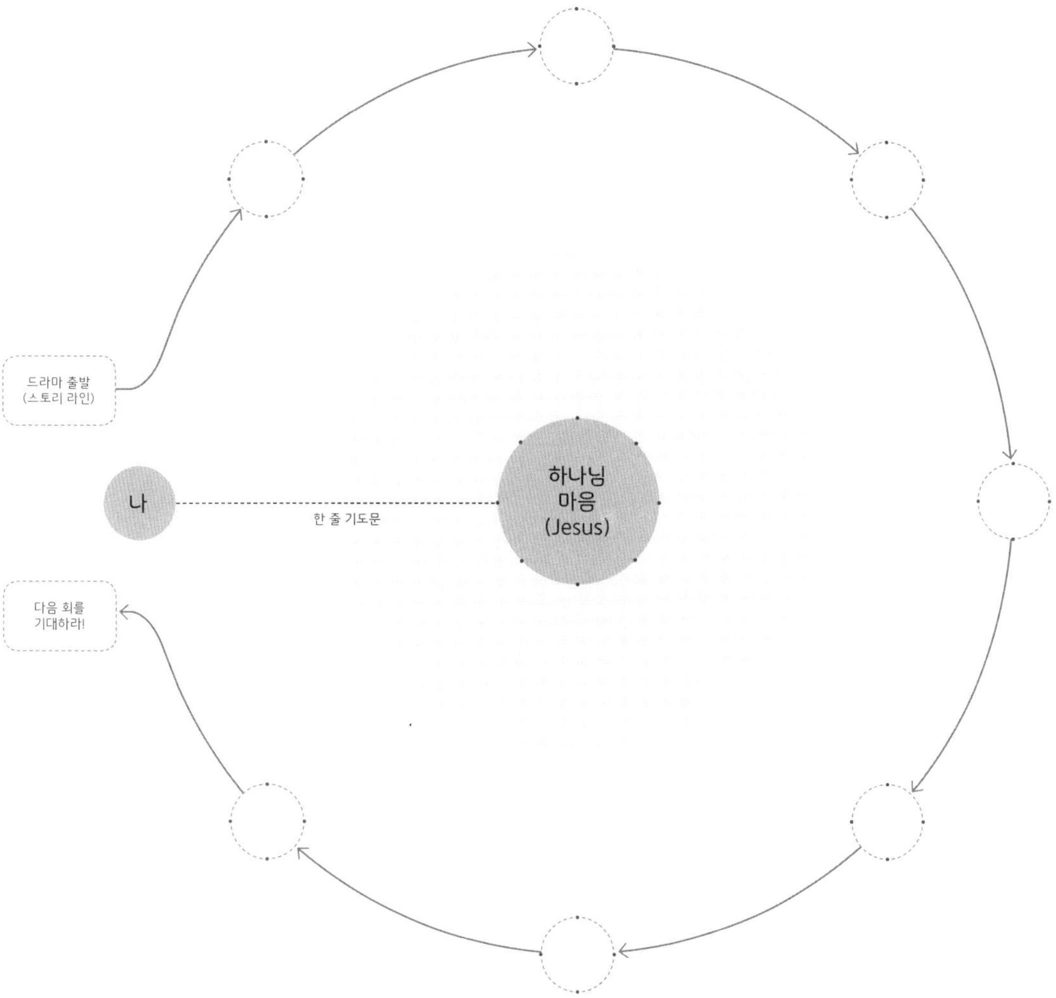

Q 보디발의 아내는 요셉을 어떻게 유혹했나요?

Q 요셉은 어떻게 죄의 유혹을 이겨낼 수 있었나요?

하마동행일기

□ 아침	□ 점심	□ 저녁	□ 밤
잠에서 깰 때 하나님을 생각하라	수시로 하나님께 속삭이라	잠잠히 하나님을 기다리라	취침할 때 나의 생각을 하나님께 아뢰라

14-3 범사에 형통

하마실마리

☐ 기도하며 읽어라!

☐ 기도하고 읽어라!	☐ 1독 (연필로)	☐ 여호와, 하나님을 찾아라!	☐ 등장인물을 찾아라!	☐ 반복단어를 찾아라!	☐ 역사적 배경 단어를 찾아라!	☐ 접속사를 찾아라!	☐ 궁금한 점을 찾아라!	☐ 와 닿는 구절을 찾아라!	☐ 하나님 마음을 찾아라!	☐ 읽고 기도하라!
	☐ 2독 (형광펜으로)	☐ 하나님-핑크색 ☐ 등장인물-노란색 ☐ 궁금한- 파란색 ☐ 중요한- 녹색								

창39:13~23

13 그 여인이 요셉이 그의 옷을 자기 손에 버려두고 도망하여 나감을 보고
14 그 여인의 집 사람들을 불러서 그들에게 이르되 보라 주인이 히브리 사람을 우리에게 데려다가 우리를 희롱하
게 하는도다 그가 나와 동침하고자 내게로 들어오므로 내가 크게 소리 질렀더니
15 그가 나의 소리 질러 부름을 듣고 그의 옷을 내게 버려두고 도망하여 나갔느니라 하고
16 그의 옷을 곁에 두고 자기 주인이 집으로 돌아오기를 기다려
17 이 말로 그에게 말하여 이르되 당신이 우리에게 데려온 히브리 종이 나를 희롱하려고 내게로 들어왔으므로
18 내가 소리 질러 불렀더니 그가 그의 옷을 내게 버려두고 밖으로 도망하여 나갔나이다
19 그의 주인이 자기 아내가 자기에게 이르기를 당신의 종이 내게 이같이 행하였다 하는 말을 듣고 심히 노한지라
20 이에 요셉의 주인이 그를 잡아 옥에 가두니 그 옥은 왕의 죄수를 가두는 곳이었더라 요셉이 옥에 갇혔으나
21 여호와께서 요셉과 함께 하시고 그에게 인자를 더하사 간수장에게 은혜를 받게 하시매
22 간수장이 옥중 죄수를 다 요셉의 손에 맡기므로 그 제반 사무를 요셉이 처리하고
23 간수장은 그의 손에 맡긴 것을 무엇이든지 살펴보지 아니하였으니 이는 여호와께서 요셉과 함께 하심이라 여
호와께서 그를 범사에 형통하게 하셨더라

하마키워드

꿀송이 키워드:하나님 중심으로 등장인물 배치하기 / 각 등장인물 주변에 키워드 확장하기

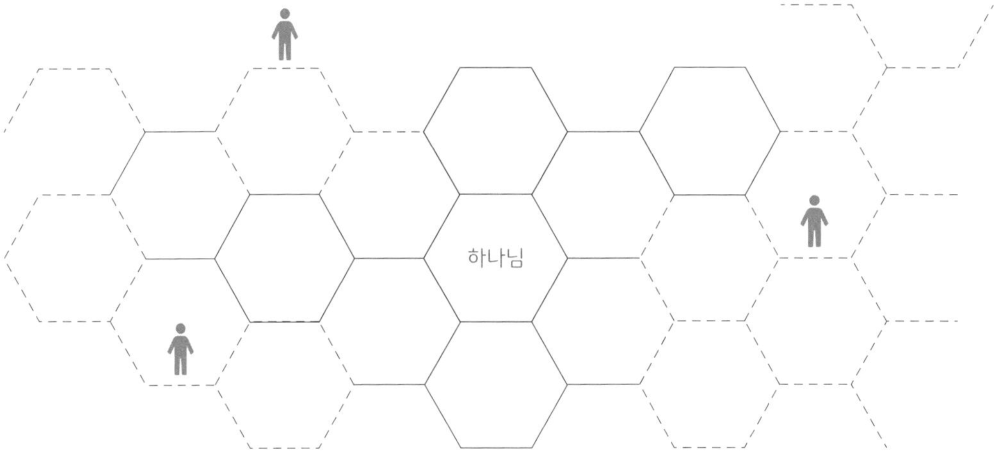

하마묵상 (드라마처럼 묵상하기)

□ 등장인물/키워드 시간 순으로 배치하기	□ 말풍선 만들기(씨눈 틔우기)	□ 아이콘 만들기(4컷 그리기, 무대배경)	□ 질문 만들기
□ 하나님 마음 쓰기	□ 드라마 제목 만들기	□ 나의 적용 쓰기(드라마 속의 나)	□ 서로 설명하기(왜 그렇게 생각하니?)

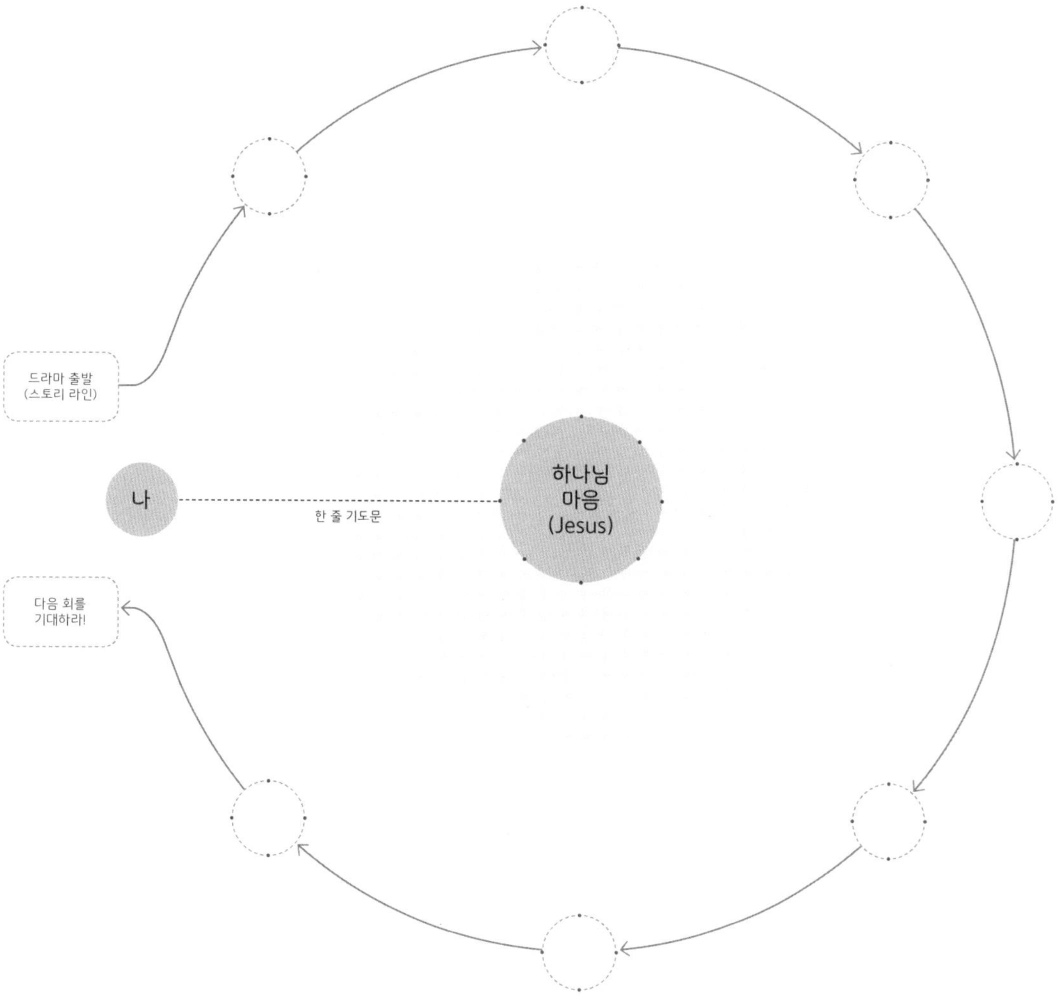

Q 보디발 아내의 행동에서 무엇을 느낄 수 있나요?

Q 요셉이 억울하게 누명을 썼는데도 왜 여전히 형통하다고 말할까요?

하마동행일기

□ 아침	□ 점심	□ 저녁	□ 밤
잠에서 깰 때 하나님을 생각하라	수시로 하나님께 속삭이라	잠잠히 하나님을 기다리라	취침할 때 나의 생각을 하나님께 아뢰라

14-4 옥 안에서의 요셉의 삶

4부작 드라마로 읽기

하마실마리

		□ 기도하며 읽어라!								
□ 기도하고 읽어라!	□ 1독 (연필로)	□ 여호와, 하나님을 찾아라!	□ 등장인물을 찾아라!	□ 반복단어를 찾아라!	□ 역사적 배경 단어를 찾아라!	□ 접속사를 찾아라!	□ 궁금한 점을 찾아라!	□ 와 닿는 구절을 찾아라!	□ 하나님 마음을 찾아라!	□ 읽고 기도하라!
	□ 2독 (형광펜으로)	□ 하나님-핑크색 □ 등장인물-노란색 □ 궁금한- 파란색 □ 중요한- 녹색								

창40:1~8,20~23

1 그 후에 애굽 왕의 술 맡은 자와 떡 굽는 자가 그들의 주인 애굽 왕에게 범죄한지라
2 바로가 그 두 관원장 곧 술 맡은 관원장과 떡 굽는 관원장에게 노하여
3 그들을 친위대장의 집 안에 있는 옥에 가두니 곧 요셉이 갇힌 곳이라
4 친위대장이 요셉에게 그들을 수종들게 하매 요셉이 그들을 섬겼더라 그들이 갇힌 지 여러 날이라
5 옥에 갇힌 애굽 왕의 술 맡은 자와 떡 굽는 자 두 사람이 하룻밤에 꿈을 꾸니 각기 그 내용이 다르더라
6 아침에 요셉이 들어가 보니 그들에게 근심의 빛이 있는지라
7 요셉이 그 주인의 집에 자기와 함께 갇힌 바로의 신하들에게 묻되 어찌하여 오늘 당신들의 얼굴에 근심의 빛이 있나이까
8 그들이 그에게 이르되 우리가 꿈을 꾸었으나 이를 해석할 자가 없도다 요셉이 그들에게 이르되 해석은 하나님께 있지 아니하니이까 청하건대 내게 이르소서
20 제삼일은 바로의 생일이라 바로가 그의 모든 신하를 위하여 잔치를 베풀 때에 술 맡은 관원장과 떡 굽는 관원장에게 그의 신하들 중에 머리를 들게 하니라
21 바로의 술 맡은 관원장은 전직을 회복하매 그가 잔을 바로의 손에 받들어 드렸고
22 떡 굽는 관원장은 매달리니 요셉이 그들에게 해석함과 같이 되었으나
23 술 맡은 관원장이 요셉을 기억하지 못하고 그를 잊었더라

하마키워드 꿀송이 키워드:하나님 중심으로 등장인물 배치하기 / 각 등장인물 주변에 키워드 확장하기

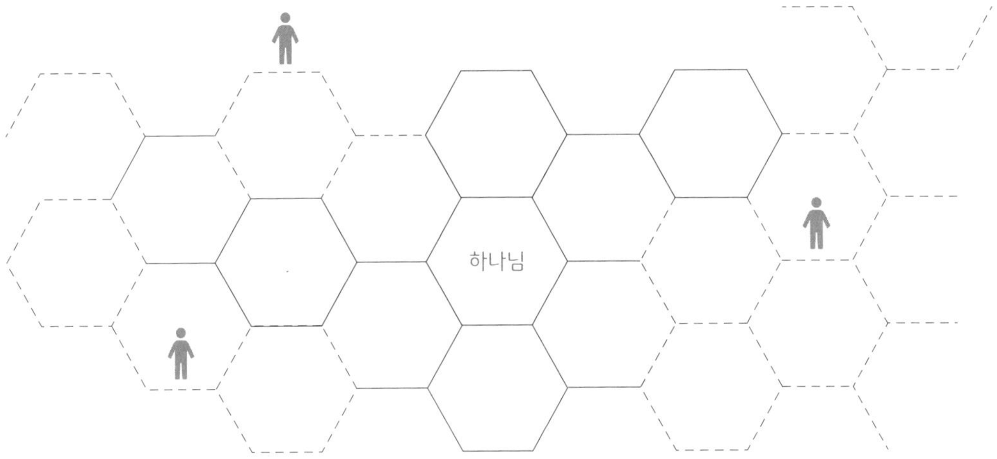

하마묵상 (드라마처럼 묵상하기)

□ 등장인물/키워드 시간 순으로 배치하기	□ 말풍선 만들기(씨눈 틔우기)	□ 아이콘 만들기(4컷 그리기, 무대배경)	□ 질문 만들기
□ 하나님 마음 쓰기	□ 드라마 제목 만들기	□ 나의 적용 쓰기(드라마 속의 나)	□ 서로 설명하기(왜 그렇게 생각하니?)

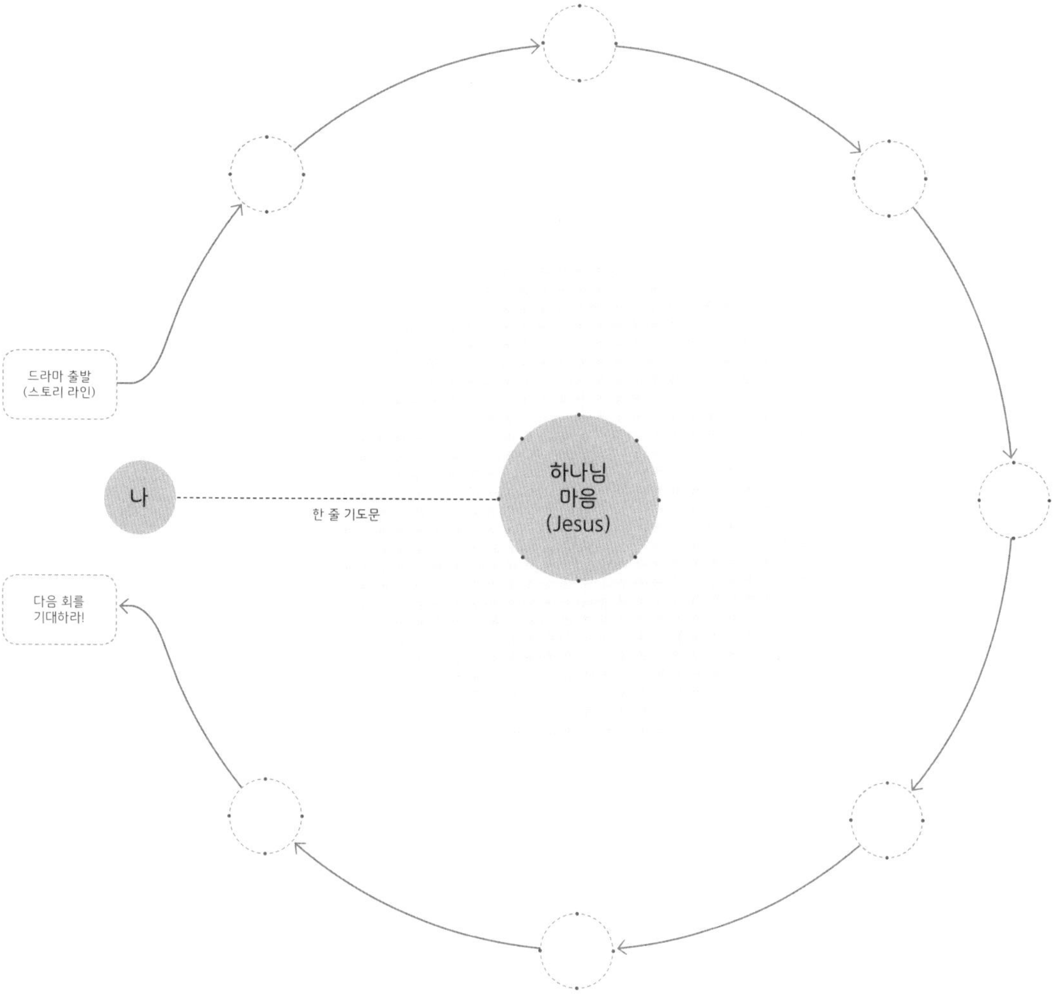

Q 요셉은 그들의 꿈을 듣는 순간 어떻게 확신에 차서 말할 수 있었을까요?

Q 요셉의 해석대로 되었지만 왜 요셉의 시련은 계속될까요?

하마동행일기

□ 아침	□ 점심	□ 저녁	□ 밤
잠에서 깰 때 하나님을 생각하라	수시로 하나님께 속삭이라	잠잠히 하나님을 기다리라	취침할 때 나의 생각을 하나님께 아뢰라

15-1 유다의 청원

하마실마리

□ 기도하며 읽어라!

□ 기도하고 읽어라!	□ 1독 (연필로)	□ 여호와, 하나님을 찾아라!	□ 등장인물을 찾아라!	□ 반복단어를 찾아라!	□ 역사적 배경 단어를 찾아라!	□ 접속사를 찾아라!	□ 궁금한 점을 찾아라!	□ 와 닿는 구절을 찾아라!	□ 하나님 마음을 찾아라!	□ 읽고 기도하라!
	□ 2독 (형광펜으로)	□ 하나님-핑크색 □ 등장인물-노란색 □ 궁금한- 파란색 □ 중요한- 녹색								

창44:14~24

14 유다와 그의 형제들이 요셉의 집에 이르니 요셉이 아직 그 곳에 있는지라 그의 앞에서 땅에 엎드리니
15 요셉이 그들에게 이르되 너희가 어찌하여 이런 일을 행하였느냐 나 같은 사람이 점을 잘 치는 줄을 너희는 알지 못하였느냐
16 유다가 말하되 우리가 내 주께 무슨 말을 하오리이까 무슨 설명을 하오리이까 우리가 어떻게 우리의 정직함을 나타내리이까 하나님이 종들의 죄악을 찾아내셨으니 우리와 이 잔이 발견된 자가 다 내 주의 노예가 되겠나이다
17 요셉이 이르되 내가 결코 그리하지 아니하리라 잔이 그 손에서 발견된 자만 내 종이 되고 너희는 평안히 너희 아버지께로 도로 올라갈 것이니라
18 유다가 그에게 가까이 가서 이르되 내 주여 원하건대 당신의 종에게 내 주의 귀에 한 말씀을 아뢰게 하소서 주의 종에게 노하지 마소서 주는 바로와 같으심이니이다
19 이전에 내 주께서 종들에게 물으시되 너희는 아버지가 있느냐 아우가 있느냐 하시기에
20 우리가 내 주께 아뢰되 우리에게 아버지가 있으니 노인이요 또 그가 노년에 얻은 아들 청년이 있으니 그의 형은 죽고 그의 어머니가 남긴 것은 그뿐이므로 그의 아버지가 그를 사랑하나이다 하였더니
21 주께서 또 종들에게 이르시되 그를 내게로 데리고 내려와서 내가 그를 보게 하라 하시기로
22 우리가 내 주께 말씀드리기를 그 아이는 그의 아버지를 떠나지 못할지니 떠나면 그의 아버지가 죽겠나이다
23 주께서 또 주의 종들에게 말씀하시되 너희 막내 아우가 너희와 함께 내려오지 아니하면 너희가 다시 내 얼굴을 보지 못하리라 하시기로
24 우리가 주의 종 우리 아버지에게로 도로 올라가서 내 주의 말씀을 그에게 아뢰었나이다

하마키워드

꿀송이 키워드: 하나님 중심으로 등장인물 배치하기 / 각 등장인물 주변에 키워드 확장하기

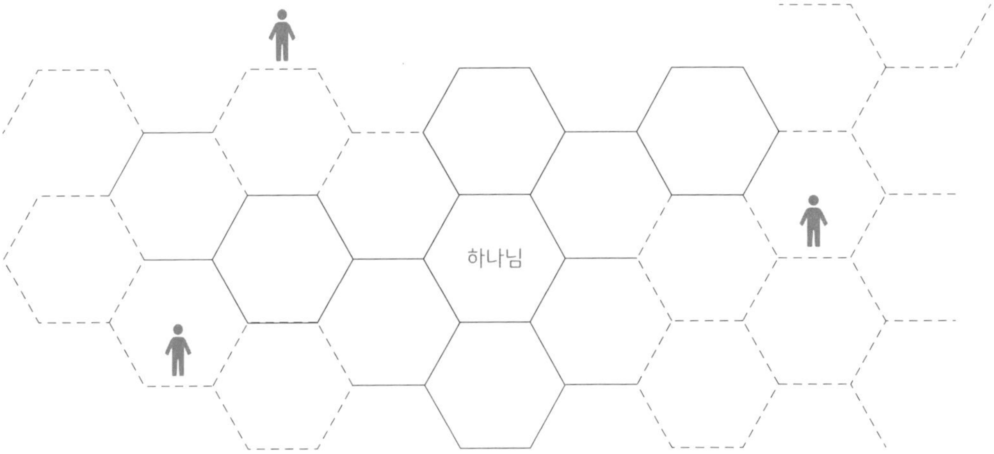

하마묵상 (드라마처럼 묵상하기)

□ 등장인물/키워드 시간 순으로 배치하기	□ 말풍선 만들기(씨눈 틔우기)	□ 아이콘 만들기(4컷 그리기, 무대배경)	□ 질문 만들기
□ 하나님 마음 쓰기	□ 드라마 제목 만들기	□ 나의 적용 쓰기(드라마 속의 나)	□ 서로 설명하기(왜 그렇게 생각하니?)

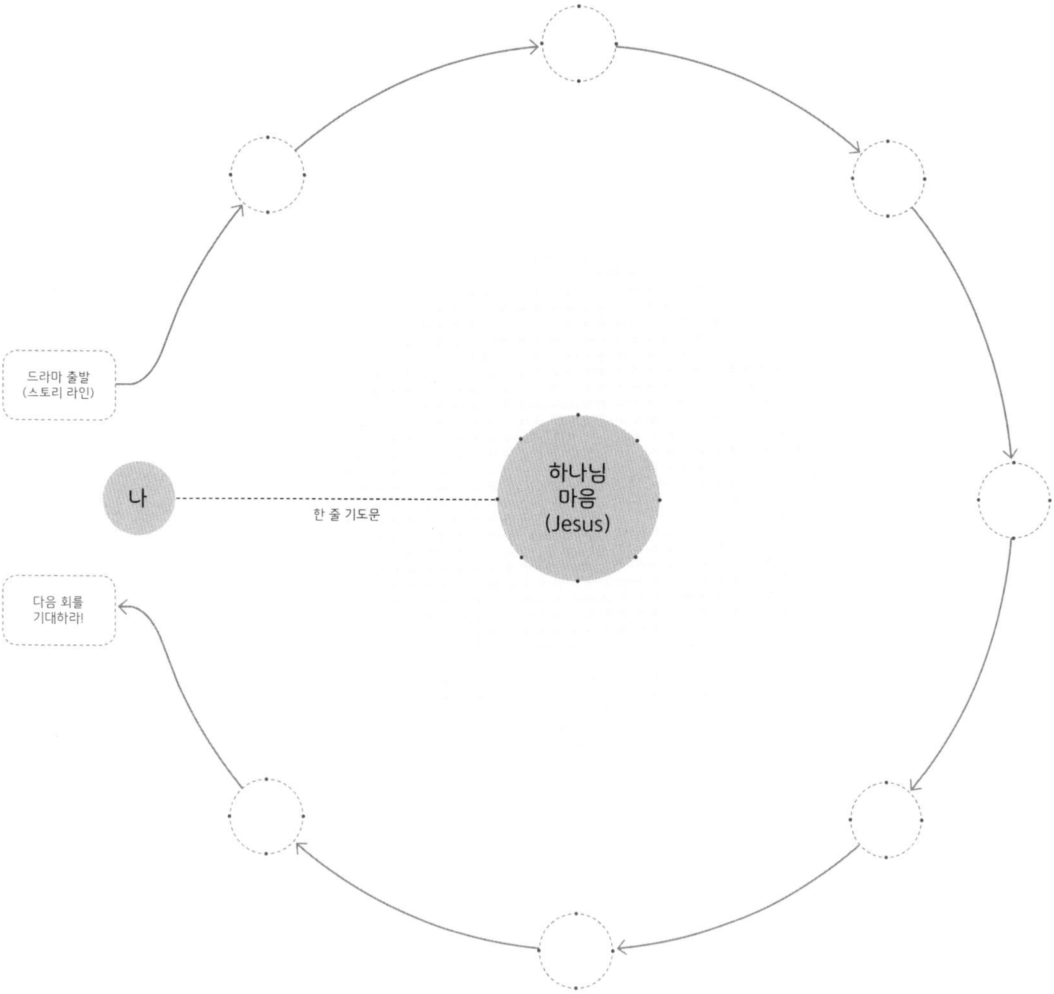

Q 요셉은 형들을 어떻게, 왜 곤경에 빠뜨렸나요?

Q 유다는 왜 하나님이 종들의 죄악을 찾아내셨다고 말할까요?

하마동행일기

□ 아침	□ 점심	□ 저녁	□ 밤
잠에서 깰 때 하나님을 생각하라	수시로 하나님께 속삭이라	잠잠히 하나님을 기다리라	취침할 때 나의 생각을 하나님께 아뢰라

15-2 참된 회개

하마실마리

		□ 기도하며 읽어라!									
□ 기도하고 읽어라!	□ 1독 (연필로)	□ 여호와, 하나님을 찾아라!	□ 등장인물을 찾아라!	□ 반복단어를 찾아라!	□ 역사적 배경 단어를 찾아라!	□ 접속사를 찾아라!	□ 궁금한 점을 찾아라!	□ 와 닿는 구절을 찾아라!	□ 하나님 마음을 찾아라!	□ 읽고 기도하라!
	□ 2독 (형광펜으로)	□ 하나님-핑크색 □ 등장인물-노란색 □ 궁금한- 파란색 □ 중요한- 녹색								

창44:25~34

25 그 후에 우리 아버지가 다시 가서 곡물을 조금 사오라 하시기로
26 우리가 이르되 우리가 내려갈 수 없나이다 우리 막내 아우가 함께 가면 내려가려니와 막내 아우가 우리와 함
께 가지 아니하면 그 사람의 얼굴을 볼 수 없음이니이다
27 주의 종 우리 아버지가 우리에게 이르되 너희도 알거니와 내 아내가 내게 두 아들을 낳았으나
28 하나는 내게서 나갔으므로 내가 말하기를 틀림없이 찢겨 죽었다 하고 내가 지금까지 그를 보지 못하거늘
29 너희가 이 아이도 내게서 데려 가려하니 만일 재해가 그 몸에 미치면 나의 흰 머리를 슬퍼하며 스올로 내려가
게 하리라 하니
30 아버지의 생명과 아이의 생명이 서로 하나로 묶여 있거늘 이제 내가 주의 종 우리 아버지에게 돌아갈 때에 아
이가 우리와 함께 가지 아니하면
31 아버지가 아이의 없음을 보고 죽으리니 이같이 되면 종들이 주의 종 우리 아버지가 흰 머리로 슬퍼하며 스올
로 내려가게 함이니이다
32 주의 종이 내 아버지에게 아이를 담보하기를 내가 이를 아버지께로 데리고 돌아오지 아니하면 영영히 아버지
께 죄짐을 지리이다 하였사오니
33 이제 주의 종으로 그 아이를 대신하여 머물러 있어 내 주의 종이 되게 하시고 그 아이는 그의 형제들과 함께
올려 보내소서
34 그 아이가 나와 함께 가지 아니하면 내가 어찌 내 아버지에게로 올라갈 수 있으리이까 두렵건대 재해가 내 아
버지에게 미침을 보리이다

하마키워드

꿀송이 키워드:하나님 중심으로 등장인물 배치하기 / 각 등장인물 주변에 키워드 확장하기

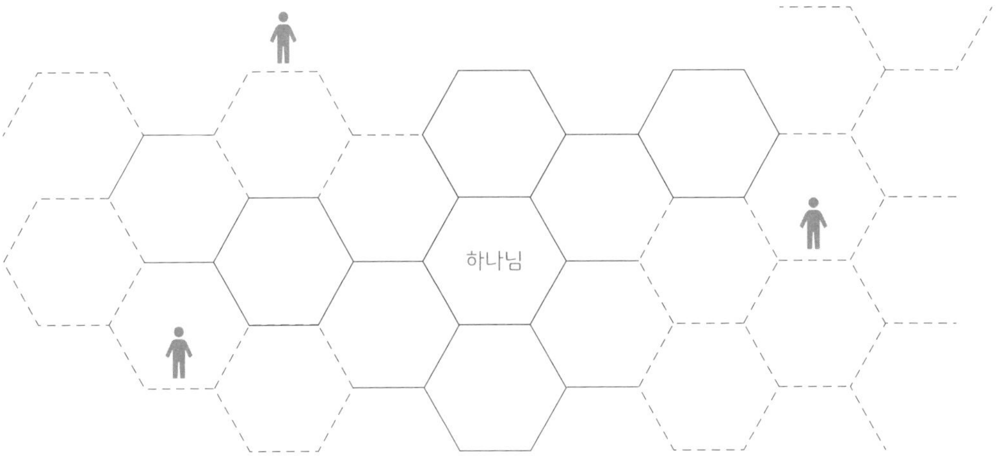

하마묵상 (드라마처럼 묵상하기)

□ 등장인물/키워드 시간 순으로 배치하기	□ 말풍선 만들기(씨눈 틔우기)	□ 아이콘 만들기(4컷 그리기, 무대배경)	□ 질문 만들기
□ 하나님 마음 쓰기	□ 드라마 제목 만들기	□ 나의 적용 쓰기(드라마 속의 나)	□ 서로 설명하기(왜 그렇게 생각하니?)

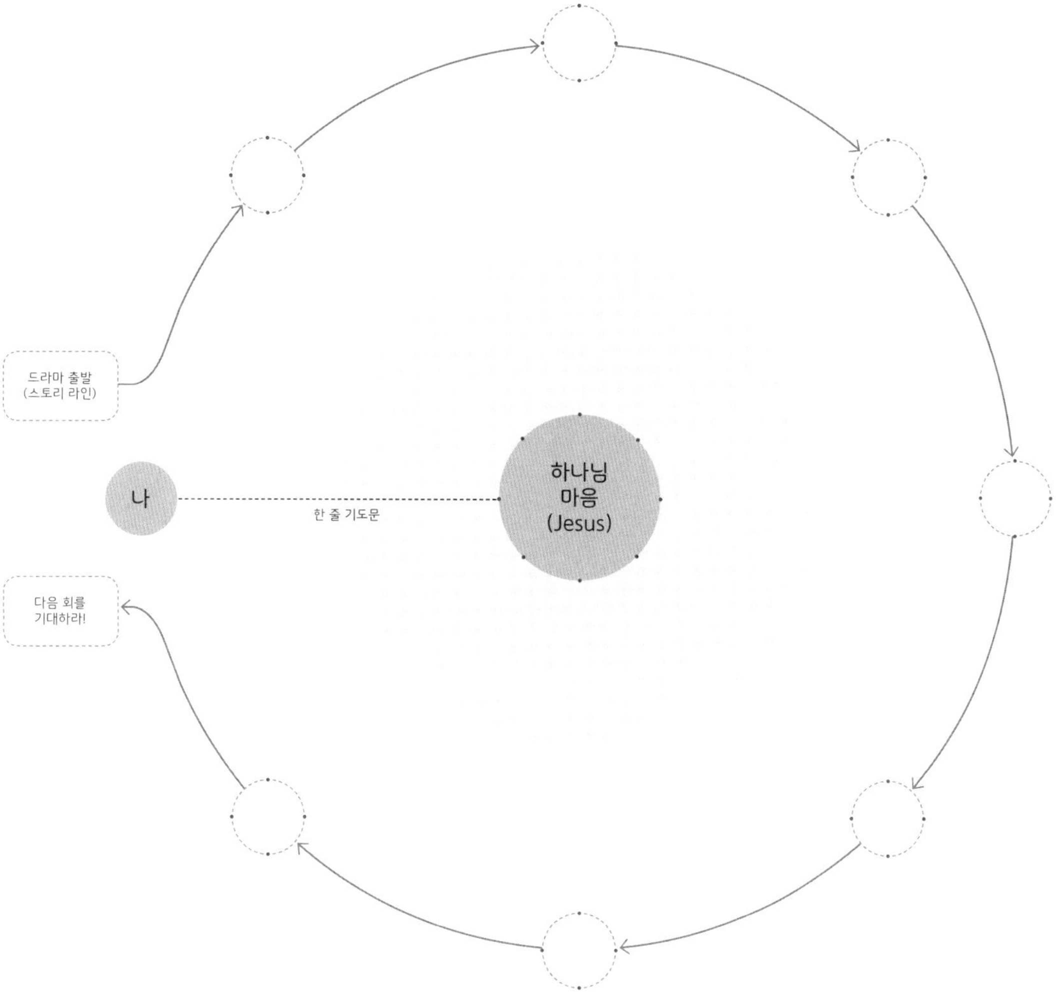

Q 유다는 과거의 모습과 비교해볼 때 달라진 점이 있나요?

Q 유다의 모습에서 참된 회개에 대해 무엇을 알 수 있나요?

하마동행일기

□ 아침	□ 점심	□ 저녁	□ 밤
잠에서 깰 때 하나님을 생각하라	수시로 하나님께 속삭이라	잠잠히 하나님을 기다리라	취침할 때 나의 생각을 하나님께 아뢰라

15–3 요셉의 신앙고백

하마실마리

□ 기도하며 읽어라!

□ 기도하고 읽어라!	□ 1독 (연필로)	□ 여호와, 하나님을 찾아라!	□ 등장인물을 찾아라!	□ 반복단어를 찾아라!	□ 역사적 배경 단어를 찾아라!	□ 접속사를 찾아라!	□ 궁금한 점을 찾아라!	□ 와 닿는 구절을 찾아라!	□ 하나님 마음을 찾아라!	□ 읽고 기도하라!
	□ 2독 (형광펜으로)	□ 하나님-핑크색 □ 등장인물-노란색 □ 궁금한- 파란색 □ 중요한- 녹색								

창45:1~8,10,11

1 요셉이 시종하는 자들 앞에서 그 정을 억제하지 못하여 소리 질러 모든 사람을 자기에게서 물러가라 하고 그 형제들에게 자기를 알리니 그 때에 그와 함께 한 다른 사람이 없었더라
2 요셉이 큰 소리로 우니 애굽 사람에게 들리며 바로의 궁중에 들리더라
3 요셉이 그 형들에게 이르되 나는 요셉이라 내 아버지께서 아직 살아 계시니이까 형들이 그 앞에서 놀라서 대답하지 못하더라
4 요셉이 형들에게 이르되 내게로 가까이 오소서 그들이 가까이 가니 이르되 나는 당신들의 아우 요셉이니 당신들이 애굽에 판 자라
5 당신들이 나를 이 곳에 팔았다고 해서 근심하지 마소서 한탄하지 마소서 하나님이 생명을 구원하시려고 나를 당신들보다 먼저 보내셨나이다
6 이 땅에 이 년 동안 흉년이 들었으나 아직 오 년은 밭갈이도 못하고 추수도 못할지라
7 하나님이 큰 구원으로 당신들의 생명을 보존하고 당신들의 후손을 세상에 두시려고 나를 당신들보다 먼저 보내셨나니
8 그런즉 나를 이리로 보낸 이는 당신들이 아니요 하나님이시라 하나님이 나를 바로에게 아버지로 삼으시고 그 온 집의 주로 삼으시며 애굽 온 땅의 통치자로 삼으셨나이다
10 아버지의 아들들과 아버지의 손자들과 아버지의 양과 소와 모든 소유가 고센 땅에 머물며 나와 가깝게 하소서
11 흉년이 아직 다섯 해가 있으니 내가 거기서 아버지를 봉양하리이다 아버지와 아버지의 가족과 아버지께 속한 모든 사람에게 부족함이 없도록 하겠나이다 하더라고 전하소서

하마키워드

꿀송이 키워드: 하나님 중심으로 등장인물 배치하기 / 각 등장인물 주변에 키워드 확장하기

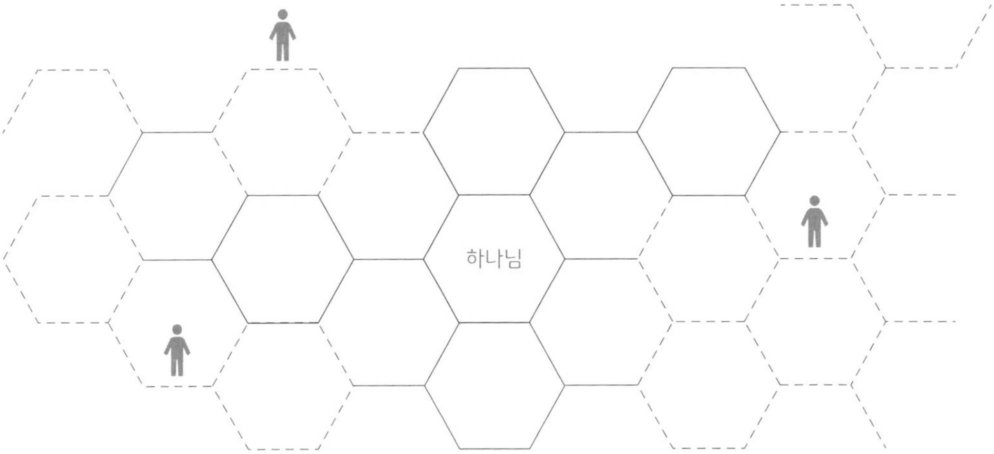

하마묵상 (드라마처럼 묵상하기)

□ 등장인물/키워드 시간 순으로 배치하기	□ 말풍선 만들기(씨눈 틔우기)	□ 아이콘 만들기(4컷 그리기, 무대배경)	□ 질문 만들기
□ 하나님 마음 쓰기	□ 드라마 제목 만들기	□ 나의 적용 쓰기(드라마 속의 나)	□ 서로 설명하기(왜 그렇게 생각하니?)

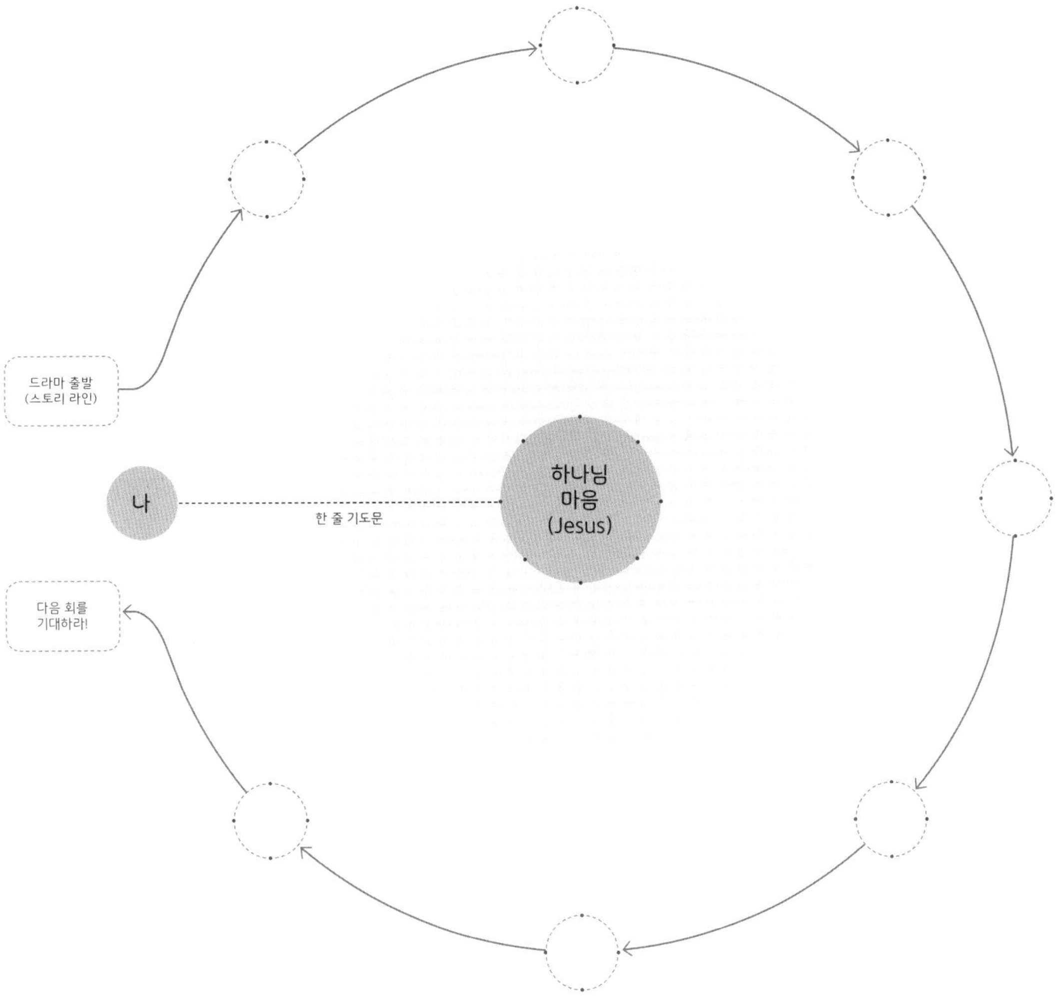

Q 요셉은 어떻게 형들을 용서할 수 있었을까요?

Q 하나님이 요셉에게 주셨던 꿈의 의미는 무엇이었나요?

하마동행일기

□ 아침	□ 점심	□ 저녁	□ 밤
잠에서 깰 때 하나님을 생각하라	수시로 하나님께 속삭이라	잠잠히 하나님을 기다리라	취침할 때 나의 생각을 하나님께 아뢰라

15-4 형제들의 두려움

하마실마리

					□ 기도하며 읽어라!					
□ 기도하고 읽어라!	□ 1독 (연필로)	□ 여호와, 하나님을 찾아라!	□ 등장인물을 찾아라!	□ 반복단어를 찾아라!	□ 역사적 배경 단어를 찾아라!	□ 접속사를 찾아라!	□ 궁금한 점을 찾아라!	□ 와 닿는 구절을 찾아라!	□ 하나님 마음을 찾아라!	□ 읽고 기도하라!
	□ 2독 (형광펜으로)	□ 하나님-핑크색 □ 등장인물-노란색 □ 궁금한- 파란색 □ 중요한- 녹색								

창50:15~21

15 요셉의 형제들이 그들의 아버지가 죽었음을 보고 말하되 요셉이 혹시 우리를 미워하여 우리가 그에게 행한 모
든 악을 다 갚지나 아니할까 하고
16 요셉에게 말을 전하여 이르되 당신의 아버지가 돌아가시기 전에 명령하여 이르시기를
17 너희는 이같이 요셉에게 이르라 네 형들이 네게 악을 행하였을지라도 이제 바라건대 그들의 허물과 죄를 용서
하라 하셨나니 당신 아버지의 하나님의 종들인 우리 죄를 이제 용서하소서 하매 요셉이 그들이 그에게 하는
말을 들을 때에 울었더라
18 그의 형들이 또 친히 와서 요셉의 앞에 엎드려 이르되 우리는 당신의 종들이니이다
19 요셉이 그들에게 이르되 두려워하지 마소서 내가 하나님을 대신하리이까
20 당신들은 나를 해하려 하였으나 하나님은 그것을 선으로 바꾸사 오늘과 같이 많은 백성의 생명을 구원하게 하
시려 하셨나니
21 당신들은 두려워하지 마소서 내가 당신들과 당신들의 자녀를 기르리이다 하고 그들을 간곡한 말로 위로하였
더라

하마키워드 꿀송이 키워드:하나님 중심으로 등장인물 배치하기 / 각 등장인물 주변에 키워드 확장하기

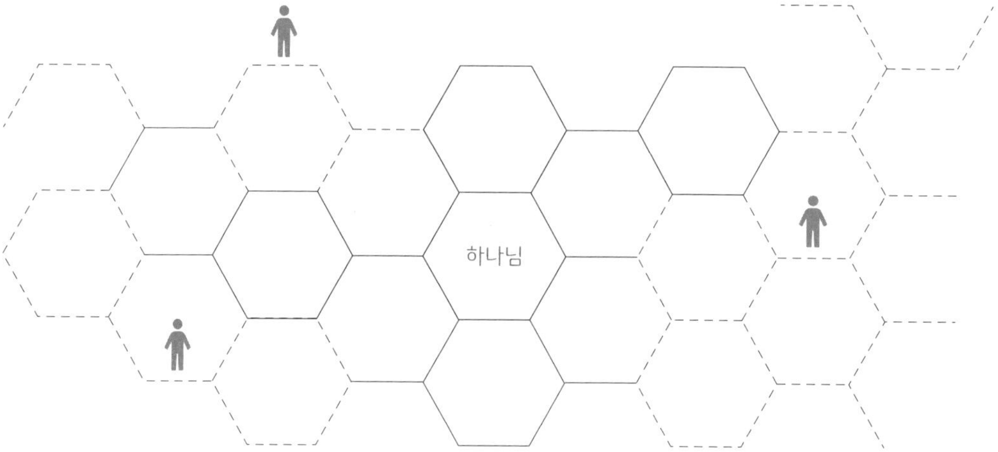

하마묵상 (드라마처럼 묵상하기)

□ 등장인물/키워드 시간 순으로 배치하기	□ 말풍선 만들기(씨눈 틔우기)	□ 아이콘 만들기(4컷 그리기, 무대배경)	□ 질문 만들기
□ 하나님 마음 쓰기	□ 드라마 제목 만들기	□ 나의 적용 쓰기(드라마 속의 나)	□ 서로 설명하기(왜 그렇게 생각하니?)

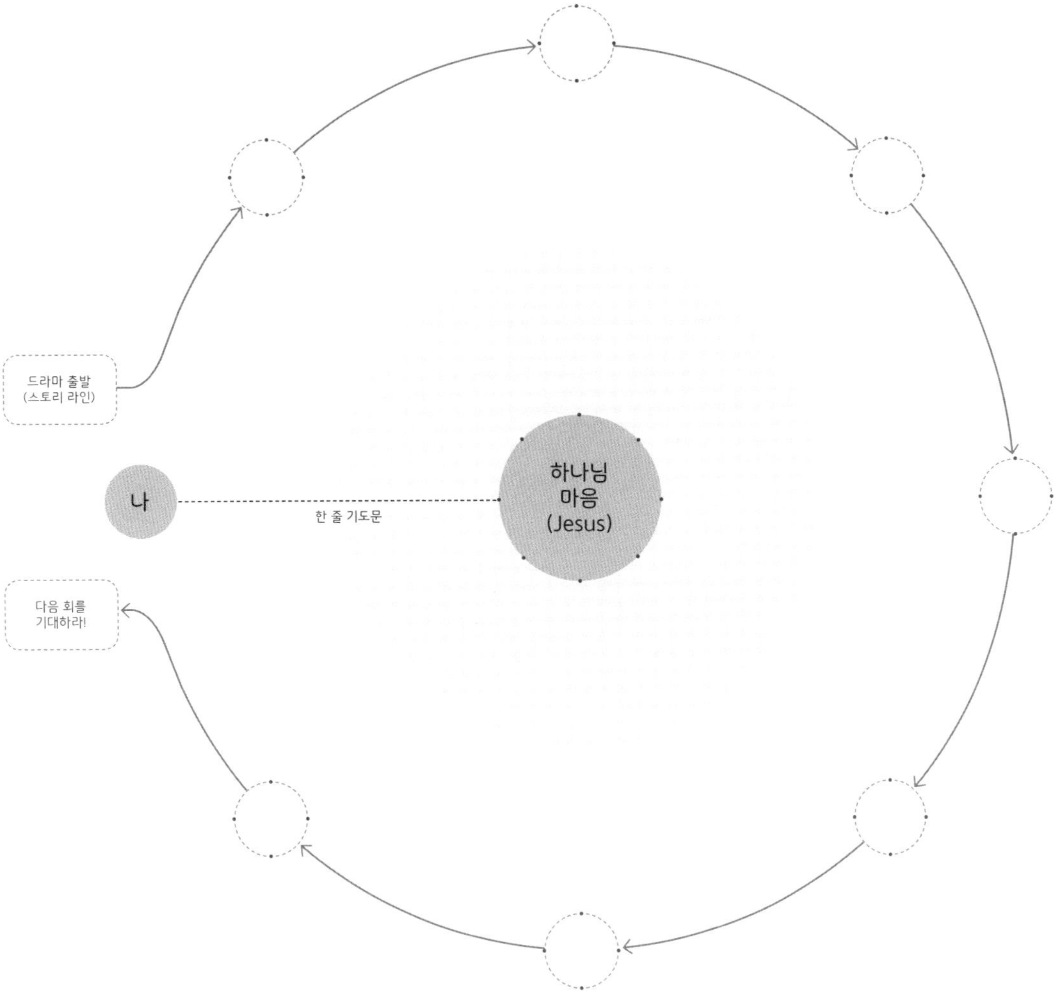

Q 요셉과 형들의 모습을 보며 진정한 회개와 용서에 대해 무엇을 알 수 있나요?

Q 요셉의 고백은 하나님의 섭리에 대해 무엇을 말해줍니까?

하마동행일기

□ 아침	□ 점심	□ 저녁	□ 밤
잠에서 깰 때 하나님을 생각하라	수시로 하나님께 속삭이라	잠잠히 하나님을 기다리라	취침할 때 나의 생각을 하나님께 아뢰라

부록1
인도자용 지침서

1. 인도자용 지침서 제공의 고민

《하마 묵상법》은 가공된 지식을 주입하지 않고 원재료인 성경본문말씀을 가지고 스스로 요리해서 먹는 일종의 프로젝트 학습법입니다. 모범 답안을 제공한다는 것은 취지에 맞지 않고, 자칫 학습자의 생각을 제한할지 모른다는 우려도 있습니다.

그런데도 굳이 인도자용 지침서를 제공하는 이유는 인도자들의 준비하는 시간을 덜어주기 위해 최소한의 자료를 제공하기 위함입니다.
여기에 제시된 답안은 정답이 아니라 더 깊은 묵상을 위한 자료 제공 정도이며 본서의 목적은 철저히 학습자들이 성경본문말씀을 가지고 서로 설명하는 단계를 거쳐서 서로 공감할 수 있는 답안을 찾아가는 것입니다.

《하마 묵상법》이 가장 중요하게 생각하는 것은
내가 성경지식을 가르치는 것이 아니라 성령님이 가르치시는 시간이 되고
내가 말하는 것보다 하나님이 말씀하시도록 기도하며 학습자와 함께 문제를 해결하는 것입니다.

2. 인도자용 지침서의 기본원칙

1. 틀은 철저하게 학습자가 스스로 생각하고 채우도록 합니다.
2. 학습자의 수준에 맞게 항목들을 선택해서 진행할 수 있습니다. 모든 항목과 과정을 다해야 된다는 부담은 갖지 않습니다.
3. 학습자의 생각이 모범 답안과 다른 것을 잘못이라고 말하지 않습니다. 왜 그렇게 생각했는지 물어보고 타당성이 있으면 격려해 줍니다.
4. 학습자의 생각이 전체 내용에 부합되지 않거나 논리적 타당성이 결여되었다면 스스로 조정할 수 있도록 도와줍니다.
5. 시간이 갈수록 통찰력이 깊어지는 방법이므로 조급한 마음을 버리고 성과와 진도 위주보다 하나님을 알아가는 데에 초점을 두어야 합니다.
6. 창세기편 한 권으로 15주 훈련을 꾸준히 하면 묵상의 깊이가 더해집니다.

activity에 대한 사례들

activity

1. 등장인물 놀이

각각 등장인물의 배역을 정합니다. 목각인형을 등장인물에 맞게 디자인합니다. 하마묵상하기 툴에 목각인형을 배치하고 각 배역에 맞게 말하며 서로 설명하며 나눕니다.

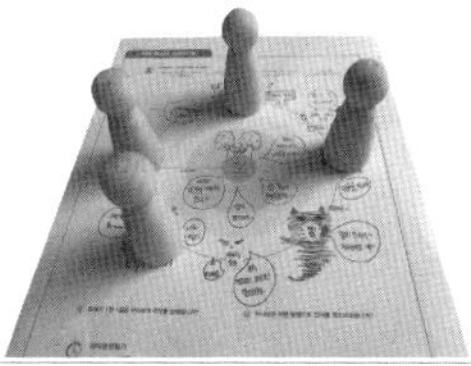

2. 질문왕 놀이

학습자와 인도자가 각자 질문들을 만들고 서로 점수(1,2,3 점)를 주며 왜 그렇게 생각하는지 나누어 봅니다. 자연스럽게 토론이 이루어 집니다.

(1점: 단답형 질문, 2점: 사고형 질문, 3점 통찰력 있는 질문)

3. 답변왕 놀이

학습자와 인도자가 각자 답변을 만들고 서로 점수(1,2,3 점)를 주며 왜 그렇게 생각하는지 나누어 봅니다. 알지 못했던 진리를 깨닫게 됩니다.

(1점: 단순한 답변, 2점: 사고형 답변, 3점 통찰력 있는 답변)

4. 고깔모자 역할 놀이

하마키워드 시간에 4가지 색의 고깔모자를 준비합니다. 각자 하나씩 쓰고 맡은 부분을 본문 속에서 찾고 왜 그렇게 했는지 나눕니다.

(노란색-등장인물, 녹색-중요한, 파란색-궁금한, 핑크색-하나님)

5 전지종이 놀이

전지 종이를 펼쳐 놓고 하마묵상하기의 동심원 툴을 그리고, 중심에 하나님, 주변에 등장인물, 지명, 사건 등을 적고 꾸미기를 합니다.

❶ 카드/포스트잇 활용

❷ 말풍선, 아이콘 붙이기

❸ 종이인형, 스티로폼, 나무, 페트병...등 다양한 재료를 이용해서 만들며 만든 것들을 서로 움직이면서 설명하면 토론이 됩니다.

응용 activity

카드 놀이	• 꿀송이 카드 • 포스트잇 카드 • 4컷 카드 • 몸통질문 카드 • 꼬리질문 카드 • 질문왕, 답변왕 카드
입체적 놀이	• 성화분석 놀이 • 성경지도 놀이 • 모의재판 놀이 • 거꾸로 계보 놀이 • 보드게임 놀이 • 등장인물 시간선 놀이 • 하마연구소 놀이 • 성경 신문 만들기
오감 놀이	• 구속열차 만들기 • 우드버닝 놀이 • 나만의 성경 애니북 만들기
역할 놀이	• 성경탐정 • 성전 건축가 • 성경 추리 작가 • 성경 시나리오 작가 • 성화 그림 작가 • 성경 카툰 작가 • 성경 드라마 작가 • 성경 법조인

1과 천지창조

	1-1 태초와 창조 (창1:1~5)		1-2 보시기에 좋았더라 (창1:6~13)	
몸통 질문	창세기 1장 1절은 우리에게 무엇을 말해줍니까? ❶ 창세기 1장 1절은 선포입니다. 하나님은 그 모든 시작이 있기 이전부터 존재해 계신 분이십니다. ❷ 하나님은 창조주이십니다. ❸ 하나님이 창조 전에 '일을 미리 결정하셨음'을 알 수 있습니다. ❹ 하나님은 성경을 통해 스스로를 나타내시는 분이십니다. ❺ 엘로힘(창조주 하나님)은 복수이지만 동사는 단수입니다. ❻ 태초의 뜻은 처음, 기원, 출발이며 시간의 시작을 말합니다. 아무것도 없는 상태에서 모든 것이 시작됨을 알려줍니다.	하나님은 어떤 방법으로 천지를 창조하셨습니까? ❶ '하나님이 이르시되' 즉 말씀으로 천지를 창조하십니다. ❷ 하나님의 말씀이 곧 창조를 이루는 능력입니다. ❸ 예수님은 말씀이시며 (요1:1) 예수님도 함께 창조하셨습니다. (요1:1~3,14, 고전8:5~6)	반복되는 단어와 구절들을 통해 무엇을 알 수 있습니까? ❶ '하나님'이 거의 모든 절에 나옵니다. 하나님이 창조의 주체이십니다. ❷ '하나님이 이르시되' '그대로 되니라'를 통해 하나님이 말씀하셨고 하나님이 말씀하신 대로 이루셨음을 알 수 있습니다. ❸ '부르시다'를 통해 하나님이 만물의 주인이시며, 피조 세계의 왕이심을 알 수 있습니다.	'보시기에 좋았더라'는 하나님의 창조에 대해 무엇을 말해줍니까? ❶ 하나님이 의도하신 바대로 선하게 창조되었습니다. 하나님의 창조는 선하고 완전하고 완벽했습니다.
꼬리 질문	왜 하나님을 하나님의 영이라고도 했을까요? ❶ '하나님의 영'은 성령입니다. ❷ 창조 전부터 성령님도 함께 계셨습니다.	혼돈, 공허, 흑암은 어떤 상태를 말하는 걸까요? ❶ 아직 뚜렷한 형체가 없고 텅 비어 있는 상태로 ❷ 히브리어 '토후(혼돈)'과 '보후(공허)'가 이러한 상태를 나타내는 단어입니다. ❸ 무에서 유로 창조된 초기 상태로 아무 내용물이 없다는 뜻입니다.	하나님은 왜 땅부터 채우셨을까요? ❶ 하나님은 생물을 만드시기 전에 생물의 먹을거리인 식물을 먼저 준비하셨습니다.	왜 '저녁이 되고 아침이 되니'란 표현이 반복될까요? ❶ 첫째 날 빛이 창조된 이후 낮과 밤이 규칙적으로 이어집니다. ❷ 이 표현을 통해서 하나님의 창조 사역들이 구분되어져 있습니다. 이 표현에서 시간의 흐름을 느낄 수 있습니다. ❸ 날에 대해서는 여러 신학적 해석들이 있고 명확하게 규정짓긴 어렵지만 사람도 낮 시간 동안 일하고 밤 시간 동안 쉼을 갖고 다음 날을 준비하게 하셨습니다.
생각 창고	창세기 1장 1절이 믿어집니까? 아니라면 왜 믿기 어려운지 말해 봅시다.		하나님을 알지 못하는 사람들이 세상이 우연히 생겨났다고 주장하는 것에 대해 어떻게 생각합니까?	

	1-3 생육하고 번성하라 (창1:14~23)		1-4 하나님의 형상대로 (창1:24~28, 31, 창2:1~3)	
몸통 질문	첫째 날부터 셋째 날까지의 창조와 넷째 날부터 여섯째 날까지의 창조의 순서는 어떤 연관이 있습니까? ❶ 첫째, 둘째, 셋째 날에는 분리작업을 통해 공간을 만드셨습니다. ❷ 넷째 날부터 여섯째 날까지는 그 공간을 보시기에 좋도록 장식(디자인)하십니다.	창조의 과정을 통해 하나님에 대해 무엇을 알 수 있습니까? ❶ 혼돈 가운데에서 질서를 부여하시는 하나님이십니다. ❷ 전능하시고 광대하신 분이십니다. ❸ 피조세계의 왕이시며, 완전하고 무오한 창조주이십니다.	사람이 하나님의 형상을 따라 창조되었다는 것은 무슨 뜻일까요? ❶ 사람은 하나님의 속성을 닮도록 창조되었습니다. ❷ 하나님의 속성 중 지식, 지혜, 거룩, 공의, 사랑, 긍휼, 선, 진실 등을 닮도록 만들어졌습니다. ❸ 하나님처럼 지, 정, 의를 갖고 있으며 영적 존재입니다. ❹ 영적 존재이므로 하나님과 교제할 수 있도록 창조되었습니다. ❺ 삼위 하나님 간의 상호 교제와 연합처럼 사람은 관계를 형성하며 함께 살아갑니다. ❻ 사람은 절대적으로 하나님과의 교제를 필요로 하며 본질적으로 하나님만으로 만족할 수 있습니다.	하나님은 사람이 일곱째 날을 통해 무엇을 알기 바라셨을까요? ❶ 하나님이 피곤하셔서 7일째 날에 안식하신 것이 아닙니다. 사람에게 일곱째 날에 모든 일을 쉬고 안식하도록 일과 안식의 본을 보여 주셨습니다. ❷ 하나님이 창조주이심을 기억하게 하셨습니다. ❸ 참된 안식이 하나님 안에, 하나님과의 교제에 있음을 알게 하셨습니다. ❹ 인간의 삶이 하나님의 도우심과 공급하심에 있음을 알도록 하셨습니다.
꼬리 질문	첫째 날의 빛과 넷째 날의 광명체들은 어떤 점이 다를까요? ❶ 첫째 날에 창조하신 빛은 우주의 근원적인 빛이지만 광명체들은 땅을 위해 만드시고 계절과 징조, 날과 해를 구분짓게 하셨습니다.	생물을 볼 때 무엇을 알 수 있을까요? ❶ 하나님의 명령에 따라 각기 종류대로 창조되었습니다. ❷ 수많은, 다양한 생물을 볼 때 창조주이신 하나님의 경이로운 지혜와 능력을 깨달을 수 있습니다. ❸ 생물이 번성하는 것은 하나님이 명령하셨고 복을 주셨기 때문입니다.	하나님이 왜 자신을 가리켜 '우리' 혹은 '자기'라고 말씀하셨을까요? ❶ 하나님은 한 분이시지만 성부, 성자, 성령의 세 인격으로 계신 삼위일체의 하나님이십니다. ❷ 삼위는 개별적인 세 인격이시지만 동일한 신성 혹은 속성을 공유하고 계시며 깨어지지 않는 교제 속에서 서로에게 관계되어 있습니다.	하나님이 사람에게 창조하신 세계를 다스리라고 하신 것을 볼 때 무엇을 알 수 있을까요? ❶ 하나님께서 사람을 위해 세상을 만드셨음을 알 수 있습니다. ❷ 하나님께서 피조물인 사람에게 피조세계를 다스리도록 권위를 주셨습니다. ❸ 하나님의 형상을 따라 지음 받은 존재임으로 만물의 주인이신 하나님의 지혜를 따라 다스리도록 하셨습니다. ❹ 사람의 다스림을 통해 하나님의 이름이 높임 받고 영광 받길 원하셨습니다.
생각 창고	창조된 세계를 보며 하나님이 어떤 분이신지 말해 봅시다.		사람이 종의 진화로 되었다는 주장과 하나님의 형상으로 지음 받은 존재라는 것은 어떤 차이가 있을까요?	

2과 사람창조

	2-1 창조의 절정, 인간 (창2:4~7)		2-2 기쁨의 동산, 에덴 (창2:8~14)	
몸통 질문	하나님의 이름이 왜 '여호와 하나님'으로 바뀌었을까요? ❶ 하나님은 히브리어로 엘로힘이며 전능하신 창조주를 뜻합니다. ❷ 여호와(야훼)라는 이름은 하나님의 인격적이며 관계적인 성품에 초점을 둔 것으로 하나님이 인간과 일대일 관계를 맺으실 때 사용합니다. ❸ 인간에게 다가오셔서 언약을 맺으시고 그 언약을 지키시는 하나님이심을 강조하기 위해서입니다.	창세기 2장에서 왜 사람 창조에 관해 다시 기록하고 있을까요? ❶ 창조의 절정이 사람이기 때문입니다. 타락 전 창조 때의 사람이 어떠한지 보여줍니다.	에덴동산을 볼 때 하나님의 마음에 대해 무엇을 알 수 있습니까? ❶ 늘 하나님과의 교제가 있어 기쁨, 환희, 즐거움이 있는 곳입니다. ❷ 보기에 아름답고 먹기에 좋은 나무가 가득하고 부족한 것이 전혀 없습니다. 모든 필요를 풍성히 채우시는 하나님의 사랑을 알 수 있습니다. ❸ 하나님이 지으신 사람을 위해 특별히 만드신 곳으로 하나님은 사람이 즐겁고 행복하길 원하십니다.	각 강의 이름과 보석을 통해 무엇을 알 수 있습니까? ❶ 비손의 뜻은 풍부하게 흐른다, 기혼은 넘친다, 힛데겔은 화살처럼 빠르다, 유브라데는 달고 감미롭다 입니다. ❷ 에덴동산이 자원이 풍부하고 얼마나 풍요롭고 아름다운 곳인지 상상할 수 있습니다.
꼬리 질문	왜 땅이 5,6절과 같은 상태였을까요? ❶ 땅을 다스릴 사람이 아직 창조되기 전이기 때문입니다. 즉 사람창조가 하나님의 창조 사역의 절정임을 보여줍니다.	왜 사람을 흙으로 빚으셨을까요? ❶ 사람이 육적 존재임을 보여줍니다. ❷ 사람을 나타내는 아담이란 단어와 흙이란 단어는 같은 히브리어 어원으로 사람과 땅이 밀접하게 관련되어 있음을 보여줍니다. ❸ 사람은 하나님을 닮게 지어졌지만 지음 받은 피조물임을 잊지 말아야 합니다.	에덴의 뜻은 무엇일까요? ❶ 기쁨, 즐거움이란 뜻입니다.	하나님은 왜 동산 가운데 특별히 두 나무를 두셨을까요? ❶ 눈에 가장 잘 띄는 곳에 두셨습니다. 하나님의 특별한 의도가 있습니다. ❷ 하나님은 생명나무를 두셔서 사람이 영원한 생명을 누리도록 하셨습니다.(선악과나무 2:17참고)
생각 창고	인체의 신비로움을 관찰하고 말해 봅시다.		하나님과 어떻게 친밀함을 누릴 수 있을까요?	

	2-3 선악과를 먹지 마라 (창2:15~17)		2-4 돕는 배필 (창2:18~25)	
몸통 질문	하나님은 왜 사람에게 경작하고 지키라고 하셨을까요? ❶ 하나님은 창조하신 세상을 사람에게 맡기셨습니다. ❷ 경작하다는 히브리어 '아바드'로 '봉사하다'란 뜻이며 하나님을 예배하다에도 쓰이는 단어입니다. 지키다는 '샤마르'로 '돌보다, 보존하다'란 뜻이며 율법이나 계명을 지킬 때에도 쓰입니다. ❸ 원래 노동은 고통이 아니라 하나님이 창조하신 세계를 잘 관리하고 보존하기 위한 것입니다.	하나님은 왜 단 한 가지의 금지명령을 주셨을까요? ❶ 사람이 하나님의 명령에 자발적으로 순종함으로써 하나님은 창조주, 사람은 피조물임을 기억하는 것입니다. ❷ 사람이 생명나무의 열매를 먹으며 번성하면서 이 생명과 모든 복이 하나님으로부터 왔음을 기억하는 것입니다. ❸ 하나님이 사람과 맺으신 첫 언약입니다.	돕는 배필이란 무슨 뜻일까요? ❶ 돕는 배필이란 말은 '예제르(돕는 자)'와 '페네게도'(그에게 딱 맞는)라는 말이 합쳐진 말입니다. ❷ 아담과 하와가 서로를 위해 지어졌으며 상호간에 자신에게 없는 부족한 부분을 서로 돕는 존재임을 말합니다. ❸ 하나님이 남자와 여자를 하나님의 형상을 따라 만드셨으므로 아담과 하와는 동등한 인격을 가진 존재입니다.(창1:27)	하나님은 왜 둘이 한 몸을 이루라고 하셨을까요? ❶ '둘이 한 몸'을 이루어감으로 삼위 하나님의 연합을 닮도록 하신 것입니다. ❷ 남자와 여자가 몸과 몸의 연합, 마음과 마음의 연합, 영과 영의 연합을 이루는 것입니다. ❸ 하나님이 만드신 결혼이란 두 사람이 부모로부터 완전히 독립하여 동등한 두 인격체가 연합하여 사랑 안에서 완전한 하나를 이루는 것입니다.
꼬리 질문	'임의로 먹되'에서 무엇을 알 수 있을까요? ❶ 하나님은 사람에게 하나님의 말씀 안에서 자유롭게 선택할 수 있도록 하셨습니다.	왜 이름이 선악을 알게 하는 나무일까요? ❶ 하나님의 말씀을 지키는 것이 선이고 하나님의 말씀을 어기는 것이 악임을 경험하게 되기 때문입니다. ❷ 사람이 선악을 알게 하는 나무의 열매때문에 죽는 것이 아니라 먹지 말라는 하나님의 말씀을 어김으로 죽는 것입니다.	하나님은 왜 아담에게 생물의 이름을 짓게 하셨을까요? ❶ 하나님이 창조하신 사람에게 만물을 다스리는 권세를 주셨기 때문입니다. 하나님은 사람을 하나님의 대리 통치자, 관리자로 세우셨습니다.	아담은 어떻게 생물들을 보고 단번에 이름을 짓고 하와를 첫눈에 알아보았을까요? ❶ 아담은 생물의 이름을 지을 수 있는 능력이 있으며 하와를 단숨에 알아볼 수 있는 인지력이 있습니다.
생각 창고	단 한가지의 금지 명령은 지키기 어려운 것일까요?		결혼과 삼위 하나님은 어떤 연관이 있을까요? 성경이 말하는 결혼과 세상이 말하는 결혼은 어떻게 다른가요?	

3과 사람타락

	3-1 죄가 들어오다 (창3:1~6)		3-2 질문하시는 하나님 (창3:7~13)	
몸통 질문	뱀은 어떤 방법으로, 왜 하와를 유혹했을까요? ❶ 하나님의 말씀을 가지고 유혹합니다. 하나님이 금하신 나무를 다르게 말하고 없는 말을 더하고 모호하게 약화시켜 불신을 유도합니다. ❷ 뱀을 이용하는 사단은 하나님을 대적한 자로 창조의 절정인 사람을 시기합니다. 사단에게는 사람을 해칠 능력이 없기 때문에 거짓으로 속여 사람이 스스로 타락하도록 유도합니다. ❸ 하나님 같이 최고의 존재가 될 수 있다고 유혹합니다. 피조물에게 피조물임을 잊게 하고 창조주가 될 수 있다고 부추깁니다. 하나님과의 언약을 파기하도록 유도합니다.	하와는 어떻게, 그리고 왜 하나님의 말씀을 바꾸어 놓았을까요? ❶ 하와는 선악을 알게 하는 나무가 아니라 동산 중앙에 있는 나무라고 말합니다. 만지지도 말라는 말을 덧붙이고 죽을까 하노라고 바꾸어 말합니다. ❷ 하와는 하나님의 말씀을 소홀히 여겼고 말씀을 의심하고 약화시켜 타협의 여지를 두었고 교만한 마음에 사로잡혀 탐욕과 욕망에 빠져불순종했습니다. ❸ 사단의 유혹에 하와의 마음이 이미 하나님의 말씀의 기준을 벗어납니다. 사람은 하나님의 말씀 안에서 다스림을 받는 존재입니다. 죄는 하나님의 말씀을 벗어나는 것에서부터 시작됩니다.	하나님이 금하신 열매를 먹은 후 아담과 하와는 어떻게 달라졌습니까? ❶ 서로의 벗은 모습을 부끄러워하고 수치심을 갖게 됩니다. 하나님으로부터 숨고 하나님과의 기쁨의 교제는 두려움으로 바뀝니다. 변명하며 자기합리화를 하며 탓을 합니다. ❷ 창조 때 지음 받은 하나님의 형상이 훼손되었습니다. 죄는 사람과 하나님과의 관계, 사람과 사람의 관계를 깨트렸습니다.	하나님은 왜 다 아시면서 거듭 질문하셨을까요? ❶ 말씀에 불순종한 죄로 인해 하나님이 주신 영광을 잃고 비참한 가운데 놓인 아담을 하나님이 안타까워하십니다. ❷ 아담에게 죄를 지은 자리에서 죄를 깨닫고 돌이키기를 간절히 원하십니다. ❸ 죄를 지은 아담은 하나님 앞에 스스로 나갈 수 없습니다. 하나님은 죄를 범한 아담을 버려두지 않으시고 먼저 찾아오십니다.
꼬리 질문	뱀은 왜 하나님의 말씀을 살짝 바꾸어 말했을까요? ❶ 단 한 개의 나무를 금하셨는데 모든 나무라고 말합니다. 하나님이 금하신 것을 상기시키며 하나님이 주신 자유를 의심하게 만듭니다.	아담은 왜 거부하지 않고 받아먹었을까요? ❶ 하와의 불순종은 한 몸 이룬 아담에게 영향을 미칩니다. 죄는 강력한 전염성을 갖습니다. ❷ 아담이 하와의 행동에 경악했거나 받아먹기를 거부했다는 말이 없습니다. 하와가 주긴 했으나 아담 또한 자신의 결정에 따라 먹었습니다.	벗었음을 알게 되자 왜 가리려고 했을까요? ❶ 벗었으나 서로 부끄러워하지 않았던 아담과 하와가 처음으로 수치심을 알게 되었기 때문입니다. 눈이 밝아져 하나님과 같이 된다는 사단의 말과는 정반대로 죄는 수치심을 불러 일으켰습니다.	하나님은 왜 아담에게 어디에 있냐고 물으셨을까요? ❶ 하나님이 모르셔서 묻는 것이 아닙니다. 아담이 피조물로서 있어야할 자리를 벗어났기 때문입니다.
생각 참고	성경이 말하는 죄는 세상에서 말하는 죄와 어떻게 다른가요? 사단은 어떤 자인가요? (요8:44,12:31,14:30, 고후4:4, 엡2:2, 계12:9,20:10)		타락 이후 인간에게는 어떤 죄들이 나타납니까? (마15:19, 롬1:18~32, 엡2:1~3)	

	3-3 하나님의 심판 (창3:14~19)		3-4 에덴동산에서 추방 (창3:20~24)	
몸통 질문	창세기 3장 15절 말씀은 성경 전체를 이해하는 데 왜 중요합니까? ❶ 여자의 후손이 사단의 후손과 원수가 되게 하심으로 인류가 모두 사단의 후손이 되는 것을 막으셨습니다. 후손 대대로 더 이상 일대일의 싸움이 아니라 두 집단 간의 영적 싸움이 계속될 것입니다. ❷ 뒤이어 나오는 두 번째 '여자의 후손', 사단의 머리를 상하게 할 자는 단수로 구속자이신 예수 그리스도를 가리킵니다. ❸ 하나님께서 인간의 죄와 사단의 온갖 방해에도 불구하고 여자의 후손(그리스도)를 보내시기 위해 택하신 사람을 통해 어떻게 은혜와 긍휼과 자비를 베푸시며 구속언약을 성취해 나가시는지 보아야 합니다.	하나님이 내리신 심판의 내용을 통해 무엇을 알 수 있습니까? ❶ 심히 보기 좋았던, 선하고 완벽했던 창조세계가 훼손되었습니다. ❷ 해산에 고통이 더해졌고 아담과 하와 사이에는 갈등이 있을 것입니다. 땅은 에덴에서의 풍요로운 결실이 아니라 가시와 엉겅퀴를 내게 되고 하나님의 창조세계를 다스리던 노동은 죄가 들어온 이후 수고와 고통이 되었습니다. ❸ 사람은 영생을 누려야할 존재에서 흙으로 돌아갈, 죽을 존재가 되었습니다.	하나님은 왜 가죽옷을 지어 입히셨을까요? ❶ 아담과 하와는 그들의 노력으로 죄의 수치를 가릴 수 없기 때문에 하나님께서 그들을 위해 만들어 주셨습니다. 아담과 하와를 위해 다른 짐승이 피 흘려 죽었으며 이들에게 구속의 피를 경험케 하셨습니다. ❷ 가죽옷은 대속제물이 되실 예수님을 예표합니다.	하나님은 왜 아담과 하와를 에덴에서 추방하셨을까요? ❶ 아담과 하와가 생명나무의 열매를 따먹고 죄가 있는 상태로 영생하는 것을 막기 위함입니다. 에덴에서의 추방은 심판이지만 동시에 하나님의 은혜이기도 합니다.
꼬리 질문	15절에서 '너'와 '너의 후손'은 누구를 말하는 것일까요? ❶ 사단과 사단의 후손을 말합니다. 앞으로 하나님을 거역하는 불순종의 자녀들이 계속 있음을 알 수 있습니다.	반드시 죽으리라고 하셨는데 왜 죽지 않았을까요? ❶ 흙으로 돌아간다는 것은 죽을 수밖에 없는 존재가 되었음을 말합니다. 하나님과의 관계가 깨어져 생명의 근원이신 하나님과 분리되어 영적으로 죽은 것입니다.	아담은 여자를 왜 하와라고 불렀을까요? ❶ 하와는 생명이란 뜻입니다. ❷ 불순종으로 하나님의 심판을 받았지만 하나님은 여자의 후손을 약속하시며 구속의 은혜를 베푸셨습니다. ❸ 아담은 하와가 생명을 잇는 자가 된 것을 기뻐하며 아직 자식이 없는 여자를 하와라 부릅니다. ❹ 하나님의 은혜와 약속에 대한 아담의 기쁨과 감사가 나타나 있습니다.	사람이 선악을 알게 된 것이 왜 문제가 될까요? ❶ 최초의 사람은 하나님의 형상을 닮은 영광스러운 존재였지만 하나님의 금지명령을 어긴 후 타락한 존재가 되었습니다. ❷ 타락한 인간은 선과 악의 분별, 판단과 시비에 있어 불완전합니다. ❸ 이로 인해 관계에서 많은 갈등과 문제가 야기됩니다.
생각 창고	하나님은 왜 심판을 내리실 수밖에 없습니까? 창3:15절을 통해 하나님에 대해 무엇을 알 수 있습니까?		아담과 하와는 가죽옷을 통해 무엇을 배웠을까요? 가죽옷과 예수님은 어떤 연관이 있습니까?	

4과 가인과 아벨

	4-1 최초의 살인자 창4:1~8		4-2 살려주시는 하나님 창4:9~15	
몸통 질문	하나님은 왜 가인의 제물을 받지 않으셨을까요? ❶ 하나님이 '아벨과 그의 제물'은 받으셨으나 '가인과 그의 제물'은 받지 않으셨다고 말합니다. 제물 자체가 아니라 누가 드린 제물인지를 강조합니다. ❷ 하나님이 가인에게 '네가 선을 행하면 어찌 낯을 들지 못하겠느냐'라고 말씀하신 것을 볼 때 가인과 연관이 있음을 알 수 있습니다. ❸ 믿음 때문입니다. 히11:4에서 믿음으로 더 나은 제물이라고 하지 않고 더 나은 제사(예배)라고 말합니다. 아벨은 가죽옷의 교훈을 통해 하나님께서 자신의 죄를 속하여 주실 희생제물의 참 뜻을 알고 제사를 드렸습니다. 또한 하나님께서 약속하신 '여자의 후손', 구속자를 소망하며 드렸습니다.	가인의 모습에서 죄에 대해 무엇을 알 수 있나요? ❶ 가인은 자신의 죄에 대해 화를 내는 것이 아니라 하나님에 대해 불만과 분노를 드러냅니다. 의분이 아니라 죄로 인해 일그러진 얼굴입니다. ❷ 가인이 낯을 들지 못하는 것은 아담이 죄를 짓고 하나님을 두려워하여 숨은 것과 같습니다. ❸ 가인은 인류 최초의 살인을 저지릅니다. 죄를 다스리지 못하면 죄는 성장하게 되고 결국 죄의 종이 됩니다.	하나님은 어떤 심정으로 가인에게 질문하셨을까요? ❶ 하나님은 가인을 방관하지 않으시고 아담에게 그러하셨듯이 죄를 지은 가인에게 먼저 찾아오십니다. ❷ 가인이 자신의 죄를 고백할 수 있도록, 하나님께 돌이킬 수 있도록 기회를 주십니다. ❸ 하나님의 질문에는 가인의 죄로 인해 애통해 하시는 하나님의 마음과 가인을 향한 하나님의 긍휼의 마음이 담겨 있습니다.	가인의 대답에서 무엇을 알 수 있나요? ❶ '내가 알지 못하나이다'라고 답하며 죄를 숨깁니다. '내가 내 아우를 지키는 자니이까'라고 도리어 뻔뻔하게 항변합니다. 죄에 대한 뉘우침이 전혀 없습니다. ❷ 죄는 감출수록 사람의 마음을 굳게 합니다. 가인은 스스로 죄를 고백하고 돌이킬 수 있는 기회를 거부합니다. ❸ 죄에 대한 반응은 회개하느냐 아니면 스스로 합리화하느냐 두 가지입니다
꼬리 질문	가인과 아벨은 왜 하나님께 제사를 드리게 되었을까요? ❶ 아마 부모인 아담과 하와로부터 그들의 불순종의 결과와 가죽옷사건에 대해 들었을 것입니다. 아담과 하와는 이들에게 제사의 필요성과 제사 드리는 방법을 가르쳤을 것입니다.	하나님은 왜 가인에게 죄를 다스리라고 하셨을까요? ❶ 하나님은 마음의 중심을 보시는 분이십니다. 가인의 마음속에서 죄에 치우친 악한 마음과 하나님께 대한 원망과 아벨에 대한 미움을 보셨기 때문입니다. ❷ 하나님은 가인에게 자신의 마음을 들여다보도록, 하나님께 돌이키도록 기회를 주고 계십니다.	하나님이 가인에게 내리신 저주는 아담이 받은 저주와 비교해볼 때 어떠합니까? ❶ 아담의 죄가 땅에 영향을 미쳤듯이 가인의 죄 또한 피조세계에 영향을 미칩니다. ❷ 가인의 경우에는 죄의 영향력이 더한층 가중되어 가인은 땅의 효력을 얻지 못할 뿐만 아니라 땅에서 유리하는 자가 되어 하나님과 사람으로부터 멀어지게 됩니다.	가인이 두려워하는 자들은 누구일까요? ❶ '세월이 지난 후'란 일정한 기간이 지났음을 뜻합니다. 하나님이 창조 때 생육과 번성의 복을 주셨으므로 아담과 하와는 다른 자녀도 많이 낳았을 것입니다. ❷ 성경은 구속사적 관점에서 선택적으로 인물들을 기록해 놓았습니다.
생각 창고	히브리서는 아벨은 믿음으로 더 나은 제사를 드렸다고 말합니다. 믿음이 무엇일까요?		하나님은 왜 가인을 보호해 주셨을까요?	

4과 가인과 아벨

	4-3 칼의 노래 (창4:16~24)		4-4 셋의 예배 (창4:25~26)	
몸통 질문	가인 후손들의 이름의 뜻을 통해 무엇을 짐작할 수 있나요? ❶ 이랏은 과시하는 자, 므후야엘은 하나님께서 흔적도 없이 쓸어버린 자, 므드사엘은 지옥의 사람, 하나님의 사람, 라멕은 힘센 젊은이, 압제자, 강한 자란 뜻이 있습니다. ❷ 자신의 외모, 권력, 명예를 자랑하고 스스로 위안을 삼는 자들입니다. 그들이 얼마나 악하게 살았는지 짐작할 수 있습니다. 그들의 삶은 그들이 하나님을 떠난 자들임을 보여줍니다.	가인의 후손 라멕을 통해 무엇을 알 수 있나요? ❶ 두 명의 부인을 두어 하나님이 정하신 신성한 결혼을 타락시킵니다. ❷ 그의 노래에서 '내 말을 들으라'고 거듭 강조하며 스스로를 영웅시합니다. 상처는 히브리어 '페짜'로 가벼운 타박상 정도인데 라멕이 가벼운 상처에 분노하며 자신의 힘과 권력으로 잔인하게 생명을 해하고 있음을 보여줍니다. 하나님의 말씀을 가지고 자신의 무자비한 보복능력과 잔인함을 자랑하고 있습니다. ❸ 가인의 후손을 통해 죄가 확장되며 라멕에 이르러 절정을 이루고 있습니다.	하나님은 왜 아벨 대신 셋을 주셨을까요? ❶ 셋은 히브리어 동사 '쉬트'에서 온 말로 '대신 낳다'란 뜻입니다. ❷ 사단은 가인을 통해 경건한 아벨을 죽임으로 하나님의 구속언약(여자의 후손 탄생)을 방해하려 했으나 하나님은 그 대신 셋을 주심으로 아벨과 같은 경건한 자손들을 낳게 하셔서 하나님의 구속의 계획을 잇도록 하셨습니다.	비로소 여호와의 이름을 불렀더라는 무슨 뜻일까요? ❶ 셋 시대에 비로소 공동으로 하나님께 예배드리는 공동체가 생겼음을 말합니다. ❷ 가인과 그의 후손들이 죄악을 더해가며 인본주의의 삶을 추구할 때 셋의 후손들은 하나님과의 관계를 우선시하며 하나님 중심의 삶을 살았습니다.
꼬리 질문	가인은 왜 성을 쌓았을까요? ❶ 사람을 두려워하여 성을 쌓습니다. 하나님께서 생명을 보호해주실 것을 약속해주셨지만 가인은 하나님을 신뢰하지 않습니다. 하나님이 주신 표를 받고도 스스로 자신을 보호하고자 합니다.	왜 라멕의 아들들에 대해 자세히 기록했을까요? ❶ 라멕의 아들들의 직업을 볼 때 가축 떼를 통한 상거래, 음악과 예술, 각종 기계와 무기 제조 등이 문명이 발달합니다. ❷ 이들의 삶이 물질의 풍요와 세속적인 미와 쾌락을 추구함을 짐작할 수 있습니다.	아담은 왜 셋을 '다른 씨'라고 말했을까요? ❶ 아담은 자식들 간의 살인과 죽음을 보며 절망했을 것입니다. 아담은 셋을 아벨 대신 주신 씨라고 고백합니다. ❷ 아담은 셋을 통해 하나님이 약속하신 여자의 후손을 소망했을 것입니다.	셋은 왜 아들의 이름을 에노스라고 지었을까요? ❶ 에노스는 히브리어 '이쉬'로 사람들이라는 뜻이 있고 히브리 보통명사로 죽을 수밖에 없는 존재란 뜻도 있습니다. ❷ 셋이 에노스를 보며 하나님의 형상대로 지음 받은 사람다운 사람이 되기를 소망했을 것입니다.
생각 창고	가인 후손들의 문화의 특징과 지금 세상의 모습은 어떤 점이 유사합니까?		예배가 무엇이라고 생각하나요?	

5과 노아홍수

	5-1 하나님의 한탄과 근심 창6:1~7		5-2 은혜 받은 자 노아 창6:8~17	
몸통 질문	하나님의 아들들과 사람의 딸들과의 결혼이 왜 문제가 될까요? ❶ 경건한 셋의 후손들이 불경건한 가인의 후손들과 결혼을 한 것입니다. ❷ 이들은 사람의 딸들의 아름다움을 보고 자기들이 좋아하는 모든 여자를 아내로 삼습니다. 하나님을 예배하던 셋의 후손들이 세상적인 기준으로 아내를 선택합니다. ❸ 3절의 말씀을 볼 때 이들이 하나님을 거역한 가인 공동체에 점점 동화되어갔음을 알 수 있습니다	왜 이렇게 세상이 죄악으로 가득해졌을까요? ❶ 셋 공동체가 가인의 공동체에게 경건한 영향을 끼친 것이 아니라 오히려 그들의 죄악과 포악함에 물들었기 때문입니다. ❷ 하나님의 이름을 부르던 셋 공동체가 노아의 가정만을 제외하고 하나님께 대한 믿음을 저버린 것입니다. 경건한 셋 공동체와 예배가 사라진 것입니다.	하나님과 동행한다는 것은 무슨 뜻일까요? ❶ 하나님과 교제하며 하나님을 경외하는 삶을 사는 것입니다. 삶의 중심이 하나님께 있습니다.	방주를 통해 하나님의 계획에 대해 무엇을 알 수 있나요? ❶ 하나님은 홍수로 악한 세대를 멸하시기 전에 경건한 노아의 가정을 구원하시고 땅 위의 모든 생물을 종류대로 보존하십니다. 하나님은 심판과 동시에 창조세계를 보존하십니다. ❷ 노아의 가정을 통해 여자의 후손을 위한 씨를 남겨두셔서 구속언약을 이루어 가십니다. 방주는 예수 그리스도를 상징합니다.
꼬리 질문	하나님의 아들들과 사람의 딸들이란 무슨 뜻일까요? ❶ 하나님의 아들들은 셋의 후손들을 말하며 이들은 하나님의 이름을 부르며 예배하는 경건한 예배공동체입니다. ❷ 사람의 딸들은 가인의 후손들로 하나님을 떠난 공동체입니다.	창6:3은 무슨 뜻일까요? ❶ '나의 영이 영원히 사람과 함께 하지 아니하리니'-하나님께서 더 이상 사람의 죄에 관여하지 않으시고 그들의 죄악대로 내버려 두시겠다는 뜻입니다. ❷ '이는 그들이 육신이 됨이라'-영과 육으로 지음 받은 인간이 하나님의 형상을 상실하고 죄악으로 가득한 육신만 남았음을 말합니다. ❸ '그들의 날은 백이십 년이 되리라'에 대해 120년 뒤에 홍수심판이 있을 것과 120년을 방주를 짓는 기간으로 보는 것과 앞으로 인간의 수명이 단축되는 것으로 보기도 합니다.	노아를 왜 의인이라고 말할까요? ❶ 노아가 죄가 전혀 없다는 뜻이 아닙니다. 성경에서 의는 하나님과의 관계를 말합니다. ❷ 노아가 악한 세대 가운데서 하나님 앞에서 의롭게 살려고 하는 것을 하나님이 보시고 전적으로 하나님께서 노아에게 은혜를 주셨기 때문입니다.	노아는 몇 년간 방주를 지었을까요? ❶ 500세 된 후에 셈과 함과 야벳을 낳았고 600세 되던 해에 홍수가 난 것으로 보아 약 100년이 넘지 않은 것으로 봅니다.
생각 창고	하나님의 아들들이 그들의 정체성을 잃은 것은 우리에게 어떤 교훈을 줍니까?		오랫동안 방주를 지은 노아의 삶에서 우리는 무엇을 배울 수 있을까요?	

	5-3 피째 먹지 마라 창9:1~7		5-4 무지개 언약 창9:8~17	
몸통 질문	처음 창조 때와 홍수 이후 무엇이 달라졌을까요? ❶ 창조 때와 동일하게 생육하고 번성하고 땅 위에 충만하라고 하셨지만 다스리고 정복하라는 빠져 있습니다. 사람과 모든 생물과의 관계가 부정적으로 변했기 때문입니다. ❷ 살아있는 동물의 고기를 먹거리로 주셨고 살인한 자에 대해서는 사형에 처하도록 하셨습니다.	하나님은 왜 피째 먹는 것에 대해 특별히 경고하셨을까요? ❶ 피가 생명의 근원이기 때문입니다. 피를 먹는 행위는 생명을 경시하는 풍조를 만들기 때문입니다.	하나님이 노아와 맺으신 언약을 볼 때 무엇을 알 수 있습니까? ❶ 노아로부터 다시 번성하게 될 모든 인류와 창조세계를 포함한 언약입니다. ❷ 대대로, 영원히 유효한 언약입니다. ❸ '내가, 내가 세우리니'라고 거듭 말씀하십니다. 하나님이 언약의 주체가 되셔서 지켜나가실 것을 강조하십니다. ❹ 하나님께서 사람의 죄성을 아시고 긍휼을 베푸신 것입니다. 그렇지 않았다면 인간은 또 심판을 자초했을 것이고 창조세계는 보존되기 어려웠을 것입니다.	하나님을 왜 무지개를 언약의 증거로 삼으셨을까요? ❶ 홍수심판을 경험한 사람들은 이후 비가 올 때마다 두려움을 느끼게 되었을 것입니다. 그러나 무지개를 볼 때 사람들은 더 이상 이 세상을 물로 심판하지 않겠다고 하신 하나님의 약속의 말씀을 떠올리며 안도했을 것입니다.
꼬리 질문	왜 생물들이 사람을 두려워하게 되었을까요? ❶ 사람의 죄의 영향으로 동물들이 사람에 대해 공격성을 갖게 되었고 하나님은 사람을 보호하기 위해 동물들이 사람을 두려워하도록 하셨습니다. 사람이 동물들에 대한 지배권을 유지할 수 있도록 하셨습니다.	홍수 이전에는 고기를 먹지 않았나요? ❶ 식물류만 먹었습니다.	하나님은 더 이상 이 세상을 심판하지 않으실까요? ❶ 벧후3:6~8에서 마지막 때에 불로 심판하실 것이라고 말씀하셨습니다.	이전에는 무지개가 없었을까요? ❶ 이전에도 자연의 현상인 무지개는 있었습니다. 다만 하나님이 무지개를 언약의 증거로 삼으신 것입니다.
생각 참고	홍수심판 이후 또 어떤 점들이 달라졌을까요?		홍수심판과 노아언약을 통해 하나님에 대해 무엇을 알게 되었나요?	

	6-1 세 아들 창9:18~29		6-2 함의 자손 창10:6~12	
몸통 질문	노아의 아들들의 행동을 통해 무엇을 알 수 있을까요? ❶ 함의 행동이 죄가 되는 것은 그가 아버지의 하체를 단순히 보았기 때문이 아니라 악의적으로 즐기고 형제들에게 떠벌려 아버지의 권위와 명예를 떨어뜨렸기 때문입니다. 이것은 평상시 함의 인격이 죄를 즐기고 하나님이 세우신 영적 권위를 가벼이 여겼음을 짐작할 수 있습니다. ❷ 반면 셈과 야벳은 아버지의 허물을 덮음으로 아버지의 권위와 명예를 존중히 여기며 하나님이 세우신 영적 질서와 권위에 순종하는 삶을 살았을 것입니다.	세 아들에 대한 노아의 예언에는 각각 어떤 뜻이 담겨있을까요? ❶ 셈의 하나님을 찬송한다는 것은 하나님이 셈의 하나님이 되어주셔서 함께하시며 그의 후손들에게 영적 축복을 주시고 셈을 구원의 축복을 이을 상속자로 택하셨음을 뜻합니다. ❷ 야벳의 후손을 통해 헬라 문화와 로마제국이 나오는데 이들은 이방인들이 구원을 받음으로써 셈의 영적 장막에 거하는 영적 축복을 누리게 됩니다. ❸ 가나안의 후손들은 나중에 이스라엘에 의해 정복당하며 그들의 종이 됩니다.	니므롯에 관한 속담은 무슨 뜻일까요? ❶ 니므롯이란 이름은 반역한다, 대항한다는 뜻이 있으며, 용감한 사냥꾼이란 전쟁을 즐기는 사냥꾼, 사람을 죽이는 사냥꾼이라는 뜻입니다. ❷ 이들은 하나님을 대적하는 자들이며 전쟁 영웅들입니다.	니므롯이 세운 나라는 어떠했을까요? ❶ 하나님을 대적하고 막강한 힘과 통치력으로 왕권을 강화한 나라입니다. ❷ 이들을 통해 많은 우상숭배가 생겨났고 왕들은 자신들을 우상시합니다. ❸ 홍수심판 이후에도 인간의 죄는 다시 반복되고 있습니다.
꼬리 질문	왜 함만 가나안의 아버지라고 덧붙여 설명했을까요? ❶ 이후 성경이 말하고자 하는 초점이 가나안에 있기 때문입니다.	왜 함이 아닌 가나안이 저주를 받았을까요? ❶ 함의 아들 가나안이 이 일에 가담했을 수도 있습니다. ❷ 함의 죄의 성향이 아들 가나안에게 영향을 미쳤고 그 정도가 더 심화되었기 때문일 수 있습니다. ❸ 하나님이 노아에게 미래에 심판 받을 가나안 족속에 대해 계시하셨기 때문일 수 있습니다.	니므롯은 최초로 무엇을 세웠습니까? ❶ 시날 땅에 나라를 세웠습니다. 이들은 북쪽으로 더 나아가 침략과 정복전쟁을 통해 영토를 확장하고 대제국을 건설합니다.	함의 후손들을 통해 어떤 족속들이 나오나요? ❶ 이스라엘의 역사에서 이스라엘의 대적이 된 족속들이 많이 나옵니다. 이집트, 바벨론, 블레셋, 가나안의 여러 족속들입니다.
생각 창고	왜 노아는 셈이 아닌 셈의 하나님을 찬송했을까요?		하나님을 떠난 사람들은 무엇을 자신들의 힘과 안전으로 삼습니까? 나는 어떠합니까?	

	6-3 탑을 쌓는 인간 창11:1~4		6-4 흩으시는 하나님 창11:5~9	
몸통 질문	2절에서 그들이란 누구를 말할까요? ❶ 대홍수 이후 퍼져나갔던 사람들의 자손이며 니므롯 왕조가 중심이 되었을 것입니다.	이들이 성읍과 탑을 쌓는 것이 왜 문제가 될까요? ❶ 그 목적이 사람이 하나님과 같이 높아지고 하나님의 이름과 영광이 아닌 자신들의 이름과 영광을 위해 쌓기 때문입니다. 사람을 우상시하고 경배하게 합니다. ❷ 하나님은 온 땅에 충만하라고 명령하셨는데 이들은 하나님의 명령을 어기고 흩어짐을 면하고자 합니다.	바벨탑 사건이 주는 교훈은 무엇일까요? ❶ 하나님을 떠난 인류가 꾸준히 무엇을 추구하는지 보여줍니다. ❷ 바벨탑은 인간의 교만과 하나님에 대한 끝없는 반역과 하나님에 대한 불신을 보여줍니다.	흩으심이 하나님의 심판임과 동시에 왜 하나님의 은혜일까요? ❶ 노아 때처럼 인간의 죄악과 부패를 내버려두지 않으시고 홍수에 버금가는 심판을 초래하지 않도록 미리 막으신 것입니다. ❷ 하나님은 이들을 마땅히 멸하실 수 있지만 사람을 흩으셔서 하나님이 주신 복, 온 땅에 생육, 번성, 충만하도록 하셨습니다.
꼬리 질문	왜 시날 평지였을까요? ❶ 시날 평지는 많은 사람들이 거할 만큼 넓은 평지였고 티그리스 강과 유프라테스 강 사이에 있어 땅 또한 비옥했습니다.	왜 역청을 발랐을까요? ❶ 역청이란 찐득찐득한 석유 형태의 천연 아스팔트로 방수 효과가 있습니다. 홍수심판 이후 이들이 물이 두려워 홍수에 대비하기 위함입니다. ❷ 더 이상 물로 심판하지 않겠다고 약속하신 하나님의 말씀을 신뢰하지 않습니다.	하나님의 반응은 어떠하셨나요? ❶ 하나님이 보려고 내려오시고 삼위 하나님이 의논하시고 언어를 혼잡케 하셔서 이들의 계획을 막으십니다. 하나님은 결코 인간의 죄를 방관하지 않으십니다.	성경에서 바벨이라는 이름은 무엇을 상징할까요? ❶ 인간이 스스로 왕이 되어 죄된 본성을 따라 힘과 권력으로 다스리는 세상나라와 이들이 만들어내는 세상문화를 상징합니다. 이것은 세상종말까지 계속될 것입니다.
생각 참고	성경은 인간의 교만에 대해 어떻게 말합니까?(시138:6, 잠16:5, 16:18, 21:24) 나는 교만이 무엇이라고 생각합니까?		왜 세상에 악이 넘쳐날까요? 왜 하나님은 심판하시지 않을까요?	

	7-1 아브람을 부르시는 하나님 창12:1~4		7-2 두려워 말라 창15:1~6	
몸통 질문	하나님이 왜 갑자기 아브람에게 나타나셨을까요? ❶ 창1~11장까지가 인류의 역사였다면 창12장부터는 하나님의 구원의 역사입니다. 하나님께서 아브람 한 사람을 부르셔서 약속의 말씀을 주시고 하나님이 구원의 역사를 이루어 가십니다.	하나님이 약속하신 큰 민족은 무엇이며 아브람에게 복을 주신 이유는 무엇입니까? ❶ 먼저는 이스라엘이며 나아가 열방에서 하나님을 믿고 예수그리스도로 말미암아 구원받게 될 하나님의 백성을 말합니다. ❷ 아브람 개인만을 위한 것이 아니라 땅의 모든 족속에게 복을 주시기 위함입니다. ❸ 하나님이 아브람을 통해 온 세상에 주시고자 한 복은 아브람의 후손으로 오실 예수 그리스도이십니다.	하나님은 왜 이 때 아브람에게 나타나셔서 약속의 말씀을 상기시켜 주셨을까요? ❶ 하나님은 아브람에게 몇 차례에 걸쳐 약속의 말씀을 확증해 주십니다. 15장은 12장, 13장에 이은 세 번째 확증입니다. ❷ 아브람이 하나님의 약속을 받은 지 10년이 흘렀는데도 아직 자식이 없고 북부동맹군의 보복이 두려워지자 자신의 후사에 대해 마음이 조급해지고 후사로 충성된 종 엘리에셀을 생각합니다. ❸ 하나님은 아브람의 믿음을 붙들어 주시고 반드시 '네 몸에서 날 자가 네 상속자'라고 말씀해 주십니다.	하나님은 왜 아브람을 의롭게 여겨주셨나요? ❶ 하나님에 대한 믿음을 보시고 의롭게 여겨주십니다. 행위가 아니라 하나님과 하나님의 말씀을 믿는 믿음입니다. 성경에서 처음 언급되는 칭의입니다. ❷ 이 믿음은 아브람의 후사뿐만 아니라 하나님이 약속하신 후손들과 여자의 후손까지 바라보는 믿음입니다.
꼬리 질문	아브람은 누구의 후손일까요?(창11:10,26) ❶ 노아의 아들 셈의 10대손입니다.	아브람은 어떻게 자신의 고향을 떠날 수 있었을까요? ❶ 아브람의 믿음이 온전해서가 아닙니다. 아브람의 믿음은 그의 인생 여정 속에서 하나님의 훈련을 통해 점점 자라갑니다. ❷ 아브람의 가족들은 갈대아 우르에서 우상을 섬겼지만 하나님이 이끌어 내셨기 때문입니다.(수24:2,3) ❸ 영광의 하나님이 아브람에게 자신을 나타내셨고(행7:2~4) 아브람은 하나님의 말씀을 따라 갔습니다.	'이 후에'란 어떤 일을 말할까요? ❶ 창14장에서 아브람은 붙잡혀 간 롯을 구하기 위해 북부연합동맹국을 추격하여 그들을 무찌르고 승리한 이후였습니다.	아브람은 왜 종 엘리에셀을 상속자로 생각했을까요? ❶ 당시에는 자식이 없는 부부가 재산을 상속하는 조건으로 종을 양자로 삼고 노년과 장례를 책임지도록 하는 관습이 있었습니다.
생각 창고	하나님은 왜 아브람에게 그의 고향, 친척, 아버지의 집을 떠나라고 하셨을까요? 나의 경우는 어떠한가요?		성경에서 말하는 의와 세상이 말하는 의는 어떻게 다른가요?	

	7-3 새 이름 창17:1~6		7-4 할례 언약 창17:7~14	
몸통 질문	하나님은 왜 아브람에게 전능한 하나님이라고 말씀하셨을까요? ❶ '전능한'은 히브리어로 '엘샤다이'입니다. '엘로힘'은 천지를 창조하시고 다스리시는 하나님을 나타내며 '엘샤다이'는 자연의 법칙을 초월하셔서 모든 뜻을 이루시는 하나님을 나타냅니다. ❷ 이제 하나님이 아브람에게 놀라운 일을 행하실 것임을 예고합니다.	하나님은 왜 아브람에게 새 이름을 주셨을까요? ❶ 고대 사회에서 이름은 한 개인의 삶과 특징을 나타냅니다. 아직 아브라함과 사라에게는 단 한 명의 자식도 없었지만 아브람이 열국의 아버지 아브라함이 될 것을 미리 확증하시며 언약을 재확인시켜 주십니다. ❷ 하나님의 약속 성취가 임박했음을 말합니다.	하나님은 '내 언약'을 왜 이렇게 여러 번 말씀하셨을까요? ❶ 이 언약은 쌍방이 아닌 하나님이 세우신 일방적인 언약입니다. 하나님이 언약을 성취해가시며 영원히 변경할 수 없는 언약임을 강조하고 있습니다. ❹ 이 언약의 대상은 아브라함 당대뿐만 아니라 후손 대대에까지 효력이 미칩니다. 그러므로 하나님의 백성은 하나님의 약속을 따라 살아야합니다 .	할례의 전정한 의미는 무엇일까요? ❶ 마음가죽을 베는 것입니다. 마음과 영을 새롭게 하여 하나님의 말씀을 마음에 기록하는 것입니다. 마음과 뜻을 다하여 하나님을 사랑하는 것입니다.(신30:6,렘31:31~33) ❷ 아브라함 역시 믿음으로 먼저 의롭다 하심을 받고 할례는 그 후에 약속의 증표로 받았습니다.
꼬리 질문	아브람이 가나안 땅에 온 지 얼마나 지났을까요? ❶ 아브람이 75세에 떠났고 99세가 되었으므로 24년이 흘렀습니다.	어떻게 아브라함이 여러 민족의 아버지가 될 수 있나요? ❶ 아브라함의 후손은 혈통이 아니라 믿음으로 말미암습니다.(갈3:6~7) ❷ 하나님이 아브라함의 후손으로 보내신 예수 그리스도를 믿는 자는 영적으로 아브라함이 믿음의 조상입니다.	하나님은 왜 할례를 언약의 표징으로 삼으셨을까요? ❶ 할례는 고대 사회에서 성인식이나 혼인을 위한 통과의례로 행해졌던 관습입니다. 하나님은 이것을 언약의 표징으로 지정하십니다. 몸에 행함으로 하나님의 언약을 영원히 기억하라는 것입니다. ❷ 할례는 내가 하나님에게 속하였다는 소유의 증표이자 내가 믿고 섬기는 분은 여호와 하나님뿐이라는 것을 서약하는 증표입니다.	왜 이방인도 할례를 행하게 하셨을까요? ❶ 혈통적으로 국한되지 않고 언약 백성이 되는 복이 모든 사람에게 열려 있음을 말합니다. ❷ 하나님이 아브람을 부르신 것은 모든 족속을 위한 복의 통로로 삼기 위함이십니다.
생각 창고	하나님은 왜 아브람이 99세가 될 때까지 자녀를 주시지 않았을까요?		마음에 할례를 한다는 것은 무엇일까요?	

8과 아브라함 시험

	8-1 아브라함의 믿음 (창22:1~5)		8-2 아브라함의 순종 (창22:6~10)	
몸통 질문	왜 하나님이 시험을 하실까요? ❶ 하나님은 우리가 악을 행하도록 시험하시지 않습니다. 사단의 시험은 우리를 유혹해서 죄를 짓게 하는 것이지만 하나님의 시험은 우리의 성화와 믿음을 성장시키는 데 있습니다. ❷ 하나님의 시험은 우리로 하여금 하나님을 더 알아가고 하나님과 더 친밀한 관계가 되도록 하지만 사단의 시험은 하나님과의 관계를 깨뜨립니다.	아브라함은 하나님의 명령에 어떻게 반응했나요? ❶ 아침 일찍 일어나 모리아 산으로 갑니다. 번제에 필요한 양은 준비해 가지 않습니다. ❷ 이해할 수 없는 명령이지만 주저함 없이, 즉시 하나님의 말씀에 순종하고 있습니다.	이삭의 반응은 어떠했나요? ❶ 아브라함의 말과는 다르게 하나님이 친히 준비하신 어린 양은 보이지 않고 자신이 결박을 당해 죽을 처지에 놓였습니다. ❷ 얼마든지 저항하거나 거부할 수 있었을 텐데 순순히 따릅니다. ❸ 이삭은 아버지 아브라함을 신뢰했고 아브라함의 믿음을 보며 그도 하나님을 신뢰했을 것입니다.	아브라함은 어떻게 마지막 순간까지 순종할 수 있었을까요? ❶ 아브라함의 인생에서 시련과 연단을 통해 하나님을 전적으로 신뢰하는 훈련을 받았기 때문입니다. ❷ 네 자손은 오직 이삭으로 말미암는다는 하나님의 약속의 말씀과 하나님은 반드시 자신이 하신 약속을 신실하게 이루시는 분임을 믿었기 때문입니다. ❸ 아브라함은 종들에게 아이와 함께 돌아올 것이라고 말했습니다. 전능하신 하나님이 이삭이 죽더라도 능히 다시 살리실 것을 믿었습니다.(히 11:19)
꼬리 질문	'그 일 후'란 어떤 일을 말할까요? ❶ 창21장에서 아브라함은 사라로 인해 하갈과 이스마엘을 내보내게 됩니다. 이제 아브라함에게는 오직 이삭만 있을 뿐입니다. ❷ 아비멜렉이 아브라함을 두려워하여 자신과 자손을 후대해 줄 것을 아브라함에게 요청해 오고 아브라함과 아비멜렉 사이의 우물 분쟁도 마무리됩니다. 집안의 내분도, 외적 분쟁도 해결된 때입니다.	이삭을 번제로 드리라는 하나님의 시험은 어떤 점들이 이해가 가지 않습니까? ❶ '네 자손은 오직 이삭으로 말미암는다'라고 말씀하셨는데 이삭을 번제로 드리라는 명령은 앞뒤가 맞지 않아 보입니다. ❷ 하나님이 인신제사를 받으실 리가 없습니다.	이삭의 나이는 몇 살 정도 되었을까요? ❶ 10대 후반 또는 20대 초반으로 추정합니다.	하나님이 일러 주신 곳은 어디일까요? ❶ 하나님이 특별히 정하신 장소로 모리아 땅에 있는 한 산입니다.(창22:2) ❷ 이후 솔로몬의 성전이 세워진 곳이며(대하3:1) 예수님께서 십자가를 지신 곳입니다.
생각 창고	하나님의 시험과 나의 욕심으로 인한 시험은 어떻게 다른가요?		이해할 수 없는 경우에도 어떻게 하나님을 신뢰할 수 있을까요?	

	8-3 여호와 이레 (창22:11~14)		8-4 대적의 성문을 차지하리라 (창22:15~19)	
몸통 질문	하나님은 아브라함에게 왜 '이제야'라고 말씀하셨을까요? ❶ 하나님의 관심은 이삭이 아니라 아브라함에게 있었습니다. 아브라함의 마음의 중심이 하나님으로부터 사랑하는 독자 이삭에게 옮겨갈 만할 때 하나님은 아브라함을 시험하셨습니다. ❷ 우상은 마음의 중심에서 하나님이 밀려나고 다른 그 무엇이 자리 잡는 것입니다. ❸ 하나님은 아브라함이 중심으로부터 하나님을 경외하는지 알기 원하셨고 이 믿음의 자리에까지 자라가도록 아브라함을 이끌어 가셨습니다.	하나님은 이삭번제사건을 통해 무엇을 말씀하시려고 했을까요? ❶ 아브라함에게 이삭이 단 한 명의 약속의 자녀이었듯이 예수님은 하나님의 단 한 분뿐이신 독생자이십니다. ❷ 이삭이 순순히 제물이 된 것처럼 예수님도 순순히 결박당하시고 십자가를 지십니다. ❸ 인류를 위해 대속제물이 되실 예수 그리스도의 십자가 사건을 예표합니다.	'네 씨가 그 대적의 성문을 차지하리라'는 창3:15과 어떻게 연결되나요? ❶ 네 씨는 예수님이시며 그 대적은 사단을 가리킵니다. 대적의 성문을 차지한다는 것은 창3:15의 말씀대로 여자의 후손이신 예수님이 사단의 머리를 깨트리시고 사단을 멸망시킨다는 뜻입니다. ❷ 아브라함의 후손이 원수들을 물리칠 뿐만 아니라 예수님을 믿는 성도들이 궁극적으로 사단에게 승리할 것을 말합니다.	신약에서 야고보서는 아브라함에 대해 어떻게 기록하고 있습니까? ❶ 행함으로 의롭다 함을 받았다고 말합니다. ❷ 믿음에는 살아있는 믿음과 죽은 믿음이 있으며 살아있는 참 믿음은 행함을 이끌어내고 그 과정 속에서 믿음은 더욱 온전해진다고 말합니다. ❸ 이 행함은 믿음을 근거로 한 것이기 때문에 칭의와 반대되는 것이 아닙니다. 믿음은 순종을 나타내는 행함과 하나이며 믿음이 없는 행함은 외식이며 자기 의입니다. (약2:21~23)
꼬리 질문	하나님을 경외한다는 것은 무엇일까요? ❶ 하나님을 향한 절대적인 신뢰이며 하나님의 거룩하심으로 말미암는 두려움입니다. ❷ 어떠한 경우에도 하나님의 이름과 성품에 근거한 믿음을 갖고 하나님의 말씀을 준행하는 것입니다. ❸ 죄를 미워하는 것입이다. (잠8:13 '여호와를 경외하는 것은 악을 미워하는 것이라')	'여호와 이레'란 무슨 뜻일까요? ❶ 여호와 이레는 하나님이 준비하신다는 뜻입니다. 아브라함의 믿음(하나님이 친히 준비하신다)에 대한 하나님의 응답입니다. ❷ 우리를 위해 하나님이 친히 준비하신 여호와 이레는 여자의 후손으로 오실 예수님이십니다. ❸ 하나님을 온전히 신뢰하며 하나님이 부르신 자리에서 순종하는 자는 여호와 이레를 경험하게 될 것입니다.	17절에서 네 씨란 각각 무엇을 가리킬까요? ❶ 첫 번째 네 씨는 아브라함의 후손을 뜻하지만 두 번째 '네 씨'는 단수로 예수님을 가리킵니다. ❷ (갈3:16)이 약속들은 아브라함과 그 자손에게 말씀하신 것인데 여럿을 가리켜 그 자손들이라 하지 아니하시고 오직 하나를 가리켜 네 자손이라 하셨으니 곧 그리스도라	하나님은 왜 자신을 가리켜 맹세하실까요? ❶ 하나님은 하나님의 이름을 맹세의 근거로 삼으십니다. 하나님만이 변함이 없으시며 말씀하신 대로 이루실 수 있는 분이시기 때문입니다.
생각 참고	'내가 이제야 네가 하나님을 경외하는 줄을 아노라'를 통하여 하나님 경외에 대해 무엇을 알 수 있나요?		하나님은 아브라함에게 총 다섯 차례에 걸쳐 언약을 말씀해 주십니다. 각각의 언약의 내용을 비교해 보며 깨닫게 된 것을 나누어 봅시다.	

9과 이삭의 생애

	9-1 이삭과 리브가의 만남 (창24:61~67)		9-2 태 중의 싸움 (창25:19~26)	
몸통 질문	이삭과 리브가는 어떤 사람이었을까요?	이삭와 리브가의 결혼은 무엇을 보여줍니까?	이삭은 어떻게 20년을 기다릴 수 있었을까요?	하나님의 예언의 말씀과 롬 9:11~16을 볼 때 하나님의 택하심에 대해 무엇을 알 수 있나요?
	❶ 이삭은 들에 나가 묵상합니다. 조용한 때에 하나님과 교제하는 시간을 가졌을 것입니다. ❷ 이삭은 아버지 아브라함의 뜻을 따라 자신의 아내 될 사람을 기다렸고 종의 말을 듣고 하나님의 인도하심을 확신하고 아내로 맞이합니다. ❸ 리브가는 멀리서 이삭을 보고 자신의 남편임을 직감하고 곧바로 종을 통해 확인을 하고 예의를 갖춥니다. 하나님께서 이삭을 때마침 들로 이끄셔서 이삭과 리브가를 만나게 하십니다.	❶ 당시에 일부다처제가 많았으나 하나님의 결혼의 원리를 따른 일부일처제입니다. ❷ 두 사람의 결혼에는 서로를 존귀히 여김과 사랑과 참 위로가 있습니다. ❸ 이들의 결혼을 통해 하나님이 아브라함에게 큰 민족을 이룰 것이라는 약속을 성취해 가실 것입니다.	❶ 이삭은 당시 관습을 따라 여종을 취하거나 후처를 둘 수 있었지만 그렇게 하지 않습니다. 자신의 출생을 통해 하나님이 어떤 분이신지 알기에 이삭은 후손을 주실 하나님을 신뢰하며 리브가를 위해 기도합니다.	❶ 당시의 전통과 상식으로는 장자가 상속권을 갖지만 하나님은 큰 자(에서)가 어린 자(야곱)를 섬길 것이라고 예언하십니다. 하나님은 이들이 태어나기도 전에 야곱을 택하셨습니다. ❷ 하나님이 선택하실 때 사람의 조건이나 능력은 고려의 대상이 되지 않습니다. 하나님의 선택은 하나님의 절대주권에 따른 것입니다. ❸ 하나님은 전지하신 분이시므로 하나님의 택하심과 예정에는 불의함이 없습니다. 하나님이 긍휼을 베푸시지 않으셨다면 세상에서 단 한 사람도 택하심을 받을 자격이 없습니다. (롬9:14~16)
꼬리 질문	그 사람, 그 종은 누구인가요?	리브가는 왜 얼굴을 가렸을까요?	이삭은 결혼 후 몇 년 만에 자녀를 낳았나요?	두 민족이란 어느 나라를 말하나요?
	❶ 아브라함의 종, 엘리에셀입니다. 아브라함이 이삭의 아내를 구하기 위해 종 엘리에셀을 그의 친척이 있는 하란으로 보내었습니다.	❶ 그 당시 관습으로 신부는 결혼 전에 자신의 얼굴을 가려야 했습니다. 신랑만이 그 너울을 벗길 수 있었습니다.	❶ 이삭이 40세에 리브가와 결혼해서 60세에 야곱과 에서를 낳았으므로 20년 만입니다.	❶ 이스라엘과 에돔입니다. 두 민족은 서로 대적하는 관계가 되며 후에 이스라엘이 에돔을 정복합니다. ❷ 이것은 단순히 두 민족 간의 역사가 아니라 하나님 나라의 유업을 잇는 영적 역사를 보여줍니다.
생각 창고	이삭과 리브가는 어떻게 서로 보자마자 사랑할 수 있었을까요?		나는 하나님의 택하심과 예정을 어떻게 이해합니까?	

	9-3 장자의 명분 (창25:27~34)		9-4 동일한 약속 (창26:1~6)	
몸통 질문	장자의 명분을 산 야곱의 방법에 대해 어떻게 생각하나요?	야곱과 에서는 왜 장자의 명분에 대한 태도가 달랐을까요?	하나님은 왜 이삭에게 가나안 땅에 머물 것을 강조하셨을까요?	하나님은 왜 이삭에게 아브라함에게 주셨던 동일한 약속을 주셨을까요?
	❶ 야곱은 어머니 리브가를 통해 하나님의 예언의 말씀을 들었을 것입니다. 언제 자신이 장자의 명분을 갖게 될까 때를 기다렸을 것입니다. ❷ 그러나 형의 배고픔을 이용해 장자권을 사들인 것은 잘못된 방법입니다. 당시 합법적으로 장자의 장자권이 상실되는 경우도 있었습니다. 야곱은 하나님께 방법을 여쭈어 보고 하나님의 때를 기다려야 했습니다.	❶ 에서는 한 끼 음식을 위해 장자의 명분을 기꺼이 팔았습니다. 먹고, 마시고, 일어나 갔다는 에서의 행동에는 전혀 망설임과 후회가 없습니다. ❷ 에서는 장자가 갖는 영적 축복의 상속권에 관심이 없었습니다. 그는 영적 신분을 망각하고 땅의 일을 생각하는, 육적인 존재로 사는 어리석은 사람이었습니다. 신약에서 하나님의 축복을 소홀히 여긴 에서를 망령된 자라고 말합니다.(히12:16,17) ❸ 야곱은 장자가 갖는 영적 축복의 상속권을 귀히 여기고 사모했습니다.	❶ 이삭은 흉년이 들어 당장 먹을 양식을 구해야 했습니다. 그러나 하나님이 나타나셔서 하나님이 지시하신 땅에 거류하면 이삭과 함께 할 것이며 약속의 말씀을 이루실 것이라고 하십니다. ❷ 하나님은 이삭에게 시련가운데서도 하나님의 약속의 말씀을 붙들고 살도록 가르치십니다. 이삭은 이 말씀대로 순종합니다.	❶ 아브라함에게 주신 하나님의 언약이 이삭에게 계승됩니다. ❷ 이삭의 후손을 통해 메시야이신 예수님이 오실 것을 뜻합니다.
꼬리 질문	장자의 명분이란 무엇인가요?	들사람인 에서와 장막에 거한 야곱은 어떤 차이가 있었을까요?	하나님은 왜 이삭이 애굽으로 가는 것을 막으셨을까요?	5절의 '이는'은 무엇을 의미할까요?
	❶ 장자가 갖는 권리를 말합니다. 장자는 아버지의 뒤를 이어 한 가정을 다스리며 다른 형제들보다 두 배의 유산을 상속받습니다. ❷ 또한 집안의 영적 제사장이 되어 하나님의 축복을 받는 영적 상속자가 됩니다. 하나님의 약속의 상속자가 됩니다.	❶ 에서와 야곱은 기질적으로 달랐습니다. 그러나 기질적인 차이가 문제가 되지는 않습니다. ❷ 다만 아브라함이 야곱과 에서가 15살이 될 때까지 살아 있었으므로 장막에 거하길 좋아한 야곱은 아브라함으로부터 하나님과 하나님의 약속에 대해 신앙교육을 받았을 것이며 들에 있기 좋아한 에서는 신앙교육을 소홀히 여겼을 것입니다.	❶ 애굽은 물질적으로 풍요하지만 영적으로 우상숭배와 죄악이 가득한 곳입니다. ❷ 당시 이삭은 한 가문의 규모에 지나지 않았고 애굽은 왕국 시대였습니다. 하나님은 아브라함의 후손들이 애굽의 문화, 종교에 쉽게 동화되는 것을 막으셨습니다.	❶ 하나님이 약속하신 복을 누리기 위해서는 아브라함처럼 하나님의 말씀에 대한 순종이 전제가 되어야 합니다.
생각 창고	나는 하나님의 자녀가 된 권세를 어떻게 생각합니까?		이삭은 하나님의 말씀대로 그 땅에 거주합니다. 이삭에게 어려움은 없었을까요?	

10과 속이는 야곱

	10-1 조급한 마음 (창27: 1~10)		10-2 거짓말 (창27:11~19)	
몸통 질문	이삭은 왜 에서를 축복하려고 했을까요?	리브가는 왜 야곱이 축복받기를 원했을까요?	리브가의 말을 듣고 야곱은 어떻게 반응했나요?	리브가와 야곱의 방법은 옳은 것이었을까요?
	❶ 별미 없이도 이삭은 에서를 축복할 수 있었습니다. 그러나 이삭은 별미를 먹고자 하는 욕구가 컸습니다. (창25:28 이삭은 에서가 사냥한 고기를 좋아하므로 그를 사랑하고..) ❷ 이삭의 말에서 반복되는 나(나를 위해, 내가 즐기는, 내게로, 내가 죽기 전에, 내 마음껏)은 이 모든 것이 이삭의 뜻임을 보여줍니다. ❸ 이삭은 에서에 대한 편애로 하나님의 예언의 말씀에 둔감해졌고 이삭의 눈이 어두워 잘 보지 못했다는 것은 그의 영적 통찰력이 무디어졌음을 암시합니다.	❶ 하나님의 예언 때문인지 아닌지 알 수 없지만 리브가는 에서보다 야곱을 사랑했습니다. 이 모든 일이 탄로가 나면 자신이 저주를 받겠다고 합니다. ❷ 리브가는 하나님의 예언을 기억하고 있었고 두 아들의 성장과정을 보면서 하나님의 예언의 말씀에 대해 스스로 확신을 가졌을 것입니다. ❸ '내 아들아, 내 말을 따라, 내가 명하는 대로, 내가 그것을' 등을 볼 때 리브가는 철저히 자신의 생각을 따라 야곱에게 지시를 내리고 있습니다.	❶ 아버지와 형을 속이는 일입니다. 그러나 야곱은 방법의 옳고 그름에 관해서는 전혀 언급하지 않고 오히려 털이 많은 에서와 달리 매끈한 피부 때문에 탄로가 나서 저주를 받을 것이라고 걱정을 합니다. ❷ 야곱은 어머니 리브가의 계획을 적극적으로 실행에 옮기고 맏아들 에서라고 태연하게 이삭을 속입니다. ❸ 하나님께 의뢰하고 믿음으로 기다리지 못하고 거짓말과 속임수를 동원합니다.	❶ 하나님의 예언의 말씀은 바르게 알고 있었으나 속임수와 거짓은 하나님의 말씀을 이루는 방법이 아닙니다. 리브가와 야곱은 하나님께 먼저 여쭤보아야 했고 하나님이 주시는 지혜를 따랐어야했습니다. ❷ 리브가는 자신의 계획으로 인해 결국 야곱과 에서 사이에 더 큰 증오와 미움을 키우고 둘을 한 번에 잃을 수 있는 위기를 만들었습니다. 리브가는 자신이 생각한 며칠이 아니라 죽을 때까지 사랑하는 아들 야곱을 보지 못했습니다. ❸ 야곱은 이 일로 말미암아 집을 떠나야 했고 귀향 때에 에서에 대한 두려움으로 떨어야 했습니다.
꼬리 질문	이삭은 실제 이 일 후 얼마 지나지 않아 죽었나요?	이삭의 축복이 왜 중요할 까요?	야곱은 왜 리브가의 말을 적극적으로 따랐을까요?	리브가의 말과 행동에서 무엇을 알 수 있나요?
	❶ 이 때 이삭의 나이는 137세로 추정됩니다.(야곱 출생 시 이삭 60세+야곱 하란 도피 시 77세 추정) ❷ 이삭은 이후 약 43년을 더 살다가 180세에 죽습니다. 이삭은 스스로 죽을 때가 가까워졌다고 생각했고 마음이 조급해졌습니다.	❶ 고대 사회에서 족장의 축복은 법적 효력과 같았습니다. ❷ 구약에서 족장시대에 하나님은 족장들을 통해 하나님의 뜻을 계시하셨고 그 축복기도를 받는 자는 하나님이 아브라함에게 주신 약속들을 계승하는 언약의 상속자가 되었습니다.	❶ 야곱은 형 에서의 약점을 이용해 장자의 명분을 샀습니다. 이것은 단지 둘 사이의 거래였고 에서는 이를 괘념치 않았고 이삭은 에서를 축복하려고 하자 야곱도 마음이 조급해졌습니다. ❷ 리브가의 제안이 가능성이 있다고 생각했을 것입니다.	❶ 리브가는 상황이 다급해지자 자신의 생각과 의지와 방법대로 움직입니다. ❷ 예언의 말씀을 성취해 나가실 하나님을 신뢰하지 않습니다. 리브가는 먼저 하나님 앞에 나아가 여쭈어야 했습니다.
생각 창고	이삭의 모습은 우리에게 어떤 교훈을 줍니까?		리브가와 야곱은 왜 하나님께 한 번도 간구하지 않았을까요?	

	10-3 이삭의 축복 (창27:20~29)		10-4 이삭의 두려움 (창27:30~36)	
몸통 질문	이삭은 왜 27~29절의 내용과 같이 축복했을까요? ❶ 하나님이 약속하신 가나안 땅에서 풍성한 소산물을 주시길 기도합니다. 이슬과 기름진 땅은 곡식과 열매를 위해 꼭 필요한 것이며 하나님의 은혜와 축복을 상징합니다. ❷ 29절의 축복은 아브라함에게 주셨던 약속과 동일하며 세상을 다스리게 될 것과 복의 근원이 되는 것을 말합니다. 축복을 받는 자가 언약의 계승자임을 선포하는 것입니다. ❸ 이 영적 축복은 궁극적으로 메시야를 통해 이루어질 것입니다.	리브가와 야곱의 계략이 하나님의 뜻을 이룬 것일까요? ❶ 이들의 거짓과 속임수 때문이 아닙니다. 하나님께서 이들의 허물과 잘못에도 불구하고 하나님의 긍휼로 말미암아 예언의 말씀을 이루신 것입니다. ❷ 이삭 또한 분별하지 못하고 축복했다고 말합니다. 이삭은 영적 통찰력과 분별력을 잃고 자신의 생각을 따라 마음껏 축복하지만 하나님의 뜻을 거스르지 못합니다. ❸ 놀라운 하나님의 섭리이며 전적으로 하나님의 은혜입니다.	이삭은 왜 축복을 번복할 수 없었을까요? ❶ '그를 위하여 축복하였은즉 그가 반드시 복을 받을 것이니라'라고 말합니다. ❷ 한 번 행사한 축복권은 공식적인 것이며 하나님 앞에서 한 것이므로 번복할 수 없습니다. ❸ 이삭이 하나님의 뜻을 깨닫고 에서에게 하나님의 뜻에 순복하라고 말합니다. (히11:20은 '믿음으로 이삭은 장차 있을 일에 대하여 야곱과 에서에게 축복하였으며'라고 기록하고 있습니다.)	에서는 야곱 때문에 복을 빼앗긴 것일까요? ❶ 에서는 한 끼 식사를 위해 스스로 장자의 명분을 팔아 놓고도 이삭에게 아버지의 맏아들 에서라며 축복을 받고자 합니다. 장자의 명분을 판 것은 에서의 선택이며 에서의 결정에 따른 것입니다. ❷ 에서처럼 하나님이 주신 영적 축복의 존귀함을 깨닫지 못하면 뒤늦게 절규해도 소용이 없습니다. ❸ 신약에서 에서와 같이 하나님의 약속을 소홀히 여기는 자를 망령된 자라고 기록하고 있습니다. (히12:16,17 음행하는 자와 혹 한 그릇 음식을 위하여 장자의 명분을 판 에서와 같이 망령된 자가 없도록 살피라 너희가 아는 바와 같이 그가 그 후에 축복을 이어받으려고 눈물을 흘리며 구하되 버린 바가 되어 회개할 기회를 얻지 못하였느니라)
꼬리 질문	이삭의 말과 행동은 무엇을 보여줍니까? ❶ 이삭은 여러 차례 '내 아들아'라고 부르면서 또 에서인지 아닌지 거듭 확인하려고 합니다. 에서를 편애하고 에서를 축복하려는 이삭의 마음이 얼마나 강한지 알 수 있습니다.	야곱은 몇 번이나 거짓말을 했을까요? ❶ 19절을 포함해서 20절과 24절, 3번입니다. 하나님이 도우셨다고 둘러대며 자신의 속임수에 하나님까지 이용하고 끝까지 에서인 양 행동합니다. ❷ 거짓은 또 다른 거짓을 더하고 자신의 마음을 굳게 하여 스스로를 속입니다.	이삭이 왜 심히 떨었을까요? ❶ 몇 차례에 걸쳐 에서인지 확인했음에도 불구하고 자신의 뜻대로 되지 않았기 때문입니다. ❷ 이삭이 이 순간 하나님의 예언의 말씀을 떠올렸는지 모릅니다. 자신의 의지와 다르게 하나님의 말씀대로 성취되는 것을 깨닫고 두려움을 느꼈을 것입니다.	에서는 왜 야곱의 이름이 그에게 합당하다고 했을까요? ❶ 야곱의 이름의 뜻이 발뒤꿈치를 잡는 자, 속이는 자이기 때문입니다. 그러나 에서는 영적 축복을 갈구하는 야곱의 내면은 알지 못했습니다.
생각 창고	야곱은 어떤 사람일까요?		나는 하나님의 섭리에 대해 무엇을 알 수 있습니까?	

11과 도망가는 야곱

	11-1 야곱의 꿈 (창28:10~15)		11-2 야곱의 서원 (창28:16~22)	
몸통 질문	야곱이 꿈에 본 장면들은 무엇을 의미할까요? ❶ 사닥다리가 땅과 하늘을 연결해주고 있습니다. 사닥다리 위를 오가는 하나님의 사자들은 천사들로 하나님의 뜻에 따라 사람들을 보호하고 돕습니다. ❷ 하나님이 사닥다리 위에 서 계신 것은 하나님이 바로 이곳에 임재해 계시며 야곱과 함께 계심을 보여줍니다. ❸ 사닥다리는 예수 그리스도를 상징합니다. 예수님은 요 1:51에서 자신을 사닥다리에 비유하셨습니다. 예수님만이 죄악된 세상과 하늘을 연결하시는 분이십니다.	하나님은 왜 아브라함과 이삭에게 주셨던 동일한 약속의 말씀을 야곱에게 하셨을까요? ❶ 야곱의 처지와 상황은 그가 약속의 말씀을 받을 자격이 전혀 없음을 보여줍니다. ❷ 그럼에도 불구하고 하나님은 어머니의 태에서부터 야곱을 택하셨고 하나님의 백성으로 삼으셨고, 아브라함과 이삭에게 주셨던 약속의 말씀을 야곱에게 주시며, 야곱을 통해 이루실 것이라고 말씀하십니다. ❸ 언약을 주시는 분도 언약을 성취해 가시는 분도 하나님이십니다. 전적으로 하나님의 은혜입니다.	야곱은 왜 그 곳을 하나님의 집이라고 했을까요? ❶ 야곱이 이제까지 들어온 조부 아브라함과 아버지 이삭의 하나님을 직접 만났기 때문입니다. ❷ 야곱은 집을 떠나오면서 하나님과도 멀어졌다고 생각했는지 모릅니다. 야곱은 하나님이 보여주신 꿈을 통해 하나님이 분명히 이 땅 위에 계시며 바로 이곳에 자신과 함께 계심을 인식하게 되었습니다.	야곱이 하나님께 서원한 내용을 볼 때 그 당시 야곱의 신앙은 어떠했을까요? ❶ 야곱의 서원은 '하나님이 ~하시오면'이란 전제가 붙어 있습니다. 하나님은 조건 없이 은혜를 베푸셨지만 야곱은 하나님께 조건을 걸고 서원합니다. ❷ 야곱이 아직 자신의 염려와 불안을 완전히 떨쳐내지 못했으며 하나님의 말씀을 온전히 신뢰하지 못하고 있음을 보여줍니다. ❸ 하나님의 약속의 말씀에 비해 야곱은 자신의 양식과 옷과 안위를 구하고 있습니다. 사람은 한순간에 변화되지 않습니다. 하나님과의 지속적인 만남 속에서 훈련과 연단이 거듭 필요합니다.
꼬리 질문	야곱이 왜 집을 떠나 혼자 하란으로 가고 있었을까요? ❶ 리브가와 야곱은 함께 이삭과 에서를 속여 야곱이 이삭의 축복을 받도록 했습니다. ❷ 에서가 이 일을 알고 야곱을 죽이려 하자 리브가는 야곱을 자신의 오빠가 있는 밧단아람 하란으로 피신시킵니다. ❸ 이삭와 리브가는 야곱에게 외삼촌의 딸 중에서 아내를 얻도록 당부합니다.	하나님은 왜 이 때 야곱에게 나타나셨을까요? ❶ 야곱은 이 일로 인해 자신이 고향을 떠나게 될 줄 몰랐을 것이며 에서가 뒤쫓아 올 것을 두려워하여 브엘세바에서 벧엘까지(약100㎞) 밤낮으로 걸었을 것입니다. ❷ 야곱이 앞길이 막막하고 미래가 불투명한 상태에서 두려움과 절망이 컸을 것입니다. ❸ 야곱의 삶에서 전혀 예기치 못한 상황과 절망 가운데 있을 때 하나님이 야곱을 찾아오시고 하나님이 함께하심을 알려주시고 약속의 말씀을 주십니다. 야곱이 자신의 잘못으로 어려움과 고난을 자초했으나 하나님은 야곱을 책망하시지 않고 위로와 힘을 주십니다.	야곱은 왜 돌기둥을 세우고 기름을 부었을까요? ❶ 당시 신들에게 경배를 표하기 위해 기둥을 세우는 풍습이 있었습니다. ❷ 야곱은 자신에게 나타나신 하나님을 기억하고 기념하기 위해 돌기둥을 세우고 그 곳을 거룩히 구별하기 위해 기름을 부었습니다.	야곱은 왜 '내가'를 수없이 반복했을까요? ❶ 야곱은 나, 내가라는 말을 8번이나 반복합니다. 야곱이 하나님을 만났으나 아직 하나님 중심이 아닌 자기 중심성이 강함을 보여줍니다.
생각 참고	도망가는 야곱에게 나타나신 하나님은 어떤 분이십니까?		야곱은 언제 자신의 하나님을 만났습니까? 나의 경우는 어떠합니까?	

	11-3 칠 년의 수고 (창29:13~20)		11-4 야곱이 당한 속임 (창29:21~30)	
몸통 질문	왜 야곱은 라헬을 얻기 위해 7년이나 일해야 했나요?	라헬을 향한 야곱의 사랑은 어떠했나요?	라반은 어떤 사람인가요?	속임을 당한 야곱은 어떤 심정이었을까요?
	❶ 그 당시 남자는 신부를 데려오려면 신부의 아버지에게 지참금을 주어야 했습니다. 이는 신부의 아버지 입장에서 보면 딸의 노동력에 대한 보상이기도 했습니다. ❷ 야곱은 수중에 돈이 없었으므로 그에 상응하는 만큼 일을 하겠다고 말한 것입니다.	❶ 야곱은 라헬을 위해 7년이란 시간을 기쁘게 헌신합니다. 야곱이 라헬의 외모에 순간적으로 끌린 것이 아니라 그녀를 진심으로 사랑했음을 알 수 있습니다.	❶ 라반의 말대로 당시 풍습이 그렇다면 라반은 처음부터 야곱에게 말을 했어야 합니다. 라반은 야곱이 유능한 목자이고 야곱으로 인해 자신의 소유가 늘어나자 의도적으로 야곱을 속입니다. ❷ 라반은 자신의 탐욕을 위해 사람을 속이고 딸들조차 이용하는 간교한 사람입니다. ❸ 레아가 시력이 약하다는 표현을 볼 때 라반은 딸 레아의 혼인이 쉽지 않은 점과 지참금 생각도 했을지도 모릅니다.	❶ 야곱은 억울하고 분한 생각이 들었을 것입니다. 한편으론 자신에게 속은 형의 마음이, 아버지의 마음이 어떠했을지 생각났을 것입니다. ❷ 속이는 자였던 야곱이 자신과 똑같이 속이는 자 라반을 만나고 속임을 당합니다. 하나님은 이러한 시련과 관계 속에서 야곱의 성품을 다루시며 야곱을 빚어 가십니다.
꼬리 질문	라반은 누구인가요?	라반은 왜 딸을 야곱에게 주는 것이 낫다고 생각했을까요?	야곱은 왜 레아인지 알아채지 못했을까요?	라반은 왜 7일을 채우라고 했을까요?
	❶ 생질이란 누이의 아들을 말합니다. 라반은 야곱의 어머니 리브가의 오빠입니다. ❷ 라반과 리브가의 할아버지인 나홀은 아브라함과 형제지간입니다.	❶ 고대 근동에서는 친인척 간에 결혼을 했고 야곱이 누이의 아들이었기 때문입니다. ❷ 또한 라반이 야곱에게 먼저 품삯 이야기를 꺼낼 정도로 라반은 한 달간 야곱의 일하는 모습을 통해 야곱의 성실함과 능력을 보았을 것입니다.	❶ 잔치를 하는 동안 야곱은 술을 마셨고 레아는 당시 풍습을 따라 얼굴을 베일로 가리고 있어 금방 알아보지 못했을 것입니다. ❷ 또한 지금처럼 조명이 밝지 않아 날이 저문 뒤에는 더욱 어두웠을 것이며 레아가 아버지의 계획을 순순히 따른 것을 볼 때 야곱이 눈치 채지 못하게 행동했을 것입니다.	❶ 당시에는 결혼 잔치가 7일 동안 계속되었습니다. 라반은 야곱에게 레아와의 결혼식을 온전히 끝내면 라헬을 주겠다고 말한 것입니다.
생각 창고	아브라함이 이삭의 아내를 밧단아람 친척 중에서 구했고 이삭과 리브가도 야곱에게 그렇게 지시합니다. 왜 그랬을까요?		라반의 집에서 야곱의 삶은 어떠했을까요?	

12과 씨름하는 야곱

	12-1 야곱의 계산 (창32:13~20)		12-2 새 이름 이스라엘 (창32:21~32)	
몸통 질문	야곱이 왜 에서의 감정을 풀려고 애쓸까요?	야곱은 왜 가축을 세 떼로 나누어 보냈을까요?	이 씨름은 누가 시작했나요? 어떻게 이끌어가고 있나요?	하나님은 왜 야곱에게 이스라엘이란 새 이름을 주셨을까요?
	❶ 야곱은 가나안 땅에 들어가기에 앞서 세일에 거주하는 에서에게 먼저 사자들을 보내어 자신의 귀향 소식을 전합니다. ❷ 사자들이 돌아와 에서가 400명의 군사를 거느리고 자신을 만나러 온다는 소식을 듣고 야곱은 자신과 모든 가족이 죽임을 당할까 봐 극도의 두려움에 싸입니다. ❸ 야곱은 형의 공격에 대비해 일행과 가축을 두 떼로 나누고 하나님의 보호하심을 간절히 구한 뒤 이제 에서에게 550마리의 예물을 준비해서 자신보다 앞세워 보냅니다.	❶ 한 번에 550마리를 몰아가기가 쉽지 않았을 수도 있습니다. ❷ 20년 전의 일이지만 야곱에 대한 에서의 분노는 여전했습니다. 야곱은 형의 감정이 한번에 누그러지지 않을 것을 알고 나누어 세 차례에 걸쳐 보냅니다. ❸ 또 종들을 통해 자신이 에서의 종임을 전하도록 합니다. 이후 에서의 반응을 보면 야곱의 방법은 효과를 거둡니다.	❶ 홀로 남은 야곱에게 어떤 사람이 씨름을 시작합니다. ❷ 어떤 사람이 야곱이 강해서 야곱을 이기지 못한 것이 아니라 야곱이 날이 샐 때까지 자신의 힘으로 이기려고 안간힘을 쓰는 것을 보고 허벅지의 관절을 칩니다. ❸ 하나님이 야곱을 찾아오셔서 야곱의 자아를 다루신 것입니다. 부러진 환도뼈는 나약함과 실패의 흔적이 아니라 야곱이 하나님만을 온전히 신뢰하도록 야곱의 중심을 일깨우신 것입니다. ❹ 야곱의 몸에 남겨진 하나님의 은혜의 흔적입니다. 약속의 땅은 인간적인 방법과 힘으로 들어갈 수 없습니다.	❶ 하나님이 야곱에게 이름을 물으십니다. 몰라서 물으시는 것이 아닙니다. '야곱이니이다' 라는 야곱의 대답은 자신에 대한 자아성찰에서 나온 고백입니다. 그는 형의 발꿈치를 잡았고 아버지를 속인 자였습니다. ❷ 그러나 야곱이 자신의 모든 인간적인 방법과 생각을 하나님 앞에 내려놓고 하나님만을 붙들고 축복을 구할 때, 하나님은 하나님과 겨루어 이겼다는 뜻의 새 이름 이스라엘을 주십니다. ❸ 야곱은 이제 스스로 새 이름의 정체성을 기억하고 그 이름에 걸맞은 삶을 살아야 합니다. 앞으로 하나님의 언약의 계승자로서 신앙으로 승리하는 삶을 살아야 합니다.
꼬리 질문	야곱은 얼마 만에 고향으로 돌아가는 걸까요?	야곱이 준비한 예물 중 왜 암컷이 훨씬 많았을까요?	야곱은 왜 홀로 남았을까요?	야곱은 왜 자신을 축복해 달라고 했을까요?
	❶ 거의 20년 만입니다.(창31:41)	❶ 가축은 수컷 한 마리가 여러 마리의 암컷을 수태시킬 수 있습니다. 만약 수컷의 수가 많으면 수컷 간에 치열한 경쟁으로 번식이 원활하지 못합니다. ❷ 그 시대 가축의 수는 곧 부의 척도였고 야곱은 에서를 위해 최상의 선물을 준비한 것입니다.	❶ 야곱은 자신이 할 수 있는 모든 만반의 준비를 끝냈으나 예물을 보낸 뒤에도 여전히 두렵고 답답한 마음이었습니다. ❷ 야곱은 밤중에 일어나 가족과 소유물을 먼저 건너가게 한 뒤 차마 가족들 앞에서는 내색하지 못한 자신의 나약함과 절박함을 안고 홀로 남았을 것입니다.	❶ 야곱은 자신에게 나타난 사람과 씨름하던 중 자신이 붙들고 있는 사람이 보통이 아니라는 것을 알게 되었습니다. ❷ 야곱은 자신의 연약함을 철저히 깨닫고 그 사람에게 간절히 복을 구하고 있습니다.
생각 창고	야곱은 왜 밧단아람에 정착하지 않고 위험을 감수하면서 고향으로 돌아가는 걸까요?		얍복강에서 야곱에게 나타나신 하나님은 어떤 분이십니까?	

	12-3 벧엘로 올라가자 (창35:1~8)		12-4 재확인된 이름 (창35:9~15)	
몸통 질문	하나님은 왜 벧엘로 올라가 제단을 쌓으라고 하셨을까요? ❶ 가나안 땅으로 돌아온 야곱은 하나님께 서원을 했던 벧엘로 가야 했지만 히위 족속인 하몰의 땅을 사서 10년간 세겜에 정착합니다. 아마 가나안 땅에 돌아왔다는 안도감과 평온한 삶에 젖었는지 모릅니다. ❷ 이 시기에 딸 디나의 강간 사건으로 인해 하마터면 이방 족속과 통혼해서 그들의 종교와 문화에 통합될 위기가 있었고, 야곱의 아들들의 살인과 약탈로 인해 야곱은 주변 민족들로부터의 공격을 두려워하게 됩니다. ❸ 하나님은 이 때 야곱에게 나타나셔서 서원 이행과 영적 개혁을 명하십니다. 하나님을 뜨겁게 만난 자리, 하나님께 자신의 마음을 드리며 신앙을 고백했던 자리로 나아오라고 말씀하십니다.	야곱은 하나님의 명령에 어떻게 반응했나요? ❶ 야곱은 출발 전에 영적 개혁을 시행합니다. ❷ 알면서도 그대로 두었던 집안의 이방 신상들을 모두 없앨 것과 모든 식솔들에게 하나님께 나아가기 전 정결의 준비를 하도록 명합니다. ❸ 모든 사람들에게 이방 풍속에 물든 죄를 회개하고 하나님께 대한 순종과 헌신과 영적 상태를 새롭게 합니다.	하나님이 왜 이미 주셨던 새 이름 이스라엘을 다시 언급하셨을까요? ❶ 하나님이 네 이름이 야곱이지만은 이라고 말씀하십니다. 10년 전 새 이름을 주셨지만 야곱이 새 이름에 걸맞은 사람으로 완전히 달라진 것은 아닙니다. ❷ 하지만 하나님은 다시는 야곱이라 부르지 않겠고 네 이름이 이스라엘이 되리라고 말씀하십니다. 하나님이 포기하지 않으시고 야곱의 성화를 이끌어 가시기 때문입니다.	하나님이 왜 이 때 야곱에게 약속의 말씀을 상기시켜 주셨을까요? ❶ 하나님이 아브라함을 축복하실 때(창17:5~8) 주셨던 말씀입니다. 하나님이 아브라함, 이삭에 이어 야곱을 통해 이 약속을 이루실 것입니다. ❷ 이스라엘이 된 야곱이 가나안 땅에 돌아와 자신의 집을 세우는 것에 안주할 것이 아니라 언약의 계승자가 된 것을 다시 기억하며 하나님의 약속을 붙들고 바라보며 나아가도록 상기시켜 주십니다.
꼬리 질문	누가 왜 야곱의 아들들을 추격할까요? ❶ 야곱의 딸 디나가 히위족속 하몰의 아들 세겜에게 강간을 당하자 시므온과 레위가 그들을 속여 모든 남자들을 죽이고 야곱의 아들들은 성읍의 여자들과 아이들을 사로잡고 가축과 물건들을 약탈합니다. ❷ 야곱은 이 일이 주변의 가나안 족속들에게 빌미가 되어 그들이 힘을 모아 보복해오거나 벧엘로 올라갈 때 뒤에서 공격해올까 두려워합니다.	야곱의 집안에 왜 이방 신상이 있었을까요? ❶ 밧단아람에서 떠날 때 라헬이 라반에게서 훔친 드라빔이 있었습니다. 야곱의 종들도 이방 신상들을 가지고 있었고 주문을 새겨서 부적 같이 사용한 귀고리 등이 있었습니다. ❷ 세겜의 하몰에게서 노략한 물건 중에도 있었을 것입니다.	하나님은 왜 야곱에게 나는 전능한 하나님이라고 말씀하셨을까요? ❶ 하나님은 아브람에게 아브라함이란 새 이름을 주실 때에도 전능한 하나님이라고 자신을 나타내셨습니다. ❷ 이삭은 야곱이 밧단아람으로 떠나기 전에 그를 축복할 때 전능한 하나님이라고 언급했습니다. 하나님이 주신 약속들은 전능하신 하나님이 이루시기 때문입니다. ❸ 하나님은 야곱에게 언약을 상기시켜 주시기 전에 하나님이 어떤 분이신지 일깨워 주십니다.	전제물이란 무엇일까요? ❶ 제단에서 제사를 드릴 때 붓는 포도주나 기름을 말합니다. 하나님께 대한 감사와 헌신을 뜻합니다.
생각 참고	야곱은 가나안 땅에 들어온 뒤 왜 곧장 벧엘로 가지 않았을까요?		야곱의 파란만장한 삶을 통해 성화에 대해 무엇을 알 수 있나요?	

13과 팔려가는 요셉

	13-1 미움 받는 요셉 (창37:1~11)		13-2 꿈꾸는 자 (창37:12~20)	
몸통 질문	요셉과 형들의 관계는 어떠했나요? ❶ 형들의 잘못이 요셉 때문에 들통이 났고 또 야곱이 요셉을 제일 사랑했으므로 형들은 요셉과 일상적인 대화조차 피할 정도로 요셉을 미워합니다. ❷ 거기다 요셉이 꿈 이야기를 하자 더욱 미워하게 됩니다. '더욱'과 '미워하다'라는 단어가 2,3회씩 반복되며 미움이 계속 커져감을 강조합니다. 네가 우리의 왕이 되겠느냐는 말 속에는 분노가 담겨있습니다. ❸ 야곱이 요셉의 어머니인 라헬을 가장 사랑했으므로 이 또한 형제들 간의 관계에 부정적인 영향을 주었을 것입니다.	하나님은 왜 요셉에게 이러한 꿈을 꾸게 하셨을까요? ❶ 구약시대에 하나님은 하나님의 계시를 알리기 위해 종종 꿈을 사용하셨습니다. ❷ 요셉의 꿈은 하나님의 계시의 내용이 담긴 꿈입니다. ❸ 요셉이 꿈을 형들과 아버지께 거듭 말한 것도 이 꿈이 자신의 가족들과 관련이 있을 것이라고 생각했을 수도 있습니다.	요셉은 어떤 사람일까요? ❶ 야곱이 요셉을 편애했다고 해서 요셉이 아버지의 보호 속에서 자라지는 않았습니다. 그도 형들과 함께 양을 쳤고(2절) 아버지의 명령에 순종하여 망설임 없이 먼 길을 혼자 떠났습니다. ❷ 중간에 되돌아오지 않고 끝까지 형들을 찾아가는 것을 보면 요셉은 맡은 일에 충실한 사람입니다.	왜 형들은 요셉을 죽이려고까지 했을까요? ❶ 오랫동안 아버지의 편애로 요셉을 미워하던 차에 요셉의 꿈 이야기를 통해 요셉이 자신들을 다스리려 한다며 분노에 가득 찹니다. 요셉을 보고 꿈꾸는 자라고 비아냥거리며 분노가 살의로 바뀌어 그의 꿈이 어떻게 되는지 보자며 형제살인을 모의합니다. ❷ 가인과 같이 시기와 미움은 마음을 완악하게 하고 더 큰 죄와 악을 행하도록 합니다. ❸ 형들은 죄로 인해 하나님의 계시가 담긴 요셉의 꿈을 영적으로 보지 못하고, 꿈을 주신 하나님의 계획을 조롱하고 있음도 전혀 깨닫지 못합니다.
꼬리 질문	요셉은 왜 형들의 잘못을 아버지께 알렸을까요? ❶ 양을 칠 때 생긴 일이라고 합니다. 사안이 중요했다면 요셉은 형들의 미움을 무릅쓰고 용기를 낸 것이고 사소한 것이었다면 형들의 허물을 들추는 것일 수도 있습니다. 요셉의 삶을 볼 때 사사로운 감정 때문이거나 악의적인 의도는 없었을 것 같습니다.	야곱은 왜 요셉의 말을 간직했을까요? ❶ 형들은 미움과 시기 때문에 요셉이 자랑 삼아 얘기한다고 생각했을 것입니다. ❷ 그러나 야곱은 요셉을 꾸짖으면서도 한편으로 요셉의 말을 마음에 간직합니다. 요셉의 꿈이 남다른 것을 느꼈고 하나님의 뜻이 있을지도 모른다고 생각했을 것입니다.	야곱은 왜 요셉을 양치는 형들에게 보냈을까요? ❶ 37장 2절에서 요셉은 형들이 양을 칠 때 잘못한 일을 야곱에게 알렸습니다. 아들들이 양을 치는 현장에 요셉을 보낸 것과 다 잘 있는지 보고 돌아와 말하라는 것은 야곱이 아들들을 온전히 신뢰하지 못함을 보여 줍니다.	헤브론에서 도단까지는 거리가 어느 정도 될까요? ❶ 헤브론에서 세겜까지 70~80km 이상이 되며 세겜에서 도단까지는 약 30km가 되므로 100km가 훨씬 넘는 거리입니다.
생각 창고	요셉은 왜 자신의 꿈 이야기를 아버지와 형들에게 했을까요?		요셉과 형들과의 사이가 왜 이렇게까지 좋지 않았을까요?	

	13-3 르우벤과 유다의 도움 (창37:21~28)		13-4 야곱의 슬픔 (창37:29~36)	
몸통 질문	르우벤은 왜 적극적으로 동생들을 말리지 못했을까요? ❶ 르우벤은 동생들의 악한 도모를 적극적으로 막지 못하고 몰래 구해내려고 합니다. ❷ 장자로서의 책임감 때문인지, 이 일로 인한 아버지 야곱의 고통을 잘 알기 때문인지, 빌하와의 동침 이후 잃어버린 아버지의 신뢰를 회복하기 위한 것인지 등 여러 이유가 있겠지만 형제들 사이에서 첫째로서의 위엄과 리더십은 상실한 듯합니다.	하나님은 요셉의 생명을 보호하기 위해 어떻게 섭리하셨나요? ❶ 하나님은 르우벤과 유다를 통해 요셉이 형들에 의해 직접적으로 죽임을 당하지 않게 하셨습니다. ❷ 요셉이 던져진 구덩이에는 물이 없었습니다. ❸ 때마침 지나가는 상인들로 인해 계획이 변경되어 요셉이 구덩이에서 건져져서 팔리게 되었습니다. ❹ 요셉이 애굽으로 가게 된 방법과 과정은 잘못되었지만 요셉이 애굽으로 가는 것은 하나님의 계획 가운데 있었습니다.	요셉의 형들의 행동에서 무엇을 느낄 수 있나요? ❶ 요셉을 구덩이에 던져놓고 그의 괴로움에는 아랑곳하지 않은 채 음식을 먹습니다. 자신들의 악행을 감추기 위해 치밀하게 증거물을 조작합니다. 아버지 야곱에게 아들의 옷인가 보소서라며 태연하게 거짓을 고합니다. 고통스러워하는 아버지를 뻔뻔하게 위로합니다. ❷ 하나님 앞에서 죄를 인식하고 자복하지 않는다면 죄는 다스려지지 않으며 멈춰지지도 않습니다. 또 다른 죄를 거듭 지으며 계속 자라갑니다.	언약의 계승자인 야곱의 가정을 볼 때 어떤 생각이 드나요? ❶ 야곱이 아버지 이삭을 속였듯이 야곱의 아들들이 야곱을 속입니다. 일부다처로 야곱의 부인들은 서로 시기, 경쟁하며 자녀를 낳았고 형제들 간에는 미움과 시기로 형제 살해를 모의하고 형제를 노예로 팔아버립니다. 야곱은 가장 사랑하는 아들을 잃은 줄 알고 오래도록 큰 슬픔에 잠깁니다. ❷ 하나님은 이 모든 사건과 죄악 가운데서도 하나님의 언약을 파기하지 않으시고 야곱과 그의 아들들을 연단하시며 이들을 12지파로 세우시기 위해 섭리하고 계십니다. 요셉이 바로의 친위대장 보디발의 집에 팔려가지만 이 또한 하나님의 섭리 하에 있습니다.
꼬리 질문	'광야 그 구덩이'란 무엇일까요? ❶ 팔레스타인 지역은 물이 귀하고 건조한 곳입니다. 요셉이 던져진 구덩이는 빗물을 담아두기 위해 파놓은 구덩이를 말합니다. 요셉이 스스로 빠져나오지 못할 정도로 깊이가 깊습니다.	요셉의 마음은 어떠했을까요?(창42:21) ❶ 요셉이 눈물을 흘리며 형들에게 애원했고 요셉의 마음이 괴로움으로 가득했다고 말합니다. 형들은 이러한 요셉의 마음을 알고도 그 때 돌이키지 않았습니다.	르우벤은 야곱 앞에서 왜 잠자코 있었을까요? ❶ 르우벤은 형제들 몰래 요셉을 구해서 아버지 야곱에게 데려오려고 했었습니다. 아이가 없도다, 나는 어디로 갈까라고 탄식하지만 요셉을 위한 걱정보다 자신의 입장과 앞날에 대해 걱정하는 듯합니다. ❷ 르우벤은 적극적으로 이 일을 주도하지는 않았지만 결국 야곱을 속임으로써 함께 이 일에 가담한 셈이 되었습니다. ❸ 르우벤은 요셉이 사라진 것을 알았을 때 옷을 찢으며 괴로워했지만 아버지의 절규와 고통, 형제들의 거듭되는 악행과 거짓 앞에서는 침묵하고 맙니다.	야곱은 왜 피 묻은 옷만 보고 요셉이 죽었다고 믿었을까요? ❶ 야곱의 아들들은 야곱에게 피 묻은 옷만 보여줍니다. 야곱은 옷을 보는 순간 스스로 요셉이 죽었다고 단정 짓습니다. 실제로 광야는 위험한 곳이기도 했고 야곱은 형제들 간의 미움과 갈등이 어느 정도로 심각한지 알아차리지 못했습니다. 자신의 아들들이 요셉을 두고 이런 일을 꾸밀 것이라고는 전혀 상상 못했을 것입니다.
생각 창고	요셉의 형들의 모습은 어떠한가요? 나라면 이러한 상황에서 어떻게 했을까요?		하나님은 왜 형들의 악행을 그 즉시 심판하지 않으셨을까요?	

14과 형통한 자 요셉

	14-1 형통한 자 요셉 (창39:1~6)		14-2 유혹과 거절 (창39:7~12)	
몸통 질문	요셉을 왜 형통한 자라고 말할까요? ❶ 요셉이 하나님과 함께 한 것이 아니라 하나님이 요셉과 함께 하십니다. ❷ 하루아침에 이국 땅에서 종이 된 요셉을 세상의 기준으로 보면 결코 형통하다고 할 수 없습니다. 그러나 성경이 형통하다고 반복해서 말합니다. 임마누엘의 복, 즉 하나님이 함께하심이 복이기 때문입니다. ❸ 하나님이 요셉의 삶의 주인이시며 요셉의 삶을 이끌고 계시며 요셉을 돌보고 계십니다. 요셉이 주인의 호의를 입도록 하셨고 요셉이 하는 일에 복을 주십니다. ❹ 그의 형들은 약속의 땅에 살면서 영적 타락의 위기를 맞고 있지만 요셉은 애굽에서 하나님과 동행하는 삶을 살고 있습니다.	보디발은 어떻게 하나님이 요셉과 함께 하심을 보았을까요? ❶ 애굽은 온갖 우상을 섬기는 곳이었고 보디발은 요셉이 히브리인의 하나님 여호와를 섬긴다는 것을 알았을 것입니다. 보디발은 요셉에게서 하나님을 향한 신뢰와 믿음, 정직함과 근면함, 신실함을 보았고 그가 하는 일이 지혜로움을 보고 그의 하나님이 돕고 계심을 알았습니다. ❷ 요셉의 신앙은 형식적이거나 고난으로 인해 하나님을 불신하지 않았습니다. 그의 신앙은 삶과 행동을 통해 그가 섬기는 하나님이 증거되고 드러나는 신앙이었습니다.	보디발의 아내는 요셉을 어떻게 유혹했나요? ❶ 요셉을 자신의 성적 정욕의 대상으로 삼습니다. ❷ 은밀히 눈짓으로 유혹하다가 노골적으로 요구하고 날마다 끈질기게 유혹합니다. ❸ 죄의 유혹은 은밀하게 접근해오며 유혹의 강도와 횟수를 높여 갑니다. 그리고 호시탐탐 기회를 엿봅니다.	요셉은 어떻게 죄의 유혹을 이겨낼 수 있었나요? ❶ 형통의 삶이라고 해서 시험이 없는 것은 아닙니다. 보디발의 아내의 유혹은 젊은 청년인 요셉에게 치명적인 유혹입니다. ❷ 요셉은 이것이 주인을 배신하는 일이며 하나님 앞에서 큰 악이고 하나님께 죄를 짓는 것이라고 말합니다. 누군가는 여주인의 권세와 보복이 두려워 어쩔 수 없었다고 하겠지만 요셉은 코람데오 신앙으로 (KORAM~앞에 서다+DEO 하나님) 죄의 유혹에 민감하게 반응하고 단호하게 대처합니다. ❸ 요셉의 형 유다는 가나안 땅에서 성적으로 타락하고 있었지만 요셉은 적극적으로 죄를 뿌리치고 보디발의 아내와 함께 있는 자리조차도 피합니다.
꼬리 질문	요셉은 하나님이 원망스럽지 않았을까요? ❶ 성경에 요셉의 심경에 대한 기록은 없습니다. 요셉도 사람이므로 분명히 괴로웠을 것입니다. 타인도 아닌 형제들로부터 겪은 일과 족장의 아들의 신분에서 종의 신분으로 변했으니 감당하기 쉽지 않았을 것입니다. ❷ 그러나 요셉은 여호와 신앙을 버리지 않았습니다. 함께 하시는 하나님이 요셉을 붙들고 계셨기 때문입니다.	요셉은 가정총무가 되어 어떤 일을 했을까요? ❶ 처음에는 천한 일부터 했을 것입니다. 그러다가 차츰차츰 능력을 인정받고 신임을 얻게 되어 가정총무의 자리에 오르게 되었습니다. ❷ 보디발은 바로의 친위대장이므로 고위관직에 있는 자입니다. 요셉은 그의 집안일뿐 아니라 공직과 관련된 업무도 배우고 보디발의 모든 소유를 관리하면서 재정과 많은 노예들도 관리했을 것입니다. ❸ 하나님은 이러한 과정을 통해 요셉을 훈련시키시고 준비시키고 계십니다.	여주인은 요셉에게 거절당하고도 왜 멈추지 않았을까요? ❶ 요셉은 여주인에게 남편의 존재와 여주인의 위신과 자신의 위치를 분명히 알렸습니다. 그러나 여주인은 정욕에 사로잡혀 요셉의 말을 무시하고 부끄러움도 느끼지 못한 채 오히려 더 적극적으로 유혹합니다.	요셉이 보디발의 집에 온 지 얼마나 되었을까요? ❶ 요셉은 이 일로 인해 감옥에서 2년을 보내게 되고 30세에 총리가 됩니다. 이 때 요셉의 나이는 약 27,8세 정도입니다. ❷ 요셉이 17살 때 애굽에 팔려왔으므로 약 10년 정도 지난 때입니다.
생각 참고	요셉은 하나님이 자신과 함께 계심을 어떻게 알았을까요? 요셉은 이러한 상황에서도 어떻게 하나님을 신뢰할 수 있었을까요?		어떻게 죄의 유혹을 이겨낼 수 있을까요?	

14과 형통한 자 요셉

	14-3 범사에 형통 (창39:13~23)		14-4 옥 안에서의 요셉의 삶 (창40:1~8,20~23)	
몸통 질문	보디발의 아내의 행동에서 무엇을 느낄 수 있나요?	요셉이 억울하게 누명을 썼는데도 왜 여전히 형통하다고 말할까요?	요셉은 그들의 꿈을 듣는 순간 어떻게 확신에 차서 말할 수 있었을까요?	요셉의 해석대로 되었지만 왜 요셉의 시련은 계속될까요?
	❶ 요셉의 옷을 은밀히 돌려줄 수도 있었습니다. 그러나 요셉의 옷을 가지고 계략을 꾸밉니다. ❷ 먼저 주인이 오기 전에 집안사람들을 불러 우리라 말하며 요셉이 우리를 희롱했다고 자신의 거짓을 믿도록 부추깁니다. 요셉을 히브리인이라 부르며 경멸감을 일으킵니다. 남편에게는 이 모든 일이 남편 탓인 양 당신이 데려온 종이라고 거듭 말합니다. ❸ 자신의 죄로 인한 수치와 모욕감을 요셉에게 전가시키고 있습니다. 이 여인은 눈짓으로 시작해서 모함과 비방과 거짓과 속임 등 자신의 죄를 감추기 위해 또 다른 죄들을 더하고 있습니다.	❶ 죄악이 가득한 세상에서 옳은 선택을 한다는 것은 때론 불의한 일을 당하고 고통을 겪기도 합니다. 요셉이 이러한 일을 당하지만 하나님께서 여전히 요셉과 함께 하신다고 말합니다. ❷ 하나님은 요셉을 돌보셔서 요셉이 간수장의 신임을 얻게 하시고 요셉이 하는 일을 형통하게 하셨습니다. 창39장의 처음과 끝은 요셉과 함께 하시며 그의 범사를 형통케 하시는 하나님을 반복해서 강조합니다. ❸ 이것이 요셉이 고난을 견뎌낼 수 있었던 힘이며 어떠한 경우에도 하나님의 섭리와 선하심을 굳게 붙들어야 하는 이유입니다.	❶ 요셉은 하나님이 꿈을 통해 계시하시고 그 해석도 알려주시는 분이시라고 믿습니다. 이것은 요셉의 꿈에 대한 관점이 그의 형들과 어떻게 달랐는지 보여줍니다. ❷ 요셉은 자신의 꿈에 대해서는 그 의미를 아직까지 알 수 없었지만 하나님이 이들의 꿈의 의미를 알게 해주실 것이라는 믿음이 있었습니다. ❸ 하나님은 믿는 요셉에게 능히 해석할 수 있는 지혜를 주셨습니다.	❶ 요셉은 이 일을 통해 감옥에서 나가게 될 것을 기대했으나(창40:14) 만 2년을 잊혀진 채 감옥에서 보냅니다. 하나님 앞에서 인내와 기다림의 훈련이며 어떠한 경우에도 하나님을 신뢰하며 의지하는 훈련입니다. ❷ 술 맡은 관원장은 요셉을 잊었지만 하나님은 요셉을 잊지 않으십니다. 바로에게 꿈을 주셔서 바로 앞에 세우십니다. 하나님의 때는 하나님의 완전하신 계획 아래 있습니다. ❸ 요셉이 감옥에 간 그 후에 왕을 섬기는 두 죄수가 감옥에 간 것도, 바로의 생일 3일 전에 두 죄수가 같이 꿈을 꾼 것도, 술 맡은 관원장이 2년 뒤에 요셉을 기억한 것도 하나님의 시간에 따른 것입니다.
꼬리 질문	보디발은 왜 요셉을 죽이지 않았을까요?	하나님은 왜 요셉이 누명을 벗도록 돕지 않으셨을까요?	술 맡은 관원장과 떡 굽는 관원장은 어떤 사람들인가요?	요셉은 그들에게 근심거리가 있다는 것을 어떻게 금방 알았을까요?
	❶ 노예가 주인의 아내를 범하는 것은 사형에 해당합니다. 그런데 보디발은 요셉을 죽이지 않고 자신의 집에 있는 왕의 죄수들을 가두는 감옥에 보냅니다. ❷ 보디발이 그 당시에는 분노했지만 이것이 사실이라고 판단했다면 배신감과 모욕감에 분명 요셉을 살려두지 않았을 것입니다.	❶ 하나님은 우리가 어려움에 처했을 때 우리를 그 어려움에서 건져내실 수 있는 분이십니다. 요셉의 경우는 이와 달랐지만 하나님은 여전히 요셉을 도우시고 하나님의 계획 가운데 두셨습니다. ❷ 요셉이 사형을 면하게 해주셨고 간수장의 신임을 얻게 하셨고 감옥에서 제반 업무을 맡게 하셨고 또 다른 만남을 계획해 놓으셨습니다.	❶ 왕들은 독이 든 음식에 의해 모살당할 위험이 있었으므로 이들이 왕이 먹는 음식을 책임졌습니다. ❷ 단순히 음식을 관리하는 자가 아니라 왕의 최측근에서 왕을 섬기는 사람들입니다. 왕이 전적으로 신뢰하는 사람들입니다.	❶ 간수장은 요셉에게 옥중죄수와 그와 관련된 사무들을 맡겼습니다. ❷ 요셉은 관련된 일들만 열심히 한 것이 아니라 죄수들도 일일이 살필 줄 아는 사람이었습니다. 두 죄수들도 요셉에게서 신실함을 느꼈기에 자신들의 근심을 털어놓았을 것입니다.
생각 창고	의인은 왜 고통을 겪게 될까요?		고난이 왜 유익이 될까요?	

15과 형제를 만나는 요셉

	15-1 유다의 청원 (44:14~24)		15-2 참된 회개 (창44:25~34)	
몸통 질문	요셉은 형들을 어떻게, 왜 곤경에 빠뜨렸나요? ❶ 요셉은 자신의 은잔을 베냐민의 자루에 몰래 넣고 위험에 빠뜨린 뒤 베냐민만 종으로 삼겠다고 말합니다. 형들이 처음 곡식을 사러왔을 때부터 정탐꾼으로 몰아세워 시므온을 인질로 잡고 베냐민을 데려오도록 했습니다. ❷ 요셉은 아버지의 편애, 꿈, 미움과 시기로 자신을 죽이려 했던 형들이 자신들의 잘못을 뉘우치고 달라졌는지 시험하고 있습니다.	유다는 왜 하나님이 종들의 죄악을 찾아내셨다고 말할까요? ❶ 유다는 자신들의 억울함을 호소하며 결코 훔친 일이 없다고 항변할 수 있었습니다. ❷ 영문을 알 수 없는 일이 계속되자 요셉의 형들은 두려움 가운데 하나님께서 이 모든 일을 주관하고 계심을 느끼게 됩니다. ❸ 22년 전의 끔찍한 죄와 22년 동안이나 아버지를 속인 죄악을 하나님이 찾아내시고 보응하고 계심을 깨닫게 됩니다.	유다는 과거의 모습과 비교해 볼 때 달라진 점이 있나요? ❶ 유다는 야곱에게 베냐민에게 무슨 일이 생기면 자신이 죗값을 치르겠다고 야곱을 설득했고 요셉에게 베냐민을 두고 가면 아버지 야곱이 슬픔과 절망 가운데 죽음에 이를 것이라고 피력합니다. ❷ 처자식과의 생이별을 감수하고 자신이 평생 종이 되겠으니 베냐민과 형제들을 보내도록 간청합니다. ❸ 22년 전 아버지의 안위는 안중에도 없고 아버지의 편애를 받는 동생을 미워하고 태연하게 악을 도모하던 모습과는 완전히 달라져 있습니다.	유다의 모습에서 참된 회개에 대해 무엇을 알 수 있나요? ❶ 회개는 하나님께로 마음을 돌이키는 것입니다. 유다가 대표로 말하고 있지만 유다와 그의 형제들은 하나님 앞에서 자신들의 죄악을 깨닫고 범죄를 인정했습니다. ❷ 요셉이 베냐민을 노예로 삼겠다고 했을 때 이들은 요셉에게 다함께 노예가 되겠다고 말했습니다. ❸ 위기의 순간에 아버지의 편애를 받는 베냐민을 버리거나 자신들의 미래를 위해 다른 술수를 쓰지 않습니다. 진정한 회개에는 합당한 열매가 함께 있습니다.
꼬리 질문	유다와 그의 형제들이 왜 요셉의 집에서 요셉 앞에 엎드려 있나요? ❶ 요셉의 형들과 베냐민이 애굽에서 곡식을 사고 가나안 땅으로 돌아가던 중 요셉의 청지기가 주인의 은잔이 없어졌다며 이들을 뒤쫓아 왔습니다. ❷ 은잔은 베냐민의 자루에서 발견되었고 이들은 도둑으로 몰려 다시 요셉의 집으로 되돌아오게 되었습니다.	요셉과 형들은 얼마 만에 만난 건가요? ❶ 요셉은 17세에 애굽으로 팔려갔고 30세에 애굽의 총리가 되었습니다. 하나님이 바로에게 주신 꿈대로 7년간의 풍년이 끝나고 흉년이 든 2년째에 형들은 애굽으로 곡식을 사러 왔습니다. ❷ 요셉의 나이는 약 39세 정도이고 22년 만의 만남입니다.	야곱은 유다를 믿고 베냐민을 보내기로 마음먹었나요? ❶ 유다가 자신을 담보로 야곱을 설득했고 계속되는 흉년에 처음 사왔던 식량도 다 떨어진 상황이었습니다. ❷ 창43:13에서 야곱은 전능하신 하나님의 도우심을 구하며 베냐민을 잃게 되어도 감당하겠다고 말합니다. ❸ 하나님은 야곱이 스스로 포기할 수 없었던 베냐민을 하나님께 맡기며 야곱이 이 모든 상황 가운데서 하나님만을 신뢰하며 결단을 내리도록 이끄셨습니다.	스올이란 무엇인가요? ❶ 구약시대에 죽은 자들이 가는 처소를 말합니다. 스올은 무덤, 지옥, 음부 등과도 같은 말로 쓰였는데 형벌의 장소로 쓰일 때는 지옥으로 번역되고 선한 자나 악한 자 구분 없이 모든 죽은 자들이 가는 곳을 뜻할 때는 무덤으로 쓰였습니다.
생각 참고	유다와 형제들은 왜 그들의 결백을 주장하지 않았을까요?		하나님은 죄로 분열되었던 야곱의 가정을 어떻게 화해시키셨습니까?	

	15-3 요셉의 신앙고백 (창45:1~8,10,11)		15-4 형제들의 두려움 (창50:15~21)	
몸통 질문	요셉은 어떻게 형들을 용서할 수 있었을까요? ❶ 요셉이 자신이 겪은 고난과 형들의 악행에 대해 불평과 원망이 가득했다면 자신의 위치와 힘을 이용해 보복을 생각했을 것입니다. ❷ 그러나 요셉은 보디발의 집에서, 감옥에서, 바로 앞에서도 임마누엘을 경험했고 두 아들을 얻으면서 하나님이 자신을 위로하시고 축복하셨음을 고백합니다. ❸ 요셉은 자신의 삶이 하나님의 주권과 섭리와 은혜 가운데 있었음을 깨달았기 때문에 형들에게 하나님이 나를 보내셨고 하나님의 큰 구원의 계획이었다고 간증합니다. ❹ 요셉이 하나님 중심이 아닌 자기중심적인 생각에 사로잡혀 있었다면 형제들을 결코 용서할 수 없었을 것입니다.	하나님이 요셉에게 주셨던 꿈의 의미는 무엇이었나요? ❶ 꿈의 내용대로 형들이 애굽의 총리가 된 요셉 앞에 엎드렸고 요셉은 형들을 다스리는 자가 되었습니다. ❷ 만약 요셉이 자신이 겪은 억울한 일 때문에 애굽의 총리란 자리를 하나님이 자신에게 주신 보상과 형들에 대한 징벌의 기회로 생각했다면 요셉은 하나님의 참 뜻을 결코 깨닫지 못했을 것입니다. ❸ 하나님이 요셉에게 주신 꿈은 요셉을 사용하셔서 야곱 가족의 생명과 그 후손들을 세상에 보존하시기 위한 큰 구원이었습니다.	요셉과 형들의 모습을 보며 진정한 회개와 용서에 대해 무엇을 알 수 있나요? ❶ 형들은 죄를 지었음을 자백하며 진심으로 용서를 구합니다. 요셉의 꿈을 조롱했던 형들이 겸허하게 요셉 앞에 엎드려 요셉의 종들이라고 고백합니다. 거짓과 위선, 자신의 목숨을 구걸하기 위한 요청이 아니라 진정으로 회개하고 있습니다. ❷ 요셉은 죄로 인해 아직도 두려움에 떠는 형들을 보며 마음 아파합니다. 그들의 자녀까지 돌볼 것이라고 진정으로 위로합니다. ❸ 진정한 용서는 받은 하나님의 은혜와 사랑을 흘려보내는 것입니다.	요셉의 고백은 하나님의 섭리에 대해 무엇을 말해줍니까? ❶ 야곱과 그의 아들들은 하나님의 택하심과 언약을 받은 자임에도 불구하고 계속 죄를 짓습니다. ❷ 인간의 부패한 본성과 죄악에도 불구하고 하나님은 야곱의 가족을 세상 가운데서 분리하시고 보존하십니다. ❸ 타락한 사람은 끊임없이 하나님과의 언약을 깨트리지만 하나님은 하나님의 섭리 가운데 악을 선으로 바꾸셔서 하나님의 구속의 언약을 이루어가십니다. ❹ 창세기 이후 하나님의 구속사는 아브라함, 이삭, 야곱으로 이어지던 족장시대가 끝나고 이스라엘의 열두 아들을 중심으로 이스라엘 민족을 형성하고 이스라엘을 하나님의 제사장 나라로 세워갑니다.
꼬리 질문	요셉은 어떻게 형들에게 근심하거나 한탄하지 말라고 배려할 수 있었을까요? ❶ 요셉이 하나님의 섭리를 깨닫고 형들을 진심으로 용서했기 때문입니다. 형들이 죄책감으로 죄의 경중을 따지며 서로 다투다가 형제간의 분열이 생길 것이 염려가 되어 오히려 형들을 위로합니다.	요셉은 왜 고센 땅에 머물라고 했을까요? ❶ 고센 땅은 가나안땅과도 가깝고 목초지도 풍부하여 목축에 좋은 땅입니다. 또한 애굽인들이 목축업과 자신들이 신성시여기는 가축들을 함부로 죽이는 유목민들을 혐오하기 때문에 애굽인들과 거리를 두기 위함입니다. ❷ 이는 애굽인들과 분리되어 고센 땅에 거주하면서 신앙의 순수성을 지키는 가운데 민족을 이루게 하시려는 하나님의 섭리입니다.	형들은 왜 여전히 두려워했을까요? ❶ 요셉은 이미 형들을 용서했는데 형들은 요셉이 그동안 연로하신 아버지 때문에 참고 있다가 이제 자신들의 악행을 보복할까 두려워합니다. ❷ 용서를 베푼 요셉은 자유하지만 죄 지은 자는 죄책감과 두려움과 고통에서 자유롭지 못합니다.	요셉은 왜 자신이 하나님을 대신할 수 있겠냐고 말했을까요? ❶ 악을 갚는 분은 하나님이시며 심판은 하나님께 속한 것임을 알기 때문입니다. ❷ 요셉이 악을 선으로 바꾸신 하나님의 섭리와 뜻을 깨달았기 때문입니다.
생각 창고	요셉은 어떻게 하나님의 계획과 뜻을 온전히 깨달을 수 있었을까요?		요셉의 삶을 볼 때 하나님은 어떤 분이십니까? 하나님은 어떻게 악을 선으로 바꾸실까요?	

부록2

창세기집 짓고 방 꾸미기

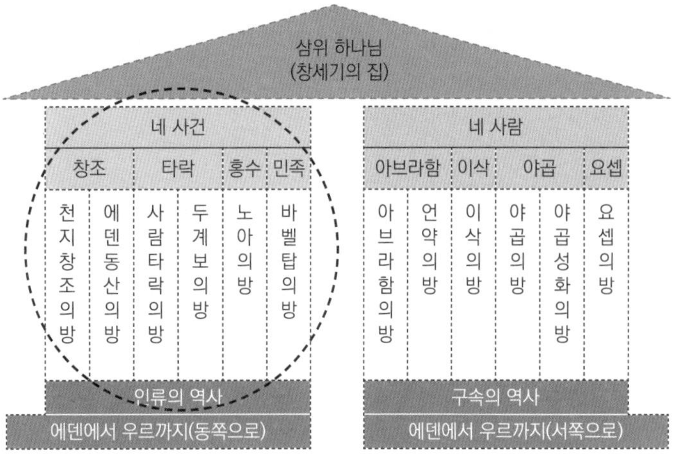

천지창조의 방

혼돈, 공허, 흑암	하나님	보시기에 좋았더라			안식
혼돈하다 (형체가 없음)	이르시되	제1일	빛 (빛과 어둠을 나누심)	그대로 되니라	제7일
		제2일	궁창 (궁창 위의 물과 궁창 아래의 물로 나누심)		
		제3일	육지(식물)와 바다의 구분		
공허하다 (텅 빈)		제4일	광명체들 (해, 달, 별)		
		제5일	물고기와 새		
		제6일	동물과 인간		

에덴동산의 방

두 나무	네 근원	단 한 가지 명령	권한 위임	둘이 한 몸
동산 중앙에	비손강 기혼강 힛데겔강 유브라데강	먹지 말라 반드시 죽으리라	경작하며 지켜라 생물의 이름 지음	여자 창조 돕는 배필

사람타락의 방

무죄한 상태	죄의 시작	죄의 결과
하나님과 교제 부끄러움이 없음 작명의 능력 돕는 배필	의심(참으로) 말씀 첨가(만지지도 말라) 말씀 약화(죽을까 하노라) 거짓(결코 죽지 아니하리라) 교만(하나님과 같이~) 욕망(보암직, 먹음직~)	하나님의 낯을 피함 수치스러워 함 두려워 함 변명함

두 계보의 방

무죄시대→	죄의 시작→	죄의 열매→	죄의 대표성→	죄의 확장→	죄의 절정→	죄의 관영→	심판
에덴동산 (창1,2장)	선악과	가인	가인의 후손	에녹	라멕	통혼	전멸
		아벨	셋의 후손	에노스	에녹		노아 5식구만 생존

노아의 방

<table>
<tr><th colspan="8">노아의 950년 생애</th></tr>
<tr><td>500년</td><td colspan="5">100년 (?)</td><td colspan="2">350년</td></tr>
<tr><td rowspan="3">죄의 관영</td><td rowspan="3">방주제작</td><td colspan="3">방주에서 보낸 기간
(370일)</td><td rowspan="3">번제 /
노아 언약</td><td rowspan="3">만취</td><td>셈</td></tr>
<tr><td rowspan="2">150일
(물이 넘침)</td><td rowspan="2">150일
(물이 줄어듦)</td><td rowspan="2">70일
(땅이 마름)</td><td>함</td></tr>
<tr><td>야벳</td></tr>
</table>

바벨탑의 방

인간의 행동		하나님의 반응	
1절	언어가 하나요	언어를 혼잡하게 하여	7절
2절	거기 거류하며	거기서 온 지면에 흩으셨더라 (바벨)	9절
3,4절	서로 말하되 또 말하되	여호와께서 이르시되 자, 우리가	6,7절
3,4절	자, 벽돌을 만들어 자, 성읍과 탑을 건설하여	보려고 내려오셨더라	5절
	하늘에 닿게 하여 우리 이름을 내고	도시건설을 그치게 하심	8절
	온 지면에 흩어짐을 면하자	온 지면에 흩으셨더라	8,9절

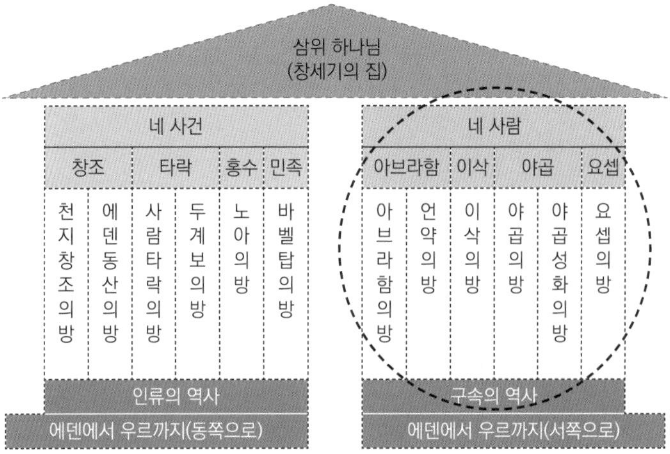

아브라함의 방

아브라함 175년 생애															
75년	10년					13년	2년			75년					
우르~하란	애굽~가나안					공백	헤브론~그랄			그랄~가나안					
아브람 소명	아브라함의 25년 훈련									아브라함의 후반 75년					
언약(1)	실수 (1)	롯과 헤어짐	언약 (2)	롯을 구함	언약 (3) 횃불 언약	이스마엘 출생	언약 (4) 할례 언약	소돔과 고모라	실수 (2)	이삭 출생	평화 조약	이삭 제물	언약 (5)	사라 죽음	아브라함 죽음
75세						86세	99세			100세				137세	175세

언약의 방

언약(1)	언약(2)	언약(3) 횃불 언약	언약(4) 할례 언약	언약(5)
보여 줄 땅으로 가라 큰 민족 이름을 창대하게 복의 근원	동서남북을 바라보라 보이는 땅을 주리라 네 자손 땅의 티끌 같게 땅을 종과 횡으로 두루 다녀 보라 네게 주리라	상속자는 네 몸에서 날 자이다 네 자손 뭇별 같이 이 땅을 주리라 횃불 의식으로 언약을 보증하심	아브람→아브라함 (여러 민족의 아버지) 사래→사라 (여러 민족의 어머니) 민족들, 왕들이 나오리라 영원한 언약, 영원한 기업 할례를 행하라	너의 씨가 하늘의 별과 바닷가의 모래 같게 네 씨가 대적의 성문을 차지하리라 네 씨로 말미암아 천하 만민이 복을 받을 것
우르에서 아브람을 부르실 때	롯을 떠나보내고 헤브론의 척방한 땅으로 이주한 후	전쟁에서 승리하고 소돔 왕의 호의를 거절한 후	이스마엘 탄생 13년 후	신앙 테스트 후

이삭의 방

이삭 180년 생애			
유년시절	청년시절	장년시절	노년시절
약속의 씨 젖 떼는 잔치 이스마엘에게 놀림 받음	제물로 바쳐짐	사라의 죽음(37세) 리브가와 결혼(40세) 에서, 야곱 출생(60세) 아브라함의 죽음(75세) 하나님과 언약 체결 아비멜렉과 평화조약	장자권 축복 야곱의 하란 도피 에서와 야곱이 이삭을(180세) 장사함

야곱의 방

<table>
<tr><th colspan="9">야곱 147년 생애</th></tr>
<tr><td colspan="2">77년(브엘세바)</td><td colspan="5">30년(밧담아람, 세겜)</td><td>23년(헤브론)</td><td>17년(애굽)</td></tr>
<tr><td rowspan="5">장자권을
사다</td><td rowspan="5">벧엘에서
사닥다리
환상,
언약</td><td>7년
노동</td><td>7년
노동</td><td>6년
노동</td><td>얍복강의
씨름</td><td>10년
세겜 정착
(디나사건)</td><td rowspan="5">다시 벧엘로
언약 재확증

이삭 죽음

요셉이 팔려감

베냐민을
애굽으로 보냄</td><td rowspan="5">애굽 정착

야곱의 예언

죽음</td></tr>
<tr><td>레아</td><td colspan="4">르우벤/시므온/레위/유다/잇사갈/스블론/디나(딸)</td></tr>
<tr><td>빌하</td><td colspan="4">단/납달리</td></tr>
<tr><td>실바</td><td colspan="4">갓/아셀</td></tr>
<tr><td>라헬</td><td colspan="4">요셉/베냐민</td></tr>
</table>

야곱 성화의 방

<table>
<tr><th colspan="8">야곱의 성화 과정(험악한 세월)</th></tr>
<tr><td>①
태 속에서의
싸움</td><td>②
장자권 사건</td><td>③
벧엘에서</td><td>④
라반의 집에서</td><td>⑤
가나안 땅으로</td><td>⑥
다시 벧엘로</td><td>⑦
자식들 간의
시기</td><td>⑧
애굽으로</td></tr>
<tr><td>손으로 형의
발꿈치를 잡고
나옴

하나님의
택하심</td><td>에서의
장자권을 삼

이삭과 에서를
속여 이삭의
축복을 가로챔</td><td>하란으로 도피

사닥다리 꿈과
하나님의 언약

야곱을 향한 약
속의 말씀

야곱의 조건부
서원</td><td>라반에게 속음

두 명의 아내와
시기와 갈등

라반의 품삯
변경

라반의 추격

하나님의 지시
(귀향)

하나님의
보상, 보호</td><td>마하나임
하나님의 군대

에서와
400명의 군사

야곱의 두려움

얍복강에서의
씨름-축복을
구하는 야곱

야곱에서
이스라엘로</td><td>세겜에서 딸
디나 강간사건

시므온과
레위의 살육

보복에 대한 큰
두려움

집안의
이방신상 제거

하나님 언약
재확증

르우벤이 첩
빌하와 동침</td><td>요셉 편애

요셉이 노예로
팔림

아들들에게
속임 당함

야곱의 애통

베냐민 편애

요셉이
애굽으로 감</td><td>베냐민을 내려
놓음-내가
자식을 잃게 되
면 잃으리로다

브엘세바에서
의 희생 제사

요셉과 상봉

바로를 축복함

유언을 통해
아들들에 대해
예언함

야곱의 마지막
유언</td></tr>
</table>

요셉의 방

<table>
<tr><th colspan="7">요셉 110년 생애</th><th>출애굽 ~</th></tr>
<tr><td colspan="5">39년</td><td colspan="2">71년</td><td rowspan="3">430년간
이스라엘 백성 번성
(장정 70명에서
60만 명으로)</td></tr>
<tr><td>17년</td><td colspan="2">13년의 훈련</td><td colspan="2">9년</td><td colspan="2">야곱 식구 애굽 정착</td></tr>
<tr><td>채색옷
형들의 미움
두 개의 꿈</td><td>애굽의
노예
10년</td><td>감옥 3년</td><td>총리가 되다
풍년 7년</td><td>흉년 2년
형제 상봉</td><td>17년 후
야곱이 죽음</td><td>54년 형제와
그의 가족을 돌봄</td></tr>
</table>